消费心理学及实务

陶 敏　王澄宇　主　编

张亚文　副主编

电子工业出版社
Publishing House of Electronics Industry
北京·BEIJING

内 容 简 介

本书主要内容有：消费心理学的基本理论、消费群体的消费心理、消费者的需求与行为决策、社会环境对消费者的影响、用消费流行拉近消费者的参与心理、商品的价格与消费者心理、购物环境与消费者心理、商品广告与消费心理，以及商务营销与谈判的心理策略。

本书可作为职业院校信息技术类、市场营销及经贸类专业教材，也可用做市场营销工作人士和经济理论工作者的参考用书。

未经许可，不得以任何方式复制或抄袭本书之部分或全部内容。
版权所有，侵权必究。

图书在版编目（CIP）数据

消费心理学及实务/陶敏，王澄宇主编. —北京：电子工业出版社，2015.5
ISBN 978-7-121-26045-2

Ⅰ．①消… Ⅱ．①陶… ②王… Ⅲ．①消费心理学 Ⅳ．①F713.55

中国版本图书馆 CIP 数据核字（2015）第 098713 号

策划编辑：杨宏利
责任编辑：杨宏利　　　特约编辑：李淑寒
印　　刷：北京盛通商印快线网络科技有限公司
装　　订：北京盛通商印快线网络科技有限公司
出版发行：电子工业出版社
　　　　　北京市海淀区万寿路 173 信箱　邮编 100036
开　　本：787×1 092　1/16　印张：13.5　字数：345.6 千字
版　　次：2015 年 5 月第 1 版
印　　次：2023 年 6 月第 10 次印刷
定　　价：28.00 元

凡所购买电子工业出版社图书有缺损问题，请向购买书店调换。若书店售缺，请与本社发行部联系，联系及邮购电话：（010）88254888，88258888。

质量投诉请发邮件至 zlts@phei.com.cn，盗版侵权举报请发邮件至 dbqq@phei.com.cn。
本书咨询联系方式：puyue@phei.com.cn。

<<<<< PREFACE

  消费心理学是心理学的一个重要分支,它研究消费者在消费活动中的心理现象和行为规律。消费心理学是一门新兴学科,也是消费经济学的组成部分。研究消费心理,对于消费者,可提高消费效益;对于经营者,可提高经营效益。

  消费者的购买需求是如何产生的?消费者的购买行为经历了哪几个阶段?在这一过程中,消费者发生了哪些心理活动?影响消费者购买行为的因素有哪些?回答此类问题对于企业有效地开展营销活动,更好地满足消费者需求,并借此在激烈的市场竞争中脱颖而出,具有十分重要的意义。

  本书内容主要分为两方面。在消费心理方面,沿循消费者购买决策的过程,以消费者购买决策时的内外影响因素为主线展开介绍,主要内容包括:消费心理学的基本理论、消费群体的消费心理、消费者的需求与行为决策、社会环境对消费者的影响。在营销实务和商务谈判的策略方面,主要内容包括:用消费流行拉近消费者的参与心理、商品的价格与消费者心理、购物环境与消费者心理、商品广告与消费心理、商务营销与谈判的心理策略。

  本书由上海市松江区新桥职业技术学校的陶敏和大庆职业学院的王澄宇任主编,武汉市石牌岭高级职业中学张亚文任副主编。陶敏编写了第4、5、8、9章,王澄宇编写了第1~3章,张亚文编写了第6~7章。本书参考了本类题材的优秀文献,使内容更加丰富,知识范围更加全面,在此向这些优秀文献的作者表示衷心谢意。

  由于编者水平有限,书中的错误和不足在所难免,诚望各位读者及朋友提出宝贵的意见。

编 者
2014年12月

目录
CONTENTS

概述 ·· （1）

第1章 消费心理学的基本理论 ·· （6）

1.1 消费者心理活动过程 ·· （6）
  1.1.1 消费者对商品的认识过程 ·· （6）
  1.1.2 消费者的情感过程 ·· （9）
  1.1.3 消费者的意志过程 ·· （12）

1.2 消费者的个性心理特征 ·· （13）
  1.2.1 消费者的消费能力 ·· （14）
  1.2.2 消费者的个人气质特征 ·· （16）
  1.2.3 消费者的个人性格特征 ·· （18）
  1.2.4 消费者的个人兴趣特征 ·· （20）

1.3 消费者的需要与动机 ·· （22）
  1.3.1 消费者的需要心理 ·· （22）
  1.3.2 消费者的购买动机 ·· （26）

典型案例分析 ·· （29）

第2章 消费群体的消费心理 ·· （31）

2.1 年龄、性别与消费心理 ·· （31）
  2.1.1 消费者的年龄与消费心理 ··· （31）
  2.1.2 消费者的性别与消费心理 ··· （38）

2.2 职业与消费心理 ·· （43）
  2.2.1 金领的消费特征 ·· （43）
  2.2.2 白领的消费特征 ·· （45）
  2.2.3 粉领的消费特征 ·· （46）
  2.2.4 灰领的消费特征 ·· （47）
  2.2.5 蓝领的消费特征 ·· （47）

2.3 网络消费者 ·· （48）
  2.3.1 网络消费者的特征 ·· （49）

  2.3.2 网络消费者追求的消费心理 …………………………………………（50）

 典型案例分析 …………………………………………………………………（51）

第3章 消费者的需求与行为决策 ………………………………………（53）

 3.1 消费者的需求 ……………………………………………………………（53）

  3.1.1 需求的概念与特征 …………………………………………………（53）

  3.1.2 "需求层次"理论 ……………………………………………………（54）

  3.1.3 消费需求的概念与特征 ……………………………………………（55）

  3.1.4 影响消费者需求的主要因素 ………………………………………（57）

 3.2 消费者的购买动机 ………………………………………………………（58）

  3.2.1 购买动机的概念和作用 ……………………………………………（58）

  3.2.2 消费者购买动机的类型 ……………………………………………（58）

  3.2.3 消费者购买动机理论 ………………………………………………（61）

  3.2.4 消费者购买动机的调查方法 ………………………………………（63）

 3.3 消费者的购买行为与决策 ………………………………………………（64）

  3.3.1 购买行为的模式 ……………………………………………………（64）

  3.3.2 消费者购买行为的过程与类型 ……………………………………（66）

  3.3.3 购买决策概述 ………………………………………………………（68）

  3.3.4 购买决策过程 ………………………………………………………（70）

  3.3.5 效用理论与消费者购买决策 ………………………………………（72）

 典型案例分析 …………………………………………………………………（74）

第4章 社会环境对消费者的影响 ………………………………………（75）

 4.1 政治、经济环境与消费者心理 …………………………………………（75）

  4.1.1 政治环境与消费者心理 ……………………………………………（75）

  4.1.2 经济环境与消费者心理 ……………………………………………（76）

 4.2 文化环境对消费者心理的影响 …………………………………………（78）

  4.2.1 社会文化的概念和特征 ……………………………………………（79）

  4.2.2 社会文化与消费行为 ………………………………………………（80）

  4.2.3 亚文化与消费行为 …………………………………………………（82）

 4.3 社会群体对消费者心理的影响 …………………………………………（85）

  4.3.1 社会群体的含义及分类 ……………………………………………（85）

  4.3.2 社会群体与消费心理 ………………………………………………（88）

 典型案例分析 …………………………………………………………………（99）

第5章 用消费流行拉近消费者的参与心理 (100)

5.1 消费流行的概念、分类和形式 (100)
5.1.1 消费流行的概念及特点 (100)
5.1.2 消费流行的分类和形式 (101)

5.2 消费流行规律与消费心理导向 (105)
5.2.1 消费流行与消费心理的相互影响 (105)
5.2.2 消费流行周期与营销策略 (106)

5.3 消费习俗与消费者心理 (109)
5.3.1 消费习俗概述 (109)
5.3.2 消费习俗的分类 (110)
5.3.3 消费习俗对消费者心理的影响 (111)

典型案例分析 (112)

第6章 商品的价格与消费者心理 (113)

6.1 商品的价格 (113)
6.1.1 商品价格的心理因素 (113)
6.1.2 商品价格的心理功能 (115)

6.2 消费者的价格心理 (118)
6.2.1 消费者价格心理特征 (118)
6.2.2 消费者对价格的判断 (120)

6.3 商品的定价心理 (121)
6.3.1 对新商品定价的心理策略 (121)
6.3.2 对一般商品定价的心理策略 (123)
6.3.3 对系列产品定价的心理策略 (126)
6.3.4 对商品价格调整的心理策略 (127)

典型案例分析 (131)

第7章 购物环境与消费者心理 (133)

7.1 购物环境的衬托对消费者心理的影响 (133)
7.1.1 销售企业类型与消费者心理需求 (133)
7.1.2 零售商店的区域位置与消费者心理 (135)
7.1.3 商场选址与消费者心理 (136)
7.1.4 购物建筑物的风格造型与消费者心理 (138)

7.2 店容店貌与消费心理 (141)
7.2.1 商店店门装潢与消费者心理 (141)

7.2.2 商店的招牌与消费者心理 (142)
7.2.3 商品展示橱窗与消费者心理 (144)
7.3 商店内部商品的陈设与消费者心理 (147)
7.3.1 商店内部装修风格与消费者心理 (147)
7.3.2 商店商品陈列与消费者心理 (150)
典型案例分析 (155)

第8章 商品广告与消费心理 (159)
8.1 商品广告及心理功能 (159)
8.1.1 广告的概念和特征 (159)
8.1.2 商品广告的类别 (160)
8.1.3 商品广告的消费者心理分析 (162)
8.1.4 商品广告的心理功能 (164)
8.2 广告媒体及其心理效应 (165)
8.2.1 广告媒体的概念 (165)
8.2.2 广告媒体对消费者的心理效应 (165)
8.2.3 商业广告媒体选择的心理因素 (171)
8.3 商品广告传播的策略与技巧 (173)
8.3.1 商品广告传播的策略 (173)
8.3.2 商品广告传播的技巧 (179)
典型案例分析 (180)

第9章 商品营销与谈判的心理策略 (182)
9.1 营销人员与消费者心理 (182)
9.1.1 营销人员与消费者的心理互动 (182)
9.1.2 消费者的购买心理与行为过程 (183)
9.1.3 心理效应的合理运用对营销工作的影响 (186)
9.2 商务谈判心理 (190)
9.2.1 商务谈判的概念和原则 (190)
9.2.2 商务谈判人员心态与不同人员的性格类型分析 (193)
9.3 商务谈判的心理策略 (197)
9.3.1 商务谈判心理策略的概念 (197)
9.3.2 商务谈判中处理利益冲突的原则和解决方案 (197)
9.3.3 商务谈判中解决利益冲突的机制 (204)
典型案例分析 (205)

参考文献 (206)

概 述

消费心理学是心理学的一个重要分支，它研究消费者在消费活动中的心理现象和行为规律。消费心理学是一门新兴学科，也是消费经济学的组成部分。研究消费心理，对于消费者，可提高消费效益；对于经营者，可提高经营效益。

1. 消费行为

消费行为是指从市场流通角度观察，人作为消费者时对于商品或服务的消费需要，以及使商品或服务从市场上转移到消费者手里的活动。

任何一种消费活动，都是既包含了消费者的心理活动，又包含了消费者的消费行为。准确把握消费者的心理活动，是准确理解消费行为的前提。而消费行为是消费心理的外在表现，消费行为比消费心理更具有现实性。

2. 常见消费心理

① 求实心理：以追求商品或劳务的使用价值为主要目的的消费心理。

② 求美心理：以追求商品的艺术价值和欣赏价值为主要目的的消费心理。

③ 求便心理：指消费者购买方便或携带方便。

④ 攀比与炫耀心理：消费目的是满足好奇心理，不甘落后。在炫耀心理诱导下的购买动机具有虚荣性，常常表现为购买名贵商品、紧俏商品和时髦商品，其购买行为具有攀比性和超前性的特点。

⑤ 偏好心理：指具有某些特殊爱好的消费者的消费心理。

⑥ 从众心理：在从众心理诱导下的购买动机具有跟随性，常常表现为群体性购买。购买行为具有无目的性、偶然性、冲动性的特点。

⑦ 自豪心理：在自豪心理诱导下的购买动机具有地方性和显示性，常常表现为购买家乡或某一地区的名优、土特产品。其购买行为具有馈赠性的特点。

⑧ 占有心理：在占有心理支配下的购买动机具有恐失性，常常表现为购买有价证券、文物古董、名人字画和珍贵工艺品，其购买行为具有收藏性和保值性的特点。

⑨ 保值心理：在保值心理诱导下的购买动机具有守财性，常常表现为购买金属制品、耐用消费品和生活必需品，其购买行为具有盲目性、冲动性和抢购性的特点。

⑩ 怀旧心理：在怀旧心理诱导下的购买动机具有复古性，常常表现为购买只有某一历史特征的传统商品的仿古制品，其购买行为具有明确的目的性、专一性和观赏性的特点。

⑪ 推崇权威心理：消费者推崇权威的心理，在消费形态上，多表现为决策的情感成分远远超过理智的成分。这种对权威的推崇往往导致消费者对权威所消费产品无理由的选用，进而把消费对象人格化，从而达成产品的畅销。

⑫ 爱占便宜心理。

⑬ 害怕后悔心理：每一个人在做决定的时候，都会有恐惧感，生怕做错决定，生怕花的钱是错误的。

⑭ 面子心理：中国的消费者有很强的面子情结，在面子心理的驱动下，中国人的消费会超过甚至大大超过自己的购买或者支付能力。

3. 顾客消费心理

（1）少年儿童消费心理

① 购买目标明确，购买迅速。少年儿童购买商品多由父母事前确定，决策的自主权十分有限，因此，购买目标一般比较明确。加上少年儿童缺少商品知识和购买经验，识别、挑选商品的能力不强，所以，对营业员推荐的商品较少异议，购买比较迅速。

② 少年儿童更容易受到群体的影响。学龄前和学龄初期儿童的购买需要往往是感觉型、感情性的，非常容易被诱导。在群体活动中，儿童会相互比较，如"谁的玩具更好玩"、"谁有什么款式的运动鞋"等，并由此产生购买需要，要求家长为其购买同类同一品牌同一款式的商品。

③ 选购商品具有较强的好奇心。少年儿童的心理活动水平处于较低的阶段，虽然已能进行简单的逻辑思维，但仍以直观、具体的形象思维为主，对商品的注意和兴趣一般是由商品的外观刺激引起的。因此，在选购商品时，有时不是以是否需要为出发点，而是取决于商品是否具有新奇、独特的吸引力。

④ 购买商品具有依赖性。由于少年儿童没有独立的经济能力和购买能力，几乎由父母包办他们的购买行为，所以，在购买商品时具有较强的依赖性。父母不但代替少年儿童进行购买行为，而且经常将个人的偏好投入购买决策中，忽略儿童本身的好恶。

（2）青年人消费心理

青年消费者人口众多，也是所有企业竞相争夺的主要消费目标。因此，了解青年消费者的消费心理特征，对于企业的经营和发展具有极其重要的意义。

一般来说，青年消费者的消费心理特征有以下几点。

① 追求时尚和新颖。青年人的特点是热情奔放、思想活跃、富于幻想、喜欢冒险，这些特点反映在消费心理上，就是追求时尚和新颖，喜欢购买一些新的产品，尝试新的生活。在他们的带领下，就会逐渐形成消费时尚。

② 表现自我和体现个性。这一时期，青年人的自我意识日益加强，强烈地追求独立自主，在做任何事情时，都力图表现出自我个性。这一心理特征反映在消费行为上，就是喜欢购买一些具有特色的商品，而且这些商品最好能体现自己的个性特征，对那些一般化、不能表现自我个性的商品，他们一般都不屑一顾。

③ 容易冲动，注重情感。由于人生阅历并不丰富，青年人对事物的分析判断能力还没有完全成熟，他们的思想感情、兴趣爱好、个性特征还不完全稳定，因此在处理事情时，往往容易感情用事，甚至产生冲动行为。他们的这种心理特征表现在消费行为上，那就是容易产生冲动性购买，在选择商品时，感情因素占了主导地位，往往以能否满足自己的情感愿望来决定对商品的好恶，只要是自己喜欢的东西，一定会想方设法，迅速做出购买决策。

（3）中年人消费心理

中年人的心理已经相当成熟，个性表现比较稳定，他们不再像青年人那样爱冲动、爱感情用事，而是能够有条不紊、理智地分析和处理问题。中年人的这一心理特征在他们的购买行为中也有同样的表现。

① 购买的理智性胜于冲动性。随着年龄的增长，青年时的冲动情绪渐渐趋于平稳，理智逐渐支配行动。中年人的这一心理特征表现在购买决策心理和行动中，使得他们在选购商品时，很少受商品的外观因素影响，而比较注重商品的内在质量和性能，往往经过分析、比较以后，才做出购买决定，尽量使自己的购买行为合理、正确、可行，很少有冲动、随意购买的行为。

② 购买的计划性多于盲目性。中年人虽然掌握着家庭中大部分收入和积蓄，但由于他们上要赡养父母，下要养育子女，肩上的担子非常沉重。他们中的多数人懂得量入为出的消费原则，开支很少像青年人那样随随便便、无牵无挂、盲目购买。因此，中年人在购买商品前常常对商品的品牌、价位、性能要求乃至购买的时间、地点都妥善安排，做到心中有数，对不需要和不合适的商品他们绝不购买，很少有计划外开支和即兴购买。

③ 购买求实用，节俭心理较强。中年人不再像青年人那样追求时尚，生活的重担、经济收入的压力使他们越来越实际，买一款实实在在的商品成为多数中年人的购买决策心理和行为。因此，中年人更多的是关注商品的结构是否合理，使用是否方便，是否经济耐用、省时省力，能够切实减轻家务负担。当然，中年人也会被新产品所吸引，但他们更多的是关心新产品是否比同类旧产品更具实用性。商品的实际效用、合适的价格与较好的外观的统一，是引起中年消费者购买的动因。

④ 购买有主见，不受外界影响。由于中年人的购买行为具有理智性和计划性的心理特征，使得他们做事大多很有主见。他们经验丰富，对商品的鉴别能力很强，大多愿意挑选自己所喜欢的商品，对于营业员的推荐与介绍有一定的判断和分析能力，对于广告一类的宣传也有很强的评判能力，受广告这类宣传手段的影响较小。

⑤ 购买随俗求稳，注重商品的便利。中年人不像青年人那样完全根据个人爱好进行购买，不再追求丰富多彩的个人生活用品，需求逐渐稳定。他们更关注别的顾客对该商品的看法，宁可压抑个人爱好而表现得随俗，喜欢买一款大众化的、易于被接受的商品，尽量不使人感到自己花样翻新和不够稳重。

由于中年人的工作、生活负担较重，工作劳累以后，希望减轻家务负担，故而十分欢迎具有便利性的商品，如减轻劳务的自动化耐用消费品，半成品、现成品的食品等，这些商品往往能被中年顾客认识并促成购买行为。

（4）老年人消费心理

在竞争日益激烈的环境中，企业必须注重分析老年消费者的心理特征。老年消费者所具有的心理特征主要有以下几个。

① 富于理智，很少感情冲动。老年消费者由于生活经验丰富，因而情绪反应一般比较平稳，很少感情用事，大多会以理智来支配自己的行为。因此，他们在消费时比较仔细，不会像年轻人那样产生冲动的购买行为。

② 精打细算。老年消费者一般都有家小，他们会按照自己的实际需求购买商品，量入为出，注意节俭，对商品的质量、价格、用途、品种等都会做详细了解，很少盲目购买。

③ 坚持主见，不受外界影响。老年消费者在消费时，大多会有自己的主见，而且十分相信自己的经验和智慧，即使听到商家的广告宣传和别人介绍，也要先进行一番分析，以判断自己是否需要购买这种商品。因此，对于这种消费者，商家在进行促销宣传时，不应一味地向他们兜售商品，而应该尊重和听取他们的意见，"晓之以理"，而不能"动之以情"。

④ 方便易行。对于老年人来说，他们或者工作繁忙，时间不够用；或者体力不好，行动不便。所以他们在购物的时候，常常希望比较方便，不用花费很大的精力。因此，店铺应该为他们提供尽可能多的服务，以提高他们的满意度。

⑤ 品牌忠诚度较高。老年消费者在长期的生活过程中，已经形成了一定的生活习惯，而且一般不会做较大的改变，因为他们在购物时具有怀旧和保守心理。他们对于曾经使用过的商品及其品牌，印象比较深刻，而且非常信任，是企业的忠诚消费者。

（5）男性消费心理

① 动机形成迅速、果断，具有较强的自信性。男性的个性特点与女性的主要区别之一就是具有较强的理智性、自信性。他们善于控制自己的情绪，处理问题时能够冷静地权衡各种利弊因素，能够从大局着想。有的男性则把自己看成能力、力量的化身，具有较强的独立性和自尊心。这些个性特点也直接影响他们在购买过程中的心理活动。

因此，男性动机形成要比女性果断、迅速，并能立即导致购买行为，即使处在比较复杂的情况下，如当几种购买动机发生矛盾冲突时，也能够果断处理，迅速做出决策。特别是许多男性不愿"斤斤计较"，购买商品也只是询问大概情况，对某些细节不予追究，也不喜欢花较多的时间去比较、挑选，即使买到稍有毛病的商品，只要无关大局，也不会计较。

② 购买动机具有被动性。就普遍意义讲，男性消费者不如女性消费者经常料理家务，照顾老人、小孩，因此，购买活动远远不如女性频繁，购买动机也不如女性强烈，

比较被动。在许多情况下，购买动机的形成往往是由于外界因素的作用，如家里人的嘱咐、同事和朋友的委托、工作的需要等，动机的主动性、灵活性都比较差。我们常常看到这种情况，即许多男性顾客在购买商品时，事先记好所要购买的商品品名、式样、规格等，如果商品符合他们的要求，则采取购买行动；否则，就放弃购买。

③ 购买动机感情色彩比较淡薄。男性消费者在购买活动中心境的变化不如女性强烈，不喜欢联想、幻想，他们往往把幻想看成未来的现实。相应地，感情色彩也比较淡薄。所以，当动机形成后，稳定性较好，其购买行为也比较有规律。即使出现冲动性购买，也往往自信决策准确，很少反悔退货。需要指出的是，男性消费者的审美观同女性有明显的差别，这对他们动机的形成也有很大影响。比如，有的男同志认为，男性的特征是粗犷有力，因此，他们在购买商品时，往往对具有明显男性特征的商品感兴趣，如烟、酒、服装等。

（6）女性消费心理

在现代社会，谁抓住了女性消费者，谁就抓住了赚钱的机会。要想快速赚钱，就应该将目光瞄准女性消费者的口袋。企业在市场销售中，应当充分重视女性消费者的重要性，挖掘女性消费市场。

女性消费者具有以下消费心理。

① 追求时髦。俗话说"爱美之心，人皆有之"，对于女性消费者来说，就更是如此。不论是青年女性，还是中老年女性，她们都愿意将自己打扮得美丽一些，充分展现自己的女性魅力。尽管不同年龄层次的女性具有不同的消费心理，但是她们在购买某种商品时，首先想到的就是这种商品能否展现自己的美，能否增加自己的形象美，使自己显得更加年轻和富有魅力。例如，她们往往喜欢造型别致新颖、包装华丽、气味芬芳的商品。

② 追求美观。女性消费者还非常注重商品的外观，将外观与商品的质量、价格当成同样重要的因素来看待，因此在挑选商品时，她们会非常注重商品的色彩和式样。

③ 感情强烈、喜欢从众。女性一般具有比较强烈的情感特征，这种心理特征表现在商品消费中，主要是用情感支配购买动机和购买行为。同时她们经常受到同伴的影响，喜欢购买和他人一样的东西。

④ 喜欢炫耀、自尊心强。对于许多女性消费者来说，之所以购买商品，除了满足基本需要之外，还有可能是为了显示自己的社会地位，向别人炫耀自己的与众不同。在这种心理的驱使下，她们会追求高档产品，而不注重商品的实用性，只要能显示自己的身份和地位，她们就会乐意购买。

第 1 章 消费心理学的基本理论

1.1 消费者心理活动过程

消费者的心理活动是指消费者实现消费行为的全部心理活动过程。它是一个动态过程，包括认识过程、情感过程和意志过程三个方面。这三个方面相互联系、相互作用，共同对消费者的消费行为产生重要影响。

1.1.1 消费者对商品的认识过程

消费者购买商品的心理活动，是从对商品的认识过程开始的。消费者对商品的认识过程，就是消费者通过自己的各种感觉器官获得商品的个别属性，并加以联系和综合的反映过程。从心理学的角度分析，消费者对商品的认识过程是通过感觉、知觉、注意、记忆、想象、思维、联想等一系列心理机能的活动来共同完成的。认识过程是消费者购买行为的前提，也是消费者其他心理活动过程的重要基础。

1. 消费者的感觉与知觉

感觉与知觉是消费者认识过程的初级阶段，消费者往往通过感觉和知觉活动获得最初的有关商品的各种信息资料。

（1）消费者的感觉

消费者的感觉就是商品外部的个别属性作用于消费者不同的感觉器官而产生的心理现象。在消费过程中，消费者一般借助触觉、视觉、听觉、嗅觉和味觉这 5 种感觉来接受有关商品的各种信息，形成对商品的初步印象。例如，消费者对蛋糕的感觉，通过眼睛感觉蛋糕诱人的色泽、形状，通过鼻子感觉蛋糕芬芳的气味，通过舌头感觉蛋糕甜美的味道等。这些感觉使商品本身得到直观且形象的反映，这种反映对消费者的购买行为有较大的影响。"百闻不如一见"正说明了感觉对消费者购买行为所起到的作用，因此商家在宣传、经销商品时总是设法突出商品的特色。例如，大幅广告更能引起消费者的注意，色彩鲜明的商品更易于引起消费者的注意，商品摆放于明显的位置会引起消费者的更多注意等。有人利用感觉的作用创造了"气味推销法"。例如，伦敦的一家超市在店内释放一种人造草莓香味，把顾客吸引到水果柜台，结果草莓等水果被抢购一空；美国的一家食品公司在底特律城郊竖立起一块高 80 英尺（1 英尺=0.3048 米）、长 100 英尺的面包形广告牌，不仅能播放介绍面包的音乐，还能释放出一种神奇的混合面包的香味，勾起行人的食欲，结果这家食品公司的面包销量激增两倍多。消费者借助感觉器官对外界各种商品、服务、信息以及对自身需要的各种属性形成感觉，是一切消费活动的感性基础。

（2）消费者的知觉

在认识过程中，消费者不仅能借助感觉器官对商品的个别属性进行感受，而且能将商品的不同个别属性联系和综合起来，进行整体反映。消费者的知觉就是消费者对直接作用于感觉器官的商品个别属性的整体反映。通常，消费者总是以知觉的方式比较完整地看待商品，消费者通过知觉活动，加深了对商品的认识：从对商品的个别属性的认识上升到对商品整体的认识。在购买活动中，消费者只有对某种商品掌握一定的知觉材料，才能进一步通过思维去认识商品，形成对商品的主观态度，进而确定相应的购买决策。例如，消费者购买服装，反映在消费者头脑中的是一件完整的服装，而不是孤立的颜色、款式、做工、质地、手感等个别属性。消费者的知觉具体表现在选择性、理解性、整体性、恒常性等方面。影响消费者知觉的因素包括主观因素和客观因素。主观因素包括消费者的知识、经验、态度、期待、需要与动机等，客观因素包括外部刺激变化的大小、色彩、对比、位置、动静以及服务等。例如，英国一家商店在制作商品目录广告时，一半采用黑白印刷，另一半采用彩色印刷，结果表明彩色目录的影响效果比黑白目录大了约 10 倍。但在众多的彩色广告中，黑白广告有时却给消费者一种新鲜的感觉。因此，了解消费者知觉的特征，可以帮助商家有效地选择宣传方式，对商品的各种性能、用途做重点介绍，加大商品对消费者的刺激，使消费者迅速感知商品。

提示

消费者的错觉

错觉又称错误知觉，是指在特定的条件下，不符合客观实际的歪曲知觉。它包括几何图形错觉、时间错觉、运动错觉、空间错觉、光渗错觉、整体影响部分的错觉、声音方位错觉、形重错觉、触觉错觉等。错觉不等于一般的不正确认识，它带有必然性和规律性。错觉现象并非绝对无益，在商品经销中巧妙利用消费者的错觉，有时可以取得意想不到的效果。例如，在商品的陈列中充分利用镜子、灯光之类的手段，不仅能使空间显得大些，商品显得丰富多彩，减少陈列商品的数量，而且还能调节消费者和销售人员的心情，使销售人员保持好心情为消费者服务。又如，商家利用对比错觉，科学制定商品价格。研究表明，价格尾数的微小差别，能够明显影响消费者的购买行为。一般认为，五元以下的商品，末位数为 9 最受欢迎；五元以上的商品，末位数为 95 效果最佳；百元以上的商品，末位数为 98、99 最为畅销。尾数定价法会给消费者一种经过精确计算的最低价格的心理感觉。此外，消费者觉得奇数定价比偶数定价更便宜，这主要是因为消费者对奇数有好感，容易产生一种价格低廉、降价促销的感觉。

2. 消费者的注意与记忆

（1）消费者的注意

消费者的注意是人的心理活动对外界一定事物的指向与集中。注意有两个基本特征，即指向性和集中性。指向性特征表现为人的认识活动具有选择性；集中性特征表现为人的认识活动能在特定的选择和方向上保持持久，同时能够排除外界的干扰。例如，消费者走进超市，面对琳琅满目的商品，能引起注意的仅是他们关心的少数商品。注意的中心总是清晰的，注意的边缘总是模糊的。当消费者在选购商品时，他们的注意力总是集中于某一商品，而对其余商品的注意受到抑制，以便对该商品获得明确的反映，从而决定是否购买。在市场营销活动中，正确发挥注意的心理功能，用多元化经营调节消费者在消费过程中的注意转换，使用成功的广告引起消费者的注意，都具有引发消费需求、提高销售效率的实际意义。例如，运用巨幅的广告牌、明亮的橱窗来提高刺激强度；陈列商品经常变化，举办新产品展销会以更换刺激物的刺激点；时装表演、闪烁的霓虹灯则是运用刺激物的运动性等引起消费者的注意。

（2）消费者的记忆

消费者的记忆是过去感知过的事物在人脑中的反映。记忆中所保留的映像就是人的经验。记忆是一个比较复杂的心理过程，包括识记、保持、回忆、再认等几个环节，其中主要以回忆和再认的方式表现出来。例如，消费者在购买商品时，往往在头脑中重现曾在别处见过或自己使用过的同种商品，进行对比选择，这就是回忆。又如，消费者能够认出购买过的商品、光顾过的商场、观看过的广告等，这就是再认。记忆在一定程度上影响着消费者的购买决策，决定着购买行为。当消费者初步感知商品后，通常会运用记忆去回忆使用过的商品及感受，从而进一步加深对商品的认识。商品的名称、商标、包装和广告是消费者记忆的主要内容。因此，在市场营销过程中，应注意充分利用记忆规律，帮助消费者明确购买目的，商品信息应通俗易懂，吸引消费者积极参与商品的使用活动，增进与消费者的感情，以此增强消费者的记忆。

3. 消费者的想象与思维

（1）消费者的想象

消费者的想象是人脑用过去感知的材料来创造新形象的过程。它是人所特有的一种心理活动，是在记忆的基础上，把过去经验中已经形成的联系进行加工改造，创造出并没有直接感知过的事物新形象。想象对于深化消费者的认知具有重要的作用。消费者在购买过程中常常会运用想象，许多商品对于消费者来说并不是急需的，但是在经历了想象心理活动后常常会导致购买行为。例如，有些女性消费者在购买衣料时常常把衣料搭在身上，对着镜子边欣赏边想象穿在自己身上的效果。又如，消费者购买到一套房子后，必然伴随着对居室的装修、家电购买和家具布置的整体想象。因此，商家应充分利用消费者的这一心理特点，在进行商品设计、品牌、包装、广告设计以及橱窗布置时，通过综合运用各种方法来诱发消费者积极的想象力，以达到促销的目的。

（2）消费者的思维

消费者的思维是人脑对客观事物本质特征的间接、概括的反映，是认识活动发展的高级阶段。间接性和概括性是思维的主要特征。间接性指通过其他媒介来认识客观事物，例如通过收看电视广告，了解某种商品的性能。概括性指借助已有的知识、经验来理解和把握那些没有直接感知过的事物。例如，消费者在购买过程中，多次感知到名牌商标与商品质量之间的联系，从而得出"名牌商品质量好"的认识。思维的基本过程包括分析、综合、比较、判断、推理、抽象和概括、具体化。在消费者的购买活动中，思维过程也就是决策过程。消费者的思维方法和思维能力存在差异，购买决策的方式和速度各不相同。例如，有的消费者思维的独立性与灵活性很强，易于做出购买决策；有的消费者思维的深刻性与广阔性很强，往往经过反复对比才做出购买决策。因此，商家需要根据商品的性质和购买对象，为消费者提供思维的感知材料，使消费者产生丰富美好的想象，从而引起强烈的购买欲望。例如，2006 年湖南卫视"超级女声"选秀活动大获成功，蒙牛集团迅速把握机会，成为"超级女声"选秀活动的赞助商，从而使蒙牛产品的知名度迅速提升，占领了国内市场。

> **案例提示**
>
> **一摔成名**
>
> 日本西铁城钟表商为了在澳大利亚打开市场，提高手表的知名度，曾声称某月某日将在某广场上空投手表，谁捡到归谁。到了那天，许多人涌到指定的广场，西铁城钟表商雇用了一架直升飞机，将千余只手表空投到地面，当幸运者发现自己捡到的手表完好无损时，都奔走相告。于是西铁城手表在澳大利亚的销路大开。应当说，西铁城之所以能打进澳大利亚市场，是由于这种"出人意料"的"硬碰硬"的质量宣传，赢得了广大消费者的信赖，树立起了"过硬"的产品质量形象。

1.1.2 消费者的情感过程

通常情况下，消费者完成对商品的认知过程后，就具备了购买的可能性，会做出购买决策。从理论上讲，消费者的购买活动都应是高度理性的行为，但是在现实购买活动中并非完全如此。人是具有感情的，消费行为的发生经常受到情感的影响，还需要消费者情感过程的参与。情感过程就是消费者在购买过程中对商品或服务的态度体验，如喜怒哀乐等。积极的情感如喜欢、热爱、愉快等，可以增强消费者的购买欲望；反之，消极的情感如厌恶、反感、失望等，会削弱消费者的购买欲望。

1. 情绪与情感

情绪与情感是人的需求是否得到满足时所产生的一种对客观事物的态度和内心体验。情绪与情感从不同角度揭示人的心理体验。情绪一般与生理需要是否满足相联系，由特定的条件所引起,并随条件的变化而变化。情绪具有较大的情景性、冲动性和短暂性,常常在活动中表现出来。例如,当消费者购买某种商品时,该商品的数量多,有挑选的余地,就会出现满意的情绪;反之,情绪就不愉快。情感主要是与人的社会性需要和意识紧密联系的内心体验,如理智感、道德感、美感等。与情绪相比,情感具有较大的稳定性、深刻性和持久性,不会因为活动的结束而消失。例如,商场的购物环境优雅、商品陈列有序、服务态度良好,都会使消费者产生赞赏和信任之感,因此经常光顾。情绪与情感之间有着密切的内在联系,可以相互转化。情绪长期积累,就会转化为情感;而情感在一定条件下也会以鲜明的形式表现出来,即表现为一种情绪。因此,从某种意义上说,情绪是情感的外在表现,情感是情绪的本质内容。

2. 情绪与情感的表现形式

现实生活中,消费者表现出来的情绪多种多样,根据情绪的强度、持续时间和复杂程度,可以将情绪分为以下几种类型。

(1)心境

心境是一种比较微弱、平静而持久的情绪状态,具有弥散性、感染性和持久性的特征。在消费活动中,良好的心境会提高消费者对商品、服务、环境的满意程度;反之,不良的心境会使消费者感到厌烦,从而拒绝购买商品。

(2)激情

激情是一种突然爆发、强烈而短暂的情绪状态,具有瞬间性、冲动性和不稳定性的特征。它通常是由强烈的欲望或刺激引起的,如狂喜、暴怒、恐惧、绝望等。消费者在激情状态下会出现失常现象,冲动取代理智,往往做出非理性的购买决定。

(3)热情

热情是一种强烈、深刻而稳定的情绪状态,具有持续性、稳定性和行动性的特征。它不如激情强烈,但比激情持久,如喜爱、厌恶等。在消费活动中,热情能推动消费者为实现目标而持续地努力。例如,集邮收藏爱好者为了不断增加藏品,实现自己的爱好,会节省开支用于购买邮票而减少其他商品的购买。

(4)应激

应激是一种在出乎意料的紧张情况下所产生的情绪状态,具有临时性、动态性的特征。应激的最直接表现是精神紧张。在应激状态下,人们会把体内的所有潜能都调动起来,以应付紧张的局面。人们处理应激的方式主要依赖于生活经验以及意志品质对情绪的控制能力。

消费者的情感过程主要通过神态、表情、语言和行动等外部形式表现出来。面部表情是最为丰富、最为重要的一种表现形式,消费者在购买过程中的喜怒哀乐等都通过不同的面部表情表现出来。例如,高兴时会笑容满面,失望时会垂头丧气,生气时会满脸怒容;看见中意的商品,消费者会全神贯注地观察。言语也是消费者情感的外部表现形式之一,消费者在高兴、急躁的时候会采用快速、激昂的语调,在失望、犹豫的时候会采用缓慢、低沉的语调。体态是消费者情感在身体姿态、动作上的表现。例如，高兴时会手舞足蹈，气愤时会捶胸顿足，对商品不感兴趣时会东张西望。表情有助于情感的表达，也有助于人们对情感的识别。因此，在商品营销过程中，销售人员应善于察言观色，注意观察消费者的神情、语言和动作，以此揣摩和判断消费者的购买心理，从而促成消费者购买行为的实现。

3. 影响消费者情感过程的因素

在购买过程中，影响消费者情绪、情感的因素是多方面的，主要有个人心境、审美情趣、购买环境、商品因素、服务质量、商品宣传等。

（1）个人心境

个人心境是指消费者进入购买现场时的情绪状态或精神状态。在心境产生的全部时间里，它能影响消费者的整个购买行动，保持它的积极或消极的影响。不同的心境会导致消费者不同的情绪色彩，如兴高采烈、抑郁寡欢、烦躁不安等。

（2）审美情趣

审美情趣是消费者根据自己的看法对商品或服务审美价值的评价。消费者总是按照自己的审美情趣去选购商品或服务，当对某种商品或服务产生美感时会持肯定态度，并以积极的情绪色彩表现出来。消费者的审美情趣受出身地位、文化素养、兴趣爱好、实践经验、社会生活条件的影响和制约。商品如果符合消费者的审美观，就具备了一定的感染力，就可以影响消费者情感，使消费者在消费商品使用价值的同时，也体验了审美感受。

（3）购买环境

消费者的情绪产生和变化，首先受到购买环境的影响。例如，购买环境宽敞明亮、优雅舒适，会使消费者产生愉悦、舒畅的积极情绪；反之，则会使消费者产生厌烦、失望的消极情绪。因此，很多商家非常注意购物环境的设施和装饰，尤其是店内色彩、照明、温度、气味、音响、空间大小等条件。

（4）商品因素

在消费者购买活动中，商品是影响消费者情绪的最主要因素。消费者需要的满足大多是借助商品实现的，所以有关商品的外观和内涵各方面的特征，能够引起消费者的不同情绪。式样别致、包装新颖的商品，价格具有优势且符合不同消费者需要的商品，功能齐全、质量高的商品，都能引发消费者购买的积极情绪。

（5）服务质量

服务质量是消费者在购买过程中，对其所受到的接待和服务的满意程度。消费者受到销售人员热情礼貌的接待，就会产生信任感、满意感，表现出愉悦的积极情绪，购买商品的欲望就会强烈。因此，所有商家都把微笑服务作为商业服务中的一条基本原则，以饱满的热情和微笑的表情接待消费者。

（6）商品宣传

消费者对一种产品和品牌的认知与购买过程是一个情感不断变化的过程，其中商品宣传对消费者的情感影响很大。商品宣传要想打动消费者，必须针对消费者的需要，使消费者一出现类似需要就会想到该商品，达到使消费者产生共鸣的目的，只有这样才能取得良好的商品促销效果。例如，大宝化妆品广告词"大宝明天见，大宝，天天见"，广告的宣传贴近消费者，透着朴实、温暖的生活气息，把产品与消费者的情感距离一下子拉近了。

> **案例提示**
>
> **"佳佳"和"乖乖"的不同命运**
>
> "佳佳"和"乖乖"是香脆小点心的商标，曾经相继风靡20世纪70年代的我国台湾市场，并掀起过一阵流行热潮，致使同类食品蜂拥而上，多得不胜枚举。然而时至今日，率先上市的佳佳在轰动一时之后销声匿迹了，而竞争对手乖乖却经久不衰。为什么会出现两种截然不同的命运呢？
>
> 经考察，佳佳上市前做过周密的准备，并以巨额的广告申明：销售对象是青少年，尤其是恋爱男女，还包括失恋者——广告中有一句话是"失恋的人爱吃佳佳"。显然，佳佳把希望寄托在"情人的嘴巴上"，而且做成了咖喱味，并采用了大盒包装。乖乖则是以儿童为目标，以甜味与咖喱味抗衡，用廉价的小包装上市，以吸引敏感而又冲动的孩子们的小嘴，使他们在举手之间吃完，嘴里留下余香。这就促使疼爱孩子们的家长重复购买。为了刺激消费者，乖乖的广告直截了当地说"吃"、"吃得个个笑逐颜开"。可见，佳佳和乖乖有不同的消费对象、不同大小的包装、不同的口味风格和不同的广告宣传。正是这几个不同，最终决定了两个竞争者的不同命运。
>
> 在商品购买心理的认识过程和情感过程这两个阶段，佳佳都未能给消费者造成充分的良性情感刺激，失去了消费者的爱心；而乖乖则给人以充分的积极情绪的心理刺激，受到了消费者的青睐。

1.1.3 消费者的意志过程

消费者在对商品进行认知、做出购买决策、实施购买行为时，还需要排除各种外界干扰，以保证实现购买目的。这个过程就是消费者的意志过程。目的性、坚持性和调节性是意志过程的主要特征。目的性能使消费者按照预定的目的去支配自己的购买行为。坚持性会使消费者在实现目的的过程中，自觉排除其他因素的干扰。调节性表现为意志对行动的调节，包括发动行为和制止行为两个方面：发动行为激发积极的情绪，推动消费者为实现购买目的而采取一系列行动；制止行为则抑制积极的情绪，阻止不符合购买目的的行动。

在购买活动中，消费者的意志表现为一个复杂的作用过程，可分为决策、执行、体验三个相互联系的阶段。

1. 做出购买决策阶段

这是意志过程的初始阶段，也是购买活动的准备阶段。在这一阶段，消费者要确定购买目的，权衡购买动机，选择购买方式，制订购买计划。例如，在同一时期，消费者可能会有多种不同的需要，但又不可能同时实现，就必须根据自己的实际消费能力和商品的供应情况，分清主次、轻重、缓急，依靠意志来进行权衡取舍，做出是否购买和购买顺序等决定。消费者在这个阶段，主要是依靠意志的果断性来克服个人心理上的购买冲突，迅速而合理地做出购买决定，否则就会因犹豫不决、缺乏主见而坐失购买良机，或导致草率的购买行为。

2. 执行购买决策阶段

这是购买决策转化为实际的购买阶段，是意志过程的中心环节。在这一阶段，消费者根据既定的购买目标把主体意识转化为实现购买目的的实际行动。一般来讲，就是去购买现场购买计划中需要的商品。在执行阶段往往会出现一些意想不到的障碍，特别是在面临重大采购决策时。有时计划购买的商品在质量、价格、式样等方面并不都与消费者期望完全符合，这就需要消费者依靠意志的坚毅性来进行排除，需要消费者具有一定的智力、体力和克服挫折的毅力。消费者如果意志薄弱，就可能放弃执行购买决策，只有有意识地自觉排除外界干扰，才能较好地执行购买决策，完成购买活动。

3. 体验执行效果阶段

完成购买行为后，消费者的意志过程并未完全结束。通过对商品的使用，消费者还要体验执行购买决策的效果，即感受满意度的阶段，这是意志过程的发展阶段。通常，消费者对所购买的商品都会有一个期望值，完成了一次具体购买活动的消费者，常常会将购买前后的心理做一番比较，如果购买前后心理感受相符，就会对商品产生满意感，否则就会产生失败感。在体验阶段，消费者将评价其购买行为是否明智，并将影响今后的购买行为，决定今后是重复购买还是拒绝购买，是增加购买还是减少购买。

1.2 消费者的个性心理特征

在整个消费过程中，消费者无一例外地都要经历认识、情感、意志等心理活动过程，这一过程体现着消费者心理活动的普遍性规律。但在不同的消费者之间，消费行为又存在着明显的差异，这种差异性来自消费者的个体心理因素。构成消费者千差万别、各具特色的购买行为的心理基础，就是消费者的个性心理特征。个性是指个体身上带有倾向性、比较稳定、本质的心理特征的总和。个性的心理结构是十分复杂的，包括能力、气质、性格、兴趣、爱好等许多心理特征。个性作为消费者个体本质的心理特征，具有稳定性、整体性、独特性和可塑性等特点。消费者个性心理特征的差异，是通过不同的购买行为表现出来的。

1.2.1 消费者的消费能力

能力是指人顺利完成某项活动所必须具备，并且直接影响活动效率的个性心理特征。因此，能力总是和活动联系在一起的，离开了具体活动就不能表现人的能力。消费者的能力就是通过消费活动表现出来的。消费者只有综合运用和不断提高消费能力与技能，才能在复杂多变的消费环境中保持高度的自主性和消费行为的自由度，以获得最大限度的消费效果。

1. 消费者的能力结构

根据层次、作用和性质的不同，消费者的能力可以分为以下几个方面。

（1）各种消费活动所需要的基本能力

在各种消费活动中，消费者都必须具备一些基本能力，例如对商品的感知、鉴别能力，对信息的分析、评价能力，对购买的选择、决策能力，以及记忆力、想象力等，这些基本能力是消费者从事消费活动的必备条件。基本能力的强弱会直接导致消费行为方式和效果的差异。

感知能力是消费者对商品的外部特征和外部联系加以直接反映的能力。通过感知，消费者可以了解到商品的外观、色彩、气味、轻重以及整体风格等，从而形成对商品的初步印象，为进一步对商品做出分析判断提供依据。因此，感知能力是消费行为的先导。消费者感知能力的差异主要表现在速度、准确度和敏锐度方面。例如，感知能力强的消费者，往往能很快地抓住商品的特征，形成对商品的整体印象，挑选出满意的商品；而感知能力弱的消费者，往往不能迅速确定商品的主要特征，忽略商品的微小变化或同类商品之间的细微差别。

分析评价能力是消费者对接收到的各种商品信息进行整理加工、分析综合、比较评价，进而对商品的优劣好坏做出准确判断的能力。分析评价能力的强弱主要取决于消费者的思维能力和思维方式，同时与个人的知识经验有关。例如，分析评价能力强的消费者，能迅速果断地做出比较准确的判断；而分析评价能力弱的消费者，经常表现为犹豫不决，有时甚至会做出错误的判断。20世纪70年代的一项研究表明，大多数消费者在蒙眼的味觉实验中不能准确辨别可口可乐与百事可乐，许多喜爱可口可乐的消费者在实验中却选择了百事可乐。这说明消费者对商品的分析评价在很大程度上是建立在商家提供的商品信息基础上的。

选择决策能力是消费者在充分选择和比较商品的基础上，及时果断地做出购买决定的能力。消费者的决策能力直接受到个人性格和气质的影响，同时还与消费者对商品的熟悉程度、使用经验和消费习惯有关。

此外，记忆力、想象力也是消费者必须具备和经常运用的基本能力。消费者记忆力和想象力的好坏，关系到能否有效地做出购买决策。有的购买决策是面对商品时做出的，而有的决策则是在没有见到商品的情况下做出的，在这种情况下，记忆是一个关键。丰富的想象力可以使消费者从商品本身想象到该商品在一定环境和条件下的使用效果，从而激发消费者美好的情感和购买欲望。

（2）特殊消费活动所需要的专业能力

专业能力是指消费者从事某种专门性消费活动所必须具备的特殊能力，它是以专业知识技术为基础的消费技能。例如，购买高档电子产品的鉴别能力、购买古玩字画的鉴赏能力、购买二手汽车的检测能力等，这些都属于专业性很强的特殊消费技能。如果不具备专业能力而购买某些专业性商品，就难以获得满意的消费效果，甚至无法发挥应有的使用效能。此外，专业能力还包括一些由基本能力发展形成的优势能力，如创造力、审美力等，这些能力往往在服饰搭配、美容美发、家居装饰、礼品选择等方面体现出来。

（3）对自身消费权益的保护能力

保护自身权益是消费者必须具备的一项重要能力。在消费活动中，消费者享有许多天然权力和利益，这些权力和利益经法律认定，成为消费者的合法权益。但是在现实消费活动中，侵犯消费者合法权益的事件屡屡发生。因此，客观上要求消费者树立消费权益意识，掌握合法权益内容，不断提高自我保护能力。按照我国 1994 年 1 月 1 日颁布实施的《中华人民共和国消费者权益保护法》的规定，消费者享有 9 项基本权利，具体包括安全权、知情权、自主选择权、公平交易权、求偿权、结社权、获得有关知识权、人格尊严和民族风俗习惯受尊重权以及监督权。当消费权益受到侵犯时，消费者要善于运用舆论、社团、行政、法律等多种途径和手段，寻求有效保护，挽回利益损失。

2．能力与消费行为表现

消费能力的差异使消费者在购买和使用商品过程中表现出不同的行为特点，决定了消费者不同的购买类型，一般可以分为以下几种类型。

（1）成熟型

成熟型又称确定型，这类消费者通常具有较为全面的能力结构和水平。他们具有比较明确的购买目标，事先掌握了一定的市场信息，了解了较多的相关商品知识，能够正确辨别商品的质量优劣，可以很内行地在同种或同类商品中进行比较、选择，其专业程度甚至超过了销售人员。这类消费者在购买商品过程中往往比较自信，自主性较高，主动提出购买商品的规格、式样、价格等要求，有时会向营业员提出少量关键性问题，很少受外界环境及他人意见的影响。销售人员在接待这类消费者时要充分尊重他们的意见，配合提供一些技术性的专业资料，不必过多地解释和评论商品。

（2）一般型

一般型又称半确定型，这类消费者的能力结构和水平处于中等。他们通常具备一些商品方面的知识，但仅掌握有限的商品信息，缺乏相应的消费经验，主要通过广告宣传、他人介绍等途径来了解和认识商品。在购买之前，只有一个大致的购买目标，而对商品的具体要求尚不明确。他们在购买过程中，行为是随机的，与销售人员接触时不能具体地提出对所需商品的各项要求，往往乐于听取销售人员的介绍和商家的现场宣传，表现出缺乏购买自信和独立见解，购买决策过程要根据购买现场情景而定。在接待这类消费者时，销售人员应及时补充他们欠缺的商品知识，有侧重点地向他们介绍商品。

（3）缺乏型

缺乏型又称盲目型，这类消费者的能力结构和水平处于缺乏或低下状态。他们不了解有关的商品知识和消费信息，不具备购买和使用经验。在购买之前，没有明确的购买目标，仅有一些朦胧的意识和想法。因此，在购买过程中往往无目的地浏览，对所需商品的各种要求表达不清，挑选商品常常不得要领，犹豫不决，极易受购买环境、广告宣传、其他消费者或销售人员的影响，如销售人员的态度、其他消费者的购买情况等。这种状况一般出现在对不熟悉商品或新产品的消费中，以及未成年人、老年人和残疾人消费者中。在接待这类消费者时，销售人员要不怕麻烦，主动认真、实事求是地介绍商品，帮助消费者选购适用的商品。

1.2.2 消费者的个人气质特征

气质是个体心理活动的典型、稳定的动力特征。所谓动力特征，主要表现在心理活动和状态的强度、速度、灵活性、稳定性以及指向性上。例如，有些人活泼、好动、反应迅速，有些人安静、稳重、反应迟缓等。每个消费者都会以特有的气质风格出现于各种消费活动中。购买同一商品，不同气质类型的消费者会采取完全不同的行为方式。因此，气质是消费者固有特质的一种典型表现。

1. 个人气质的基本类型

（1）胆汁质

胆汁质的人高级神经活动类型属于兴奋型。他们的情感和行为动作反应迅速而且强烈，有极明显的外部表现。表现为情绪兴奋性高、直率热情、精力旺盛，但抑制能力差、脾气暴躁、易于冲动、心境变化剧烈、缺乏耐心。

（2）多血质

多血质的人高级神经活动类型属于活泼型。他们的情感和行为动作发生得快，变化得也快，但较为温和。表现为情绪兴奋性高、外部表露明显、活泼好动、动作敏捷、兴趣广泛，但兴趣不持久、注意力易转移、情感不够深刻稳定、缺乏忍耐性。

（3）黏液质

黏液质的人高级神经活动类型属于安静型。他们的情感和行为动作进行得迟缓、稳定。表现为情绪兴奋性低、外部表现少、安静沉稳、少言寡语、善于克制、慎重细致，但缺乏灵活性、比较刻板、易固执己见、可塑性差。

（4）抑郁质

抑郁质的人高级神经活动类型属于抑制型。他们的情感和行为动作进行得都相当缓慢、柔弱。表现为情绪兴奋性低、情感体验深刻持久、敏感细腻、观察敏锐、富于想象，但脆弱多疑、优柔寡断、不善交往、易遭受挫折。

在现实生活中，大多数消费者的气质介于 4 种类型的中间状态，或以一种气质为主，兼有其他气质的特点，即属于混合型气质。

2．个人气质与消费行为表现

消费者气质反映在消费心理行为的各个方面，主要涉及消费者购买商品前的决策、购买时的行为特点和情绪的反映强度、购买之后的消费体验等方面。消费者气质类型的不同，会直接影响和反映到他们的消费行为中，使之显现出不同甚至截然相反的购买方式、风格和特点。

（1）胆汁质型消费者

这类消费者在购买过程中反应迅速，选购商品时言谈举止显得匆忙，一旦感到某种需要，购买动机就会很快形成，且表现得非常强烈，不愿意反复选择比较，因此总是快速甚至草率地做出购买决定，事后又往往容易后悔。他们比较喜欢购买新颖奇特、标新立异的商品。在购买过程中，如果受到热情周到的接待就会迅速成交；如果等候时间过长或销售人员怠慢，就会引发其烦躁情绪。因此，在接待这类消费者时，要求销售人员头脑冷静、动作快捷、耐心细致、应答及时、语言简明，可适当向他们介绍商品的有关性能，以引起消费者的注意和兴趣，还要注意语言与目光的友好，不要刺激对方，使消费者的购买情绪达到最佳状态。

（2）多血质型消费者

这类消费者在购买过程中善于表达自己的愿望，对商品的外表、造型、颜色、功能等比较关注，但有时注意力容易转移，兴趣忽高忽低，购买行为易受情绪的影响。在购买过程中，他们愿意与销售人员沟通，乐于咨询、交流所要购买的商品，喜欢向别人讲述自己的使用感受和经验。此外，他们易受周围环境的感染、购买现场的刺激和时尚因素的影响。因此，在接待这类消费者时，销售人员应主动介绍、与之交谈、有问必答，尽可能多地为消费者提供商品信息，同时注意与他们联络感情，取得信任与好感，从而促使购买行为的顺利完成。

（3）黏液质型消费者

这类消费者挑选商品比较认真、冷静、慎重，善于控制自己的感情，喜欢与否不露声色，不易受广告宣传、商品包装及他人意见的干扰影响。在购买过程中，这类消费者往往加以细心的选择比较，决策较慢，给人以慢悠悠的感觉。因此，在接待这类消费者时，销售人员要注意掌握"火候"，要避免过多的提示和过分的热情，否则容易引起他们的反感；要有足够的耐心，允许消费者有足够的时间认真挑选商品，对顾客的意见给予充分的肯定与支持。

（4）抑郁质型消费者

这类消费者在购买过程中对外界刺激反应迟钝，不善于表达自己的愿望，表现为优柔寡断，挑选商品谨小慎微，从不仓促地做出购买决定；同时不愿与他人沟通，对销售人员的推荐介绍心怀戒备、态度敏感，经常因犹豫不决而放弃购买。因此，在接待这类消费者时，销售人员要注意态度和蔼、耐心细致，要熟知商品的性能、特点，及时正确地回答各种问题，以消除消费者的疑虑，增强他们的购买信心，对消费者的反复行为应予以理解。

> **案例提示**
>
> 在中国质量万里行活动中，不少制造、销售伪劣商品的工商企业被曝光，消费者感到由衷的高兴。3月15日，正值世界消费者权益日，某大型零售企业为了改善服务态度，提高服务质量，向消费者发出意见征询函，调查内容是"如果您去商店退换商品，售货员不予退换怎么办"。要求被调查者写出自己遇到这种事是怎样做的。其中有这样几种答案：
>
> ① 耐心诉说。尽自己最大努力，慢慢解释退换商品的原因，直至得到解决。
>
> ② 自认倒霉。向商店申诉也没用，商品质量不好又不是商店生产的，自己吃点亏，下回长经验。缺少退换的勇气和信心。
>
> ③ 灵活变通。找好说话的其他营业员申诉，找营业组长或值班经理求情，只要有一人同意退换就可以解决问题。
>
> ④ 据理力争。绝不求情，脸红脖子粗地与营业员争论到底，不行就往媒体投诉曝光，再不解决就向工商局、消费者协会投诉。
>
> 上述情况反映出不同气质类型的消费者，在消费行为中显现出不同甚至截然相反的方式、风格和特点。

1.2.3　消费者的个人性格特征

性格是个体表现在对现实的态度和行为方式上的比较稳定的心理特征。性格是个性心理特征中最重要的方面，它通过人对客观事物的倾向性态度、意志活动、言语、行为等方面表现出来，是一个人的本质属性的独特结合。人在现实生活中表现出来的一贯性的态度倾向和行为方式，如勤奋、懒惰、诚实、虚伪、谦虚、骄傲、勇敢、懦弱等，都反映了自身的性格特点。

1. 性格的特征及类型

性格是十分复杂的心理现象，包含多方面的特征。一个人的性格通过不同方面的性格特征表现出来，并由各种特征有机结合，形成独特的性格统一体。性格的特征包括以下4个方面。

① 性格的态度特征，表现为个人对客观事物和现实的态度倾向性特点，如对社会、

集体、他人、自己、工作、学习、生活的态度等，是性格的核心。

② 性格的理智特征，表现为个体在心理活动过程方面的差异性特点，如在感知方面是主动观察还是被动感知，在思维方面是具体罗列还是抽象概括，在想象方面是富于创造还是简单模仿等。

③ 性格的情绪特征，表现为个人受情绪影响或控制情绪程度的特点，如个人情绪反应的强弱、快慢，情绪起伏波动的大小，情绪持续时间的长短等。

④ 性格的意志特征，表现为个人对自身行为的自觉调节方式和控制程度的特点，如在行为目标确定方面是主动计划还是被动盲目，在行为自觉控制方面是主动控制还是放任自流，在意志行动方面是独立坚毅还是依赖放弃等。

人的性格可以从多种角度进行分类，按性格的机能性可分为理智型、情绪型和意志型，按性格的倾向性可分为外向型和内向型，按性格的独立性可分为独立型和顺从型。由于人的性格是复杂多样的，因此，单纯属于某一类型的人是极少的，大多数人的性格是由多种类型混合形成的。

2. 性格与消费行为表现

性格特征反映到消费者对待商品的态度和购买行为上，就构成了不同的消费性格。消费者的性格是在购买行为中起核心作用的个性心理特征。不同性格的消费者，在各自的消费活动中会形成千差万别的消费行为。性格在消费行为中的具体表现可以从不同角度进行划分。

（1）从消费态度角度划分，可分为节俭型、自由型、保守型、顺应型

① 节俭型又称现实型、实用型。这类消费者在消费态度上崇尚节俭，讲究实用。在选购商品的过程中，更多的是注重商品的质量、性能和实用性，以物美价廉作为购买的标准，不追求商品的外观和品牌，受商品外在包装和商品广告宣传的影响较小，不喜欢销售人员人为地赋予商品过多的象征意义。这类消费者在我国为数众多，尤以中老年消费者居多。

② 自由型又称随意型。这类消费者在消费态度上比较随意浪漫，生活方式自由，选择商品既注重内在质量，也讲求外在美观，但更多的是追求外观。他们选择商品的标准往往多样化，而且不稳定，不拘泥于一定的市场信息，易受外界环境和商品宣传的诱导，联想丰富，不能完全自觉地、有意识地控制自己的情绪。这类消费者以年轻人居多。

③ 保守型又称怀旧型。这类消费者在消费态度上比较严谨固执，生活方式刻板，喜欢遵循传统消费习惯。在选购商品时，经常与过去的消费经验进行比较，习惯购买传统的和以前使用过的商品，而对新产品、新观念持怀疑、抵制态度，不愿冒险尝试新产品。这类消费者以老年人居多。

④ 顺应型。这类消费者在消费态度上比较随和，生活方式大众化。在选购商品时，既不购买标新立异的商品，也不固守传统消费习惯。他们的消费行为受相关群体影响较大，喜欢与自己相仿的消费群体保持比较一致的消费水平，并能够随着社会的发展不断

调节和改变自己的消费方式和习惯。

（2）从购买方式角度划分，可分为习惯型、慎重型、挑剔型、被动型

① 习惯型。这类消费者在对使用过的商品有了深刻体验后，便保持稳定的注意力，逐步形成习惯性的购买和消费，不轻易改变自己的观念和行为。他们的消费行为和方式一般不受时尚和社会潮流的影响。

② 慎重型。这类消费者在选购商品时，往往根据自己的实际需要和购买经验进行购买。在购买商品前广泛收集有关商品信息，进行慎重考虑；在选购时认真仔细地进行商品的比较，反复权衡之后才做出购买决定。他们受外界影响小，不易冲动，具有较强的自控能力。

③ 挑剔型。这类消费者一般都具有一定的商品知识和购买经验。在选购商品时主观性强，自信果断，不愿听从他人意见，对销售人员的解释说明常常持怀疑和戒备心理。他们善于观察商品的细微之处，有时甚至过于挑剔。

④ 被动型。这类消费者大多不经常购买商品，缺乏商品知识和购买经验，往往是奉命购买或代人购买。在选购商品时往往犹豫不决，缺乏自信和主见，希望得到他人的帮助。这类消费者的购买行为常处于消极被动状态，销售人员的宣传和推荐会对他们的购买行为产生较大的影响。

从市场销售的角度看，消费者的某些性格有利于商品销售，有利于新产品的推广与传播。一是友善型。这类消费者是商品口碑的传播者，他们热情、外向、善于交际，对于感兴趣的或使用后评价好的商品，会主动地充当商品的义务宣传员。具有这种性格特征的消费者，喜欢给别人出主意、提建议，帮助他人选购商品。二是冒险型。这类消费者性格开朗，思想解放，容易接受新事物，敢于尝试新产品，他们是新产品购买和使用的先行者和"活广告"。三是时尚型。这类消费者追求时髦，善于通过时尚消费展示自己的价值观念，他们的消费行为往往成为时尚消费的"风向标"。上述三类性格特征的消费者对新产品有着浓厚的兴趣，并愿意做出购买尝试，因此受到商家的欢迎。

1.2.4 消费者的个人兴趣特征

兴趣是人对客观事物特殊的认识倾向，是人们在认识事物过程中带有稳定的志向和取向，并能保持较长时间的个性倾向性。消费兴趣则是指消费者需要某种商品的情绪倾向。例如，每年春节购买礼品、服装等已成为一种家庭消费习惯，因而春节期间，消费者就会对各种各样的礼品、服装等消费品感兴趣。兴趣是以需要为前提和基础的，在现实生活中，由于人们的需要是多种多样的，因此，人们的兴趣也是十分广泛的。

1. 消费者兴趣的特点

（1）倾向性

倾向性是指消费者的兴趣指向客观事物的具体内容和对象。人们的任何兴趣都是针

对一定的事物而产生的，由于年龄、性别、环境等属性的不同，消费者的兴趣指向也有所不同。例如，女性消费者对服装、化妆品、装饰品等感兴趣，男性消费者则对汽车、电子产品等感兴趣；年轻消费者对体育运动商品感兴趣，老年消费者则对书画养生商品感兴趣。

（2）效能性

效能性是指兴趣对消费者购买行为所产生的推动作用和效果。例如，有的消费者对感兴趣的商品会迅速决定购买，体现在行动上的效能就高；而有的消费者只停留在好奇和期待的状态，不会产生实际效果，也称无效兴趣。

（3）广泛性

广泛性是指消费者感兴趣的客观对象范围的大小。兴趣的范围因人而异，差别很大。例如，有的消费者兴趣范围广泛，琴棋书画样样爱好；有的消费者兴趣范围狭窄，对任何事情都不感兴趣。在购买活动中，兴趣广泛的消费者知识面广，接受能力强，常常能够高质量地完成购买行为；而兴趣贫乏的消费者知识面窄，接受能力差，购买行为教条僵化，对不需求的商品漠不关心。

（4）稳定性

稳定性是指消费者兴趣持续时间的长短。兴趣的稳定性对消费者购买行为具有一定的影响。例如，兴趣稳定的消费者对商品关注持久，品牌忠诚度较高；而兴趣转移的消费者对商品喜新厌旧，品牌忠诚度不高。

2. 兴趣与消费行为表现

在购买活动中，兴趣对消费者的购买行为有着直接的影响，主要表现在以下几个方面。

① 兴趣有助于消费者为未来的购买活动做准备。消费者对某种商品感兴趣，往往会主动搜集有关信息，了解相关知识，关注市场动向，为未来的购买活动打下基础。例如，喜爱汽车的消费者，平时就会十分关注汽车的品牌、性能、价格等，留意汽车市场动向，一旦时机成熟，就会主动迅速购买。

② 兴趣能促使消费者尽快做出购买决定。消费者在选购自己感兴趣的商品时，心情愉快，精神集中，态度积极。由于对商品信息了解较多，能够很快熟悉商品，便于购买过程的顺利进行。

③ 兴趣可以刺激消费者重复消费和长期使用。消费者一旦对某种商品产生持久的兴趣，就会发展成为一种偏好，从而促使他们固定地使用，形成重复的、长期的购买行为。例如，有的消费者习惯使用白猫洗洁精，对其有了偏好，不管什么新的洗洁精产品问世，都不会改变使用习惯，总是购买白猫洗洁精。又如，对集邮、钓鱼、体育运动感兴趣的消费者，就会经常光顾相关的商品市场，会重复购买和使用与这类兴趣有关的商品。

④ 兴趣的变化能够促使消费者转变消费倾向。消费者的兴趣既受自身因素的影响，同时也受外界环境变化、认识水平提高、科学技术发展等因素的影响。当兴趣发生变化

时，消费倾向、消费方式也会随之改变。因此，企业应根据消费者兴趣的变化，不断推出新产品；商家应通过改变商品宣传方式来吸引消费者，激发消费者的购买兴趣。

1.3 消费者的需要与动机

需要与动机是影响消费者行为的基本心理要素，是消费者购买行为的根源与动力。

1.3.1 消费者的需要心理

需要是指个体由于缺乏某种生理或心理因素而产生内心紧张，从而形成与周围环境之间的某种不平衡状态。需要的实质是个体为延续和发展生命，并以一定的方式适应环境所必需的客观事物的需求反映，通常以欲望、渴求、意愿的形式表现出来。例如，人们在饥饿时会产生对食物的需要，在寒冷时会产生对御寒衣物的需要，在孤独寂寞时会产生对娱乐活动的需要，在知识短缺时会产生对图书、网络资源的需要等。这些需要成为人们进行消费活动的原动力。正是为了满足形形色色的需要，消费者不断实施相应的消费行为。原有需要满足之后，又会产生新的需要，新的需要又推动新的消费行为发生，如此循环往复，形成延续不断的消费行为。

1. 消费需要的基本特征

消费需要包含在人类一般需要之中，表现为消费者对商品和服务的渴求和欲望。在现实生活中，消费需要尽管由于受到各种因素的影响而千变万化，但仍具有一定的倾向性和规律性，这些规律性体现在消费需要的基本特征之中。

（1）多样性和差异性

多样性和差异性是消费需要的最基本特征之一，它既表现在不同消费者之间多种需要的差异上，也体现为同一消费者需要内容的多元化。

消费需要的产生取决于消费者自身的主观状态和所处消费环境两方面因素。由于不同消费者在年龄、性别、民族传统、宗教信仰、生活方式、生活习惯、文化水平、经济条件、个性特征、所处地域的社会环境等方面存在不同程度的差异，因此形成了多种多样的消费需要。例如，我国人多地广，饮食消费习惯差别很大。北方居民喜欢面食，而南方居民喜欢稻米。每个消费者都按照自己的需要选择、购买商品。例如，有人以经济实用作为选择标准，有人则以美观新奇作为选择标准，显示出不同消费者之间消费需要的差异性。

就同一消费者而言，消费需要也是多方面的。每个消费者不仅有衣、食、住、行等生理、物质方面的需要，还有娱乐、学习、运动、旅游等心理、精神方面的需要。同时，消费需要的多元性还表现在同一消费者对某一特定商品常常同时具有多方面的要求，如既要求商品质优价低，又要求商品美观新颖等。

（2）层次性和发展性

消费需要是有层次的，从不同角度出发，可以把消费需要划分为若干个高低不同的层次。例如，充饥、御寒属于较低层次的需要，提高个人修养、实现自我价值属于较高层次的需要。通常，消费者先要满足低层次的需要，然后才能追求高层次的需要。但在特殊情况下，需要的层次顺序也可以改变，消费者可能跨越低层次需要去满足高层次需要，或在高层次需要满足之后，转而寻求低层次需要的满足。

从发展的观点来看，消费需要是一个由低到高、由简到繁不断向前推进的过程。随着商品经济的发展和精神文明的提高，人们的消费需要内容也日益扩展，不断产生新的消费对象、消费方式。消费者的某项需要得到满足之后，就会渴望并谋求其他更高一级的需要，并不断向新的需要发展。人们的消费追求已从 20 世纪五六十年代的"吃饱穿暖"发展到今天的"吃得营养、穿得漂亮、住得舒适、用得高档"，同时要求通过消费满足社交、尊重、情感、审美、求知、实现自我价值等多方面的高层次需要。

名词提示

恩格尔系数

恩格尔系数（Engel's Coefflcient）是食品支出总额占个人消费支出总额的比重。19 世纪德国统计学家恩格尔根据统计资料，对消费结构的变化得出一个规律：一个家庭收入越少，家庭收入中用来购买食物的支出所占的比例就越大，随着家庭收入的增加，家庭收入中用来购买食物的支出比例则会下降。同理，一个国家越穷，每个国民的平均收入中用于购买食物的支出所占比例就越大，随着国家的富裕，这个比例呈下降趋势。联合国根据恩格尔系数的大小，对世界各国的生活水平有一个划分标准，即一个国家平均家庭恩格尔系数大于 60%为贫穷，50%～60%为温饱，40%～50%为小康，30%～40%属于相对富裕，20%～30%为富裕，20%以下为极其富裕。改革开放以来，我国城镇和农村居民家庭恩格尔系数已由 1978 年的 57.5%和 67.7%分别下降到 2009 年的 37%和 43%。

（3）伸缩性和周期性

伸缩性又称需求弹性，是指消费者对某种商品的需要会因某些因素，如支付能力、价格、储蓄利率等的影响而发生一定程度的变化。从支付能力来看，在一定时期内，多数消费者的支付能力是有限的，消费需要只能部分地得到满足，表现出一定的伸缩性，即在需求数量和程度上可多可少、可强可弱。伸缩性还表现在消费者对需要追求的层次高低、项目多寡和程度强弱上。在现实生活中，消费者的需要，尤其是以精神产品满足的心理需要，具有很大的伸缩性。当客观条件限制了需要的满足时，需要可以抑制、转化、降级，可以滞留在某一水平上，也可以通过某种可能的方式同时或部分地满足几种需要，还可以只满足某一种需要而放弃其他需要。例如，高考备考的学生为了全力以赴迎接高考，往往放弃看电视、打球、旅游等精神需要。一般来说，日常生活必需品的消费需要的伸缩性较小，而非生活必需品或高档消费品的消费需要的伸缩性较大。

消费需要具有明显的周期性。一些消费需要在获得满足后，在一定时期内不再产生，但随着时间的推移还会重新出现，显示出周而复始的特点。不过这种重复出现的需要，在形式上总是不断翻新的，在内容上变得更加丰富。消费需要的周期性往往和消费者的生理运行机制、心理特性及自然环境变化周期相适应，也同商品寿命、社会风尚、购买习惯等相关联。例如，许多商品的消费需要淡旺循环变化直接受气候变化的影响，表现出明显的季节性；服装的流行周期与社会时尚变化周期相适应，具有不确定性，一种风格款式可能在消退5年、10年甚至更长时间后重新流行起来。

（4）可变性和可诱导性

消费需要的形成、发展和变化，直接受到所处环境状况的影响和制约，这些环境因素包括社会环境和自然环境，它们都处于不断的变化、发展之中。因此，一定阶段社会政治经济制度的变革、伦理道德观念的更新、生活和工作环境的变迁、社会交往的启示、广告宣传的诱导以及生态环境的变化等，都可能改变人们消费需要的具体内容，使一种需要转变为另一种需要，使潜在的需要转变为现实的需要，使微弱的需要转变为强烈的需要。这说明消费需要具有可变性。

消费需要还具有可诱导性，即通过人为地、有意识地给予外部诱因或改变环境状况，引导消费需要按照预期的目标发生变化和转移。一部广告能使某种商品家喻户晓，销路大开；一则新闻又能引领某种时尚消费，改变人们的消费观念。例如，改革开放以来，我国领导人在正式场合开始穿西装，改变了过去服装单一的局面，还提倡国民穿西装，加之服装企业的配合，使人们的衣着习惯发生了变化。

（5）互补性和替代性

消费需要对某些商品具有互补性的特征。例如，购买计算机时可能会附带购买软件、打印机、音箱、电脑桌等，购买西装时可能会附带购买衬衫、领带等。此外，消费需要还具有替代性的特征，这是因为某些商品的功能具有相互代替的特点，在一定程度上不同的商品可以满足同种消费需要。例如，随着数码照相机的普及，传统的胶卷照相机消费量减少了；随着洗衣机的普及，洗衣液的消费量增加了，而肥皂的消费量减少了。

2. 商品消费需要的基本内容及影响因素

① 对商品基本功能的需要。基本功能指商品的有用性，即商品能满足人们某种需要的物质属性。商品的基本功能是商品生产和销售的基本条件，也是消费者需要的最基本内容。例如，食品要具有热量和营养价值，电冰箱要具有制冷功能。在正常情况下，基本功能是消费者对商品诸多需要中的第一需要。随着消费水平的不断提高，消费者对商品基本功能要求的标准也呈现不断提高的趋势。

② 对商品质量性能的需要。质量性能是消费者对商品基本功能达到满意或完善程度的要求，通常以一定的技术性能指标来反映。但就消费需要而言，商品质量不是一个绝对的概念，而是具有相对性的。一方面，消费者要求商品的质量与其价格水平相符；另一方面，消费者往往根据商品实用性来确定对质量性能的要求和评价。例如，某些质量

一般的商品，由于已经达到消费者的质量要求，因此也会被消费者所接受。

③ 对商品安全性能的需要。消费者要求所使用的商品具有卫生性，安全可靠，不危害身体健康。这种需要通常发生在对食品、药品、卫生用品、家用电器、儿童玩具、化妆品、洗涤用品等商品的购买和使用中，是人们追求安全的基本需要在消费需要中的体现。

④ 对商品消费便利的需要。这一需要表现为消费者对购买和使用商品过程中便利程度的要求。在购买过程中，消费者要求以最少的时间、最短的距离、最快的方式购买到所需商品。同类商品，质量、价格相差不大，购买条件便利便成为消费者购买的首选。在使用过程中，消费者要求商品使用简便，易于操作，容易维修。

⑤ 对商品销售服务的需要。商品与服务是不可分割的整体。消费者购买的不仅是商品实体，还包括与商品相关的服务，主要有售前、售中、售后服务。消费者要求在购买和使用商品的全过程中享受到良好的服务。在一定意义上，商品服务质量的好坏已成为消费者是否购买商品的主要依据之一。

⑥ 对商品审美功能的需要。这一需要表现为消费者对商品在设计、造型、色彩、包装、整体风格等方面审美价值上的要求。在消费活动中，消费者对商品审美功能的要求，是一种持久的普遍存在的心理需要。由于社会地位、生活背景、文化水准、职业特点、个性特征等方面的差异，不同的消费者往往具有不同的审美观念和审美标准。因此，对同一商品，不同的消费者得出的审美评价也不同。

⑦ 对商品情感功能的需要。它是指消费者要求商品蕴含浓厚的感情色彩，能够体现个人的情绪状态，成为人际交往中感情沟通的媒介，并通过购买和使用商品获得情感上的补偿、追求和寄托。许多商品能够体现某种感情，起到传递和沟通感情、促进情感交流的作用。例如，探望病人购买的鲜花、春节走亲访友购买的礼品等。

⑧ 对商品社会象征的需要。商品的社会象征性是指消费者要求商品能够体现和象征一定的社会意义，使购买、拥有该商品的消费者能够显示出自身的某些社会特性，如身份、地位、财富、声望等，从而获得心理上的满足。一般情况下，出于社会象征性需要的消费者，对商品的实用性、价格等因素往往要求不高，而特别看重商品所具有的社会象征意义。例如，这种需要在珠宝首饰、名牌服装、高级轿车、豪华住宅等奢侈品的消费中表现得尤为突出。

消费者的需要受到许多因素的影响，主要是消费者自身因素和外界客观因素的综合影响。消费者自身因素主要有年龄、性别、文化水平、个性心理、生理状态、精神状态等。外界客观因素主要有社会历史条件、社会群体、政治经济环境、社会文化、家庭状况等。

> **案例提示**
>
> ### 无所不洗的洗衣机
>
> 创立于 1984 年的海尔集团，现已成为享誉海内外的大型国际化企业集团。海尔洗衣机已成为家喻户晓的知名产品。

> 1996年,四川的一位农民投诉海尔洗衣机排水管老是堵塞。服务人员上门维修时发现,这位农民用洗衣机洗红薯,泥土多,当然容易堵塞。服务人员并不推卸自己的责任,而是帮助顾客加粗了排水管。海尔营销人员调查四川农民使用洗衣机的状况时发现,在盛产红薯的成都平原,许多农民将大量的红薯洗净后加工成薯条。但红薯上沾带的泥土洗起来费时费力,于是农民就动用了洗衣机。这令海尔集团萌生了一个大胆的想法:发明一种洗红薯的洗衣机。1998年4月投入批量生产,该洗衣机不仅具有一般双桶洗衣机的全部功能,还可以洗红薯、水果甚至蛤蜊,首次生产了一万台投放农村,立刻被一抢而空。

1.3.2 消费者的购买动机

动机是引发和维持个体行为并导向一定目标的心理动力,是行为的直接原因。当人的需要必须通过购买行为才能得到满足时,便产生了对商品的购买动机。动机的产生由三种因素构成:①需要驱使;②足够的需要强度;③刺激诱因。例如,消费者都有御寒的需要,但是只有当冬季来临,消费者因寒冷而感到生理紧张,并在市场上发现待售的冬装时,才会产生购买冬装的强烈动机。动机把消费者的需要行为化,消费者通常按照自己的动机去选择具体的商品类型。

1. 消费者动机的特征

与需要相比,消费者的动机较为具体直接,有着明确的目的性和指向性,但同时也具有更加复杂的特性。消费者动机的特征具体表现在以下几个方面。

(1) 主导性

现实生活中,每个消费者都同时具有多种动机。这些复杂多样的动机之间以一定的方式相互联系,构成完整的动机体系。在动机体系中,各种动机所处的地位及所起的作用互不相同。有些动机表现得强烈而持久,在动机体系中处于支配地位,属于主导性动机;有些动机表现得微弱而短暂,在动机体系中处于从属地位,属于非主导性动机。通常,消费者的购买行为是由主导性动机决定的。当多种动机之间发生矛盾、冲突时,主导性动机往往对购买行为起支配作用。例如,当经济条件有限时,追求服饰漂亮的消费者,宁可省吃俭用也要满足服装方面的需要;而讲究饮食营养的消费者,宁可压缩其他支出也要满足饮食方面的需要。这些都是由于消费者的主导动机不同而导致在消费行为上的差异。

(2) 可转移性

可转移性是指消费者在购买决策过程中,由于新的消费刺激出现而发生动机转移,原来的非主导性动机由潜在状态转为显现状态,上升为主导性动机,即主导性动机和非主导性动机的相互转移或转化。许多消费者在购买商品过程中临时改变预订计划,就是动机发生转移的结果。例如,在购买现场发现商品质量有问题,价格不理想,或看到式样更新、功能更全的商品等，就会产生新的购买动机。

（3）内隐性

现实中，消费者经常出于某种原因而不愿意让他人知道自己的真实动机，即真实动机经常处于内隐状态。消费者隐瞒真实动机一般是由自尊心理、习惯心理和社会心理需求的影响所致。例如，在购买高档商品时，消费者喜欢掩饰其真实的购买动机。此外，动机的内隐性还可能是由于消费者对自己的真实动机缺乏明确的意识导致的，即动机处于潜意识状态。这种情况在多种动机交织组合，共同驱动一种行为时经常发生。

（4）组合性

消费者在购买一种商品时，可能是出于一种动机，也可能是出于多种不同的动机，这种现象称为动机的组合性。例如，消费者购买房子，可能是出于改善住房条件、投资增值、遗赠子女等多种动机。展示个性、体现自身价值等较复杂的动机，会促使消费者购买时尚服装、高档家用电器等。同样的动机可能产生不同的行为，而同样的行为也可以由不同的动机引起。

（5）冲突性

当消费者同时具有两种以上动机且共同发生作用时，动机之间就会产生矛盾和冲突。冲突的本质是消费者在按照各种动机实施后所带来的利害结果中进行权衡比较和选择。在消费活动中，常见的动机冲突有双趋式冲突、双避式冲突、趋避式冲突三种。

2. 消费者具体的购买动机

消费者的需要和欲望是多方面的，其消费动机也是多种多样的。按照需要的层次不同，可以分为生存性动机、享受性动机和发展性动机；按照动机形成的心理过程不同，可以分为情感性动机、理智性动机和惠顾性动机等。在实际购买活动中，消费者的购买动机常以简明的方式表现出来，称为具体的购买动机。据统计，消费者具体的购买动机多达 600 种以上，具有代表性的有以下几种。

① 求实型。它属于理智型动机，是以追求商品的使用价值为主要目的的购买动机，其核心特征是"实用"和"实惠"。这种购买动机在消费者的具体购买动机中最具普遍性和代表性。具有求实型购买动机的消费者比较注重商品的功用和质量，要求商品具有明确的使用价值，追求经济实惠、经久耐用，而不太注重商品的品牌、包装、造型等。这种动机并不一定与消费者的收入水平有必然联系，而主要取决于个人的价值观念和消费态度。例如，消费者对一些日用品的消费，就以实用型的购买动机为主。

② 求廉型。它属于理智型动机，是以注重商品价格低廉，希望以较少支出获得较大收益为主要目的的购买动机，其核心特征是"价廉"和"物美"。这种购买动机也具有普遍性和代表性。具有求廉型购买动机的消费者在选购商品时，比较注重价格的变动，喜欢对同类商品的价格进行比较，喜欢购买处理价、优惠价、特价商品，甚至因价格有利而降低对商品质量的要求。这种购买动机与消费者的经济条件有关，以经济收入较低的人居多，但并不绝对。

③ 求新型。它属于情感型动机，是以追求商品的新颖、时尚为主要目的的购买动机，其核心特征是"时髦"和"奇特"。具有求新型购买动机的消费者在购买商品时，特别重视商品的款式和流行式样等，追求新奇、时髦和与众不同，对陈旧、落后的商品不愿购买。他们容易受广告宣传和消费潮流的影响，是时装、新式发型及各种时尚商品的主要消费者。这种购买动机以经济条件较好的消费者和年轻人居多。

④ 求美型。它属于情感型动机，是以追求商品的欣赏价值和艺术价值为主要目的的购买动机，其核心特征是"装饰"和"美化"。具有求美型购买动机的消费者在选购商品时，特别重视商品的造型、色彩和艺术感，追求商品的美感带来的艺术体验和心理享受。在文化层次较高或艺术界人士中，具有这种动机的人比较多，这与他们的文化修养、审美素养和职业特点有关。

⑤ 求名型。它属于情感型动机，是以追求名牌商品、显示个人地位和名望为主要目的的购买动机，其核心特征是"炫耀"和"显名"。具有求名型购买动机的消费者对商品的商标、品牌特别重视，喜欢选购名牌商品，重视商品所蕴含的社会声誉和象征意义。例如，一些成功人士喜爱购买奢侈服装、手表、烟酒等来显示自己的社会地位。一般来说，伴随求名型购买动机，往往出现不适度消费和攀比消费现象。

⑥ 嗜好型。它属于情感型动机，是以满足个人的特殊爱好为主要目的的购买动机，其核心特征是"收藏"和"偏好"。具有嗜好型购买动机的消费者经常重复、持续、稳定地购买某种个人偏好的商品。例如，有些人喜欢种花、养鱼，有些人喜欢摄影、集邮，有些人喜欢古玩、字画等，他们会经常购买与其嗜好有关的商品。

⑦ 从众型。它属于情感型动机，是以在购买某些商品方面要求与别人保持同一步调为主要目的的购买动机，其核心特征是"效仿"和"同步"。具有从众型购买动机的消费者喜欢购买和使用别人已经拥有的商品，其购买动机是在相关群体和社会风气的影响下产生的。一般来说，这类消费者的购买动机欠缺理性。

⑧ 储备型。它属于情感型动机，是以占有一定量的紧缺商品为主要目的的购买动机，其核心特征是"抢购"和"存储"。当市场上某种商品供不应求、价格上涨或者限量购买时，这类消费者便会尽可能多地购买这种商品，储备用于将来的消费。在一些日用消费品的购买上，会出现这种购买动机。例如，2011年日本福岛地震后，我国市场上出现的抢购食盐现象，就是在这种购买动机的驱使下，导致消费者大量购买囤积食盐。

> **案例提示**
>
> **洞察消费者的真正动机**
>
> 20世纪80年代初，瑞士的"雀巢"咖啡与美国的"麦氏"咖啡在中国的电视媒介上展开了一场势均力敌的广告战，以期进入并占领中国市场。经过三个回合的较量，"雀巢"咖啡取得了广告的成功，占有了中国咖啡市场的大部分，并影响着许多消费者对"提神醒脑"饮料的消费习惯。

"雀巢"咖啡打出的第一则广告以中国人的"好客"心理作为市场销售的突破点,以执行"热情与敬客得体"作为主导,以通俗的"味道好极了",使消费者产生感情共鸣。第二则广告抓住了中国人重礼尚往来的习俗,以礼品盒为主要产品,抓住礼品市场。第三则广告以家庭主妇及办公室白领为突破口,以时尚休闲及家庭的"爱与温馨"为中心求得市场销量的增加。这三则电视广告一环扣一环,唤起了消费者的情感共鸣与消费欲望。

"麦氏"咖啡的第一则广告,强调的是"注重健康",以健康为突破点。第二则广告突出"美国名牌咖啡",广告投放后虽有较高知名度,却未能获得与"雀巢"一样的认牌购买率。第三则广告通过改变产品形态,推出礼品包装,注重中国大众文化心理,以"款款皆精品,浓情由此生"为主题,也使产品在中国市场上占有一定份额。

经过两个品牌的广告宣传,上海市的"雀巢"咖啡年销量均在 5000 吨以上,成为绝大多数家庭都享用过的饮料,而"麦氏"则落后于"雀巢",只能努力追赶对手的步伐。

典型案例分析

宜家:营造温馨的家

世界四大家具品牌之一的宜家家居(IKEA)是创立于 1943 年的一家瑞典家居用品企业,它的创始人是瑞典人坎普拉德,其"创造温馨舒适的家"经营理念融入了整个集团的运作并在其逐步的扩张中将自己的触角伸及世界各地,产品的范围扩展到各类家居用品。1998 年,宜家来到中国落户上海,1999 年在北京开设家居广场,并迅速蹿升为中国家居市场的明星。

宜家刚进入中国不久,便获得了中国正在崛起的中产阶层消费者的关注,并成为时尚家居和小资生活的符号。在消费者越来越追求生活品位和越来越挑剔的今天,宜家为我们带来了一种全新的营销理念。

在自己的私人空间里,宜家的家具是为生活中的不断变动而设计的,即使仅仅随意地逛逛宜家的商场也会让许多人振奋。宜家的许多空间都被分隔成小块,每一处都展现一个家庭的不同角落,而且都拥有自己的照明系统,向人们充分展示那可能的未来温馨的家。而看到价码会令人更加振作,这些外表高档、有品位的家具竟然是普通家庭就可以负担的。

在宜家购物,你会发现它与其他很多家居市场有着根本上的不同,你完全可以自由地选择你喜欢的逛商场方式,因为轻松、自在的购物氛围是宜家商场的特征。宜家强烈鼓励消费者在卖场进行全面的亲身体验,比如拉开抽屉、打开柜门、在地毯上走走、试一试床和沙发是否坚固等。宜家出售的一些沙发、餐椅的展示处还特意提示顾客:"请坐上去!感觉一下它是多么舒服!"此外,宜家的店员不会像其他家具店的店员一样,你一进门就对着你喋喋不休,你到哪里他们跟到哪里,而是非常安静地站在一边,除非你主动要求店员帮助,否则店员不会轻易打扰你,以便让你静心浏览,在一种轻松、自由的气氛中做出购物的决定。

　　国内很多家居商场采取的是通过店员的详细介绍来说明每一件商品的特点,但是宜家没有选择这样做,宜家将营销的信息全面公开和透明,完全打消了消费者的顾虑,并节省了消费者的购物时间。宜家精心地为每件商品制订"导购信息",有关产品的价格、功能、使用规则、购买程序等几乎所有的信息都一应俱全。宜家总是提醒顾客:"多看一眼标签:在标签上您会看到购买指南、保养方法、价格。"就是一个简单的灯泡,宜家也可以将它的特点完全展示出来。就连你不懂怎样挑选地毯,宜家也会用漫画的形式告诉你:"用这样简单的方法来挑选我们的地毯。"

　　买一件能使人放心的好家具,是每位消费者由衷的心愿。因此,在购买家具前消费者都会有犹豫的心理,担心如果买回去,不好用或者出现毛病怎么办。从消费者走进商场的那一刻起,宜家就将消费者的担心和顾虑彻底打消了。比如你要购买沙发,除了商品的基本信息,宜家还会告诉你沙发的特点以及适合不适合你,体现了对消费者的人文关怀,加上消费者可以充分体验,再也不用担心自己购买后上当了。但是消费者如果还是不放心,那也不要紧,宜家的《商场指南》里写着"请放心,您有14天的时间可以考虑是否退换"。14天以内,如果消费者对已购买商品不满意,还可以到宜家办理更换等值商品或退款手续。

第 2 章 消费群体的消费心理

2.1 年龄、性别与消费心理

2.1.1 消费者的年龄与消费心理

消费群体按照年龄可以划分为少年儿童消费者群、青年消费者群、中年消费者群和老年消费者群。

1. 少年儿童消费者群的消费心理与行为特征

少年儿童消费者群是由 0～14 岁的消费者组成的群体。据 2010 年第六次全国人口普查资料显示，我国少年儿童（即 0～14 岁）人口为 222459737 人，占人口总数的 16.60%。这支庞大的消费大军，有其特定的心理与行为特征。某城市曾在小学生中进行过调查，请小学生们介绍一些该城市闻名全国的传统名小吃，知者寥寥无几，而当问到肯德基、麦当劳时，则几乎无人不晓。每当节假日，尤其是儿童节，这些洋快餐店就人满为患。我国实行计划生育政策，少年儿童多为独生子女。在未来一段时间内将产生较多 "421" 型结构的家庭，少年儿童在家庭中的地位十分突出。我国传统观念使每个家庭都对下一代非常重视。最好的吃穿用品几乎都集中在子女身上，对子女的教育更是不惜重金。随着生活水平的不断提高，每个家庭花费在少年儿童身上的消费投资还在不断增加。少年儿童是一个未来的成年人市场，将对未来的市场产生深远的影响。研究少年儿童消费者心理，有助于认识和揭示其消费心理发展和变化的规律，有利于进一步开拓少年儿童消费的现实市场。

（1）儿童消费者群的消费心理与行为特征

从出生的婴儿到 11 岁的儿童，受一系列外部环境因素的影响，他们的消费心理和消费行为变化幅度较大。这种变化在不同的年龄段表现得最为明显，即乳婴期（0～3 岁）、学前期（3～6 岁，又称幼儿期）、学初期（6～11 岁，又称童年期）。在这三个阶段中，儿童的心理与行为出现三次较大的质的飞跃，表现在心理上：开始了人类的学习过程，逐渐有了认识能力、意识倾向、学习、兴趣、爱好、意志及情绪等心理品质，学会了在感知和思维的基础上解决简单的问题；表现在行为方式上：逐渐从被动转为主动。这种心理与行为特征表现为以下几种情况。

① 从纯生理性需要逐渐发展为带有社会性的需要。婴幼儿时期的消费需要主要表现

为生理性的，且具有纯粹由他人帮助完成的特点。随着年龄的增长，儿童对外界环境刺激的反应日益敏感，消费需要从本能发展为加入自我意识的社会需要。四五岁的儿童学会了比较，年龄越大，这种比较越深刻。然而，该阶段的儿童仅是商品和服务的使用者，很少成为直接购买者。处于幼儿期、学初期的儿童，已经具有一定的购买意识，并对父母的购买决策产生影响。有的还可以单独购买某些简单商品，即购买行为由完全依赖型向半依赖型转化。

② 从模仿型消费发展为带有个性特点的消费。儿童的模仿能力非常强，尤其在学前期，对于其他同龄儿童的消费行为往往有强烈的模仿欲望。随着年龄的增长，这种模仿型消费逐渐被有个性特点的消费所代替，购买行为也开始有了一定的目标和意向，如自己的玩具用品一定要区别于其他同龄儿童。

③ 消费情绪从不稳定发展到比较稳定。儿童的消费情绪极不稳定，易受他人感染，易变化，这种心理特性在学前期表现得尤为突出。随着年龄的增长，儿童接触社会环境的机会增多，有了集体生活的锻炼，意志得到增强，消费情绪逐渐趋于稳定。

总之，儿童的消费心理多处于感情支配阶段，购买行为以依赖型为主，但有影响父母购买决策的倾向。

（2）少年消费者群的消费心理与行为特征

少年消费者群是11～14岁年龄阶段的消费者，是儿童向青年过渡的时期。在这一时期，生理上呈现第二个发育高峰。与此同时，心理上也有较大变化，如有了自尊与被尊重的要求，逻辑思维能力增强。总之，少年期是依赖与独立、成熟与幼稚、自觉性与被动性交织在一起的时期。少年消费群体的心理与行为特征表现在以下几方面。

① 有成人感，独立性增强。有成人感是少年消费者自我意识发展的显著心理特征。他们认为自己已长大成人，应该有成年人的权利与地位，要求受到尊重，学习、生活、交友都不希望父母过多干涉，而希望能按自己的意愿行事。在消费心理与行为上，他们表现出不愿受父母束缚，要求自主独立地购买所喜欢的商品的意愿。

② 购买的倾向性开始确立，购买行为趋向稳定。少年时期的消费者知识不断丰富，对社会环境的认识不断加深，幻想相对减少，有意识的思维与行为增多，兴趣趋于稳定。随着购买活动的次数增多，感性经验越来越丰富，对商品的分析、判断、评价能力逐渐增强，购买行为趋于习惯化、稳定化，购买的倾向性也开始确立。

③ 从受家庭的影响转向受社会的影响，受影响的范围逐渐扩大。儿童期的消费者所受影响主要来自家庭。少年时期的消费者则由于参与集体学习、集体活动，与社会的接触机会增多，范围扩大，受社会环境影响的比重逐渐上升。这种影响包括新环境、新事物、新知识、新产品等内容，其影响媒介主要是学校、老师、同学、朋友、书籍、大众传媒等。与家庭影响相比，他们更乐于接受社会的影响。

（3）少年儿童用品市场营销的心理策略

分析少年儿童的消费心理与行为特点，是为了更好地满足他们的生理和心理需求，唤起他们的购买动机。

① 区别不同的对象，采取不同的心理诉求方式。

乳婴期的儿童，一般由父母作为其消费商品的主要购买者。因此，产品设计、价格策略、促销宣传可以完全从年轻父母的消费心理出发。服装、用品应考虑不同父母审美情趣的要求，商品质地、效用应考虑父母对儿童给予保护的心理，产品价格的确定应考虑不同收入家庭的承受能力，促销方式也应考虑不同阶层父母的具体情况。

少年期的儿童已能不同程度地参与到父母为其购买商品的活动中。因此，营销者既要考虑父母的要求，也要考虑儿童的愿望。玩具、用品的外观设计要尽量符合儿童的心理特点，价格要符合父母的要求，用途要迎合父母提高儿童智力及多方面能力的心理。对于小商品，如文具、小食品、小玩具的设计和营销方式应直接针对少年儿童的心理要求去确定，因为这类商品的购买和使用基本上是由儿童自己去完成的。而一些大件商品，如服装鞋帽大多数由家长购买，由儿童使用，因此这类商品的设计和营销活动，应同时考虑成年人和少年儿童的购买心理。

② 运用直观形象吸引购买者的注意，促成购买行为。

少年儿童虽然在逻辑思维上有一定发展，但直观、具体的形象思维仍起主导作用。他们对商品的认识和购买经验不太丰富，不善于全面判断、考察商品，而较多的是通过商品的样式、色彩判断商品的好坏、优劣，加上他们有强烈的好奇心理，一些色彩鲜艳、造型奇特、包装图案活泼有趣的商品往往对他们有强烈的吸引力。因此，营销者应充分考虑儿童这一心理特点，在儿童学习用品、玩具、小食品等的设计方面，要做到色彩丰富、形状多样、活泼有趣，以吸引少年儿童的注意力。

③ 提高识记程度，灌输企业或商品印象。

儿童的识记往往具有随意性，随着年龄的增长，他们在家庭中的地位逐渐发生变化，逐步成为家庭购物的影响者、倡议者甚至决策者。他们或是提出购买建议，或是自己做主购买。因此，商品的品牌、商标就逐步印入少年儿童的头脑中，特别是一些耐用消费品或他们印象深刻的商品，品牌、商标会给他们留下长久的记忆，产生深刻的影响。设计一些为少年儿童所熟悉和喜爱的商标与造型，把企业或商标印象留给少年儿童，对企业开拓市场具有深远的意义。

案例提示

麦当劳餐厅的营销策略

麦当劳餐厅经常推出面向儿童的促销活动，如为少年儿童过生日提供场所，赠送生日蛋糕、蜡烛，播放祝福乐曲。这些活动深受小朋友的喜欢，从而树立了良好的品牌形象，培养了很多忠诚的少年儿童顾客，使他们不但在学生时代经常光顾麦当劳餐厅，即使步入青年之后，也习惯性地迈进麦当劳餐厅的大门。

2. 青年消费者群的消费心理与行为特征

青年是指由少年向中年过渡时期的人群。处于这一时期的消费者，形成了青年消费者群。根据我国的情况，青年消费者群的年龄段为 15~34 岁。

(1) 青年消费者群的特点

① 青年消费者群具有较强的独立性和很大的购买潜力。青年消费者已具备独立购买商品的能力，具有较强的自主意识。尤其是参加工作后有了经济收入的青年消费者，由于没有过多的负担，独立性更强，购买力也较高。因此，青年是消费潜力巨大的消费者群。

② 青年消费者群的购买行为具有扩散性，对其他各类消费者都会产生深刻影响。他们不仅具有独立的购买能力，其购买意愿也多为家庭所尊重。新婚夫妇的购买行为代表了最新的家庭消费趋势，对已婚家庭会形成消费冲击和诱惑。孩子出生后，他们又以独特的消费观念和消费方式影响下一代的消费行为。这种高辐射力是任何一个年龄阶段的消费者所不及的。因此，青年消费者群应成为企业积极争取的对象。

(2) 青年消费者群的心理与行为特征

青年消费者群在消费心理与行为方面与其他消费者群有许多不同之处。

① 追求时尚，表现时代特征。青年消费者典型的心理特征之一就是思维敏捷、思想活跃，对未来充满希望，具有冒险和探索精神。任何新事物、新知识都会使他们感到新奇、渴望，并大胆追求。在消费心理与行为方面表现出追求新颖与时尚，力图站在时代前沿，领导消费新潮流。所以，青年往往是新产品、新消费时尚的追求者、尝试者和推广者。

② 追求个性，表现自我。青年人处于少年不成熟阶段向中年成熟阶段的过渡时期，在这一时期，他们的自我意识迅速增强。他们追求个性独立，力图在一举一动中能突出自我，表现出自己的独特个性。表现在消费心理和消费行为方面，是对商品的品质要求不断提高，尤其要求商品有特色、有档次、有个性，而对那些一般化、"老面孔"的商品一点也不感兴趣。例如，购买服装时，青年人希望时装能体现自己的风格，因此，时装款式是否新颖、独特成为青年人是否购买的主要依据。

③ 崇尚品牌和名牌。青年处在消费活跃时期，他们的思维敏捷，有知识、有文化，接触信息广，社交活动多，并且希望在群体活动中体现自身的地位与价值。随着自我意识的增强，青年人追求仪表美、个性美，向他人表现自我、展示自我的欲望日益强烈。这种意识反映在消费心理与消费行为方面，就是特别注重商品的品牌和档次。在他们的眼中，名牌就是信心的基石、地位的介绍信、高贵的象征，追求名牌就是体验和展现这种感觉。因此，他们对商品的品牌要求越来越高。

④ 注重情感，冲动性强。青年消费者的思想倾向、志趣爱好等还不完全稳定，行动易受感情支配。在消费活动中，表现为易受客观环境的影响，情感变化剧烈，经常发生冲动的购买行为。同时，直观选择商品的习惯使他们往往忽略综合选择的必要，款式、颜色、形状、价格等因素都能单独成为青年消费者的购买理由，这也是冲动购买的一种表现。

（3）新婚青年消费者群的消费心理与行为特征

结婚和建立家庭是青年消费者继续人生旅程的必经之路，大多数青年都在这一阶段完成人生中的重大转折。新婚青年的消费既有一般青年的消费特点，又有其特殊性，由此形成了新婚青年消费者群的心理与行为特征，具体表现在以下几个方面。

① 在消费需求构成上，新婚家庭的需求是多方面的。在需求构成及顺序上，日用商品数量最大，其次是衣服和食品。

② 在购买时间上，近年来，我国新婚家庭的购买时间发生了变化。20 世纪 80 年代以前，青年婚前集中购置的物品大多以生活必需品为主，耐用消费品多是婚后逐渐购买。进入 20 世纪 90 年代以后，新婚家庭用品包括大件耐用消费品，大多在婚前集中购买完毕，且购买时间相对集中，多在节假日突击购买。如今，婚前购置住房、成套家具、家用电器、汽车等大额消费品，已成为许多现代青年建立家庭的前提条件。

③ 在消费需求倾向上，不仅对物质商品要求标准高，同时对精神享受也有较高的追求。在这种心理支配下，新婚青年对家庭用品的选购大多求新、求美，注重档次和品位，价格因素则被放在次要地位。同时，在具体商品选择上，带有强烈的感情色彩，如购买象征两人感情的物品，或向对方表达爱意的礼品等。

3．中年消费者群的消费心理与行为特征

中年的年龄段为 35～55 岁（男性至 60 岁），是青年向老年的过渡时期。中年人是心理和行为已达成熟的一个群体。他们一般都有了自己的事业和较为稳定的经济收入，但家庭负担也更为沉重，其子女尚未独立，父母已步入老年行列，所以中年消费者一般都处于购买商品的决策者位置。他们不仅决策一般家庭生活用品的购买，还决策家庭耐用消费品的购买，以及子女和老人衣食用品的购买。中年消费者在购物时一般表现出以下心理与行为特征。

（1）注重商品的实惠

中年消费者大多是家庭经济的主要负担者，操办和安排家庭衣食住行的全部开销。他们普遍具有勤俭持家、精打细算的传统美德。消费行为多以能否满足生活的实际需要为前提。丰富的消费经验和一定的经济条件，使他们购物时不像年轻人那样注重时尚和浪漫，而是更加关注商品的实际效用、合理的价格和简洁大方的外观。

（2）消费习惯和消费品位较为稳定

中年消费者对生活的激情和热情没有年轻人那样丰富和冲动，而是希望以稳重、老练、自尊和富有涵养的风度有别于青年人。反映在消费方面，不会为了追求流行不惜一切代价，而会理智地评价时尚与流行对自己的实用性，更多地考虑别人和社会对自己的评价，慎重做出消费决策。他们寻求一种整体消费效果，通过合理搭配，达到体现自我个性的目的。

（3）选择商品的精确性

中年消费者在选择商品时常常货比三家、耐心细致。所以，他们购物都愿意到超级市场、自选商场。不仅因为这里的商品价格便宜，还因为它能使中年消费者通过对比、比较一次性购买到自己满意的多种商品。

（4）注重商品使用的便利性

由于这一年龄段的消费者多有工作，再加上家务繁忙，因此，凡是能减轻家务劳动强度、提高劳动效率、节省劳动时间的商品都能激起他们的购买欲望。

企业应针对中年消费者的这些特点采取适宜的营销策略，如强化商品质量，突出商品的使用功能，坚持平价销售，提供优质服务，产品设计美观大方等。

4．老年消费者群的消费心理与行为特征

老年消费者群一般指女性 55 岁以上、男性 60 岁以上的消费者。据第六次全国人口普查的结果显示，我国 60 岁及以上人口为 177648705 人，占人口总数的 13.26%，比第五次人口普查上升了 2.93 个百分点，呈现出逐步增加的趋势。对老年消费者消费需求的满足，从一个侧面反映了一个国家的经济发展水平和社会稳定程度。因此，研究老年消费者群的消费心理与行为特征是非常必要的。

（1）老年消费需求的特点

生理和心理方面的变化，决定了老年消费者在衣食住行等方面都有明显的变化。

① 吃的方面。老年人在吃的方面有特殊的要求，即多吃容易消化的食物，多吃低盐、低糖、低胆固醇的食品，少吃高脂肪的食物，而这种食品又往往同他们味觉上的要求相矛盾——他们常常感到吃的食品没滋味。由于老年人的新陈代谢过程以分解和代谢为主，消耗蛋白质较多，因此要求多提供豆制品、蛋类和其他滋补品。

② 穿的方面。老年人手脚不方便，在服装的款式上要求易穿易脱，并随着季节变化能随时增减衣服，同时还要求宽松，穿着舒适。在服装质料上，夏季要求穿单薄且透气性好的服装，冬季要求穿松、软、轻而且能保暖的服装。

③ 住的方面。住所是老年人安度晚年的主要场所。人在进入老年后，睡眠时间减少，而且很难入睡。住房选购上讲究以静为主，环境优雅，活动场所适宜，交通便利，装修设计注意使用上的安全性。

④ 用的方面。由于老年人的视力、听力、运动能力逐步减弱，在使用类的商品上要适应老年人的特点。例如，保健眼镜、助听器、手杖、防寒保暖用品、家具等都应考虑到老年人的健康与安全。老年人对保健体育用品以及给生活带来方便的生活用品颇感兴趣。他们都希望健康长寿，保健心理需要较为迫切，愿意将钱花在有利于健康的补品和体育用品上。

⑤ 行的方面。目前我国老年人以步行为主，或借助交通工具出行。21 世纪，老年人身心更加年轻化，外出旅游、购物、交友的机会增多，他们更加愿意选择舒适、豪华、安全的交通工具，甚至自己驾车外出。

⑥ 储蓄方面。进入老年后，身体机能逐渐衰退，各种活动逐步减少，相应开支减少，储蓄空间增大。同时，随着年老体衰，病痛可能增多，也要求储蓄防老。老年人储

蓄注重保值增值，所以除银行储蓄外，还可以采取证券、保险、金银制品、古董字画等储蓄形式。

（2）老年消费者群的消费心理与行为特征

① 心理惯性强，对商品、品牌的忠实度高。老年人在长期的消费生活中形成了比较稳定的态度倾向和习惯化的行为方式。对商标品牌的偏好一旦形成，就很难轻易改变。为争取更多的老年消费者，企业要注意"老字号"及传统商标品牌的宣传，经常更换商标、店名的做法是不明智的。

② 注重实际，追求方便实用。老年消费者心理稳定程度高，注重实际，较少幻想。购买动机以方便实用为主，在购买过程中，要求提供方便、良好的环境条件和服务。因此，商品的陈列、位置及高度要适当，商品标价和说明要清晰明了，同时做到服务周到、手续简便，以提高老年消费者的满意程度。

③ 需求结构呈现老龄化特征。随着生理机能的衰退，老年消费者对保健食品和用品的需求量大大增加。只要某种食品、保健用品对健康有利，价格一般不会成为老年消费者的购买障碍。同时，由于需求结构的变化，老年消费者在穿着及其他奢侈品方面的支出大大减少，而对满足其兴趣、嗜好的商品购买的支出明显增加。

④ 部分老年消费者抱有补偿性的消费动机。在子女成人独立、经济负担减轻之后，部分老年消费者产生了强烈的补偿心理，试图补偿过去因条件限制而未能实现的消费愿望。他们在美容美发、穿着打扮、营养保健、健身娱乐、特殊嗜好、旅游观光等商品的消费方面，同青年人一样有着强烈的消费兴趣，同时乐于进行大宗支出。

针对老年消费者购买心理与行为特点，企业不但要提供老年人所希望的方便、舒适、有益于健康的消费品，还要提供良好的服务。同时，要考虑老年人娱乐休闲方面的要求，提供适合老年人特点的健身娱乐用品和休闲方式。

近年来，"银色浪潮"在中华大地上悄然涌动，我国将逐步迈入老龄化国家的行列。许多有远见的企业家正在发掘一个崭新的市场——"银色"市场。由于老年人在吃、穿、用、住、行方面都有特殊要求，因此这个市场要求有自己独特的产品和服务。目前，一些发达国家的企业已开发出一系列适用于老年消费者的"银色"商品，并形成相当规模的老年服务市场。我国这一市场还有待大规模开发，并已经显示出巨大的潜力和良好的前景。

市场分析

上海老年用品市场细分

随着社会敬老风气的弘扬，上海老年用品市场呈现新亮点，吃、穿、用商品得到有效开发，并成为新的经济增长点。

目前，上海老年用品市场出现了细分化的特点，按年龄划分为三段：60~70岁的老年人，突出对旅游文化用品的需求；70~80岁的老年人，突出自我保健，对生活自理用品的需求；80岁以上的老年人，突出延年益寿，对保健用品、康复用品的需求。

> 老年食品市场如今丰富多彩，不仅有甜酥食品、休闲食品，还有现代保健食品、绿色食品，以及讲究热闹、体现情趣的寿星宴、寿星面等情趣食品，并有适应老年人常见病和多发病治疗控制、调理、进补的食品、补品和药品。
>
> 穿着用品市场里不仅有按照老年人体型特制的服装鞋帽，还有老年人的化妆用品，包括乌发焗油膏、抗皱护肤用品、淡妆化妆品以及以黄金和玉石为主的首饰品。日用品市场不仅供应老年人锻炼用的健身球、健身剑、运动衫、运动鞋等体育用品，以及老年人修身养性用的琴棋书画、报纸杂志、花鸟鱼虫，还有让老年人耳聪目明的助听器、老花镜、放大镜及让老年人健脑防衰老的老年玩具，并有让老年人学会自我保健，有效控制常见病、多发病的自我测量仪器等。
>
> 但从上海老年用品市场的总体情况来看，目前还仅是零打碎敲，鲜有老年用品的专卖店、连锁店，没有系统的老年用品网上购物渠道，对老年这个消费群体还没有大力开发。这对企业来说是绝佳的机会，应开发多元化、多特色、多档次、多样式的老年用品市场，以满足老年消费者的需要。

2.1.2 消费者的性别与消费心理

1. 女性消费者

女性消费者数量庞大，是大多数购买行为的主体。据第六次全国人口普查资料显示，我国女性人口为 652872280 人，占人口总数的 48.73%。其中在消费过程中有较大影响的是 20~54 岁的女性，约占人口总数的 21%。女性消费者不仅人数众多，而且在购买活动中起着重要的作用。她们不仅为自己购买所需商品，而且由于在家庭中承担了女儿、妻子、母亲、主妇等多种角色，因而也是绝大多数儿童用品、男性用品、老年用品、家庭用品的主要购买者，所以女性消费者市场是一个广阔且潜力很大的市场。由于女性消费者在消费活动中处于特殊的角色地位，因而形成了独特的消费心理与行为特征。

（1）女性的心理特征

① 胆怯、温柔、多变。女性办事谨慎，缺乏自信心，遵纪守法方面比男性自觉；具有母爱，喜欢孩子和小动物，情感丰富而深沉，性格温柔而内向；气量小，好计较，受不得委屈和讽刺，家庭观念比较强，对物质利益比男人看得重；购物时主意多变，注意力易转移，往往缺乏决断，表现出从众性，购物后易后悔。

② 爱听、善记、心细、固执。女性喜欢倾听，无论什么话题都可能引起她们的注意，能够听别人的讲解和介绍；记忆力一般比男性强，特别是机械记忆和短时记忆方面表现尤为突出；心细表现为善于观察、联想丰富、办事细致，还表现为多疑，对人对事总不太放心；性格比较固执，看法一旦形成，就不易改变，特别是形成不良印象后更是难以改变。

③ 感情丰富、自制力弱。女性感情丰富，易受感染，不仅故事中人物的命运会激起

她们强烈的爱憎，而且自然界风花雪月也会使她们动容，她们往往成为感情的俘虏，有时轻信上当。她们容易被无意中注意到的事物吸引，不太善于控制自己，喜怒常表现在脸上。

（2）女性消费者的消费心理与行为特征

① 追流行，求时尚。自古以来，女性的审美观就比男性更加敏锐。现代社会的职业女性对生活中新的、富有创造性的事物总是充满热情。年轻女性的心境和感性支配着流行；女性不仅自己爱美，还注意丈夫、儿女和居家的形象。加上她们自身不断完善，与社会交往不断增多，所以她们善于捕捉到市场的流行趋势并加入其中。

② 购买商品挑剔，选择性强。由于女性消费品品种繁多，弹性较大，加之女性特有的细腻、认真，因而她们对商品的选择挑剔程度比男性高。另外，女性通常具有较强的表达能力、感染能力和传播能力，善于通过说服、劝告、传话等方式对周围其他消费者产生影响。

③ 注重商品的外观和感性特征。女性消费者购买的主要商品是日常生活用品，如服装、鞋帽等，因而对其外观形象、感性特征等较重视，往往在某种情绪或情感的驱动下产生购买欲望。导致情绪或情感萌生的原因是多方面的，如商品名称、款式色彩、包装装潢、环境气氛等都可以使女性萌发购买欲望，甚至产生冲动性购买行为。在给丈夫、子女、父母购买商品时，这种感性色彩更加强烈。

④ 注重商品的实用性和具体利益。女性消费者在家庭中的作用和家务劳动的经验，使她们对商品的关注角度与男性大不相同。表现为对商品的实际效用要求强烈，特别是细微之处的优点，往往能迅速博得女性消费者的欢心，促成购买行为。

⑤ 注重商品的便利性和生活的创造性。在现代社会，中青年妇女的就业率很高，她们既要工作，又担负着大部分家务劳动，因此，她们对日常生活用品的便利性具有强烈的要求。每一种新的、能减轻家务劳动的便利性消费品，都能博得她们的青睐。同时，女性消费者对于生活中新的、富于创造性的事物也充满热情，如购置新款时装，布置新房间，烹调一道新菜肴等，以显示其创造性。

⑥ 有较强的自我意识和自尊心。女性消费者有较强的自我意识和自尊心，对外界事物反应敏感，希望通过明智、有效的消费活动来体现自我价值。即使作为旁观者，也愿意发表意见，并且希望被采纳，而对别人的否定意见不以为然。在购买活动中，营业员的表情、语调、介绍及评论等，都会影响女性消费者的自尊心，进而影响其购买行为。

（3）针对女性消费者的营销策略

① 针对女性消费者的商品设计要注重细节，并且使用方便。为迎合女性消费心理，在商品设计和包装装潢方面要做到款式设计、色彩运用能够诱发女性消费者的情感，商品的包装要做到多姿多彩、细致方便，还要重视流行元素的添加和运用。女性观察细腻，特别是在服装、鞋帽、饰品、箱包等方面，设计上的一点点变化都会被她们敏感地观察到。穿戴应季新款的服装鞋帽往往是时尚女性引以为傲的地方。在设计商品时还要

考虑使用的方便性,如一些厨房刀具、小型家用电器、家庭日常卫生用品等,多为女性经常使用,这类商品的生产设计要为使用者着想,应简单、方便、实用。

② 接待女性消费者时要讲究语言艺术,态度要真诚热情,满足女性的自尊心理。营业员用语要规范,有礼貌,讲究语言表达的艺术性,尊重女性消费者的自尊心,赞美女性消费者的选择,以博得消费者的心理满足感。切忌对消费者已购商品的选择和评价下简单、生硬的断语,更不能抢白、顶撞。女性消费者对营业员的态度非常敏感,服务人员不经意间一个怠慢的动作、一句不耐烦的话语、一个轻蔑的眼神,都会将之前辛苦努力的营销成果毁于一旦。现场促销面向女性消费者的折扣商品,要注意说明理由,允许消费者挑选。实践表明,喧闹的促销现场有时反而会使女性消费者"敬而远之",收不到预期效果。

③ 采用各种名目繁多的促销活动迎合对价格敏感的女性消费者。采用适当的促销手段,增进女性消费者对企业及其产品的好感,是开拓女性消费者市场的重要途径。价格对女性的影响比对男性大得多,一般来说女性很少能够抵挡得住降价的诱惑。在市场中进行讨价还价的绝大多数是女性消费者,这一方面出于节约的天性,比较有耐心;另一方面由于家庭中大多是女性掌握财政大权,直接控制家庭日常开支。男人"开源",女人"节流",这是大多数传统家庭的理财方式。有些女性一方面会花成百上千元买一套流行时装,而另一方面在菜市场上买菜时却对几元几角讨价还价、斤斤计较,可见女性比较计较小数目的低档品,而对高档品却认为价高质好。附赠品正是迎合了女性的这种心理。例如,两家商店的营销策略不同,一家是低价,另一家是高价但附有赠品。很可能女性在没有时间或能力比较两家商店商品的质量高低时,认为价高的质量一定好,而附有赠品就更加吸引她们。

④ 购物环境布置要温馨典雅,热烈明快,具有个性特色。女性消费者在购买家庭装饰品、服装、首饰、化妆品时,追求浪漫的心理感觉。因此,销售这类商品的环境布置要符合女性消费者心理,要创造条件营造相对安静、舒适的场所,使女性消费者能悠闲地观赏、浏览商品,给她们带来美好的感情联想,从而产生购买动机。

⑤ 充分展示商品。女性把购物当成自己能力的表现,喜欢亲自购物,亲自挑选,增加乐趣,满足其情感要求。商家应尽量采用开架销售,这样一方面可满足女性购物时愿意货比三家、精挑细选的心理,另一方面也可避免因多挑选而引发的售货员与女性顾客发生矛盾冲突的现象。

> **案例提示**
>
> **解读耐克成功进入女性市场**
>
> 耐克成功进入女性市场的关键因素是卓有成效的"情感沟通"。
>
> 1. 用"行销沟通"开辟女性市场
>
> 为了不丢掉女性市场这个"半壁江山",从 2000 年开始,耐克公司就认真考虑女性需要什么样的鞋。于是,一个叫做"行销沟通"的模式便在耐克公司流传开来。

要把女性作为主要消费对象，就要创建让女性感到愉悦、舒适的购物场所。2000年，位于加利福尼亚州新港海岸时尚岛的第一家女性体育用品购物广场开业，让女性更多感受到的是家的温馨、舒适，蓝色和白色的灯光照在深色的木地板上，摆设看起来更像是家里的家具，而不是呆板的货架，旁边还装饰有白色的兰花。

耐克公司的设计师和研究人员考虑到，对于绝大多数女性来说，她们用的体育用品不一定要求有多高的性能，但首先必须是舒适的。为了达到这个目标，他们经过大量的调查和研究，在细微之处改进了女式运动鞋。尽管改动很小，但效果却很明显。

2. 注重情感交流

耐克公司在女鞋市场推广活动中，根据女性更注重情感交流的特点，把一则广告刊登在了一本深受女性喜爱的生活时尚杂志上。广告的创意方案采用自我审视的方法来揭示女性的内心世界，以女人与女人的"对话"作为主要沟通手段。作品采用对比强烈的黑白画面，背景之上突出展现的是一个个交织在一起的"不"字。广告文字似乎不像是一个体育用品商的销售诉求，而更像一则呼之欲出的女性内心告白：在女性的一生中，有人总认为你这不能干，那也不能干；有人总说你不够优秀，不够强健，不够有天赋，不会有所作为……这太多太多的"不"字伴随了女性的一生。现在，你要大声说："不，我能行！"女性要以行动证实自身的价值和自尊。这则广告获得了巨大的成功，许多女性顾客打电话来倾诉说："耐克广告改变了我的一生。""我从今以后只买耐克，因为你们理解我。"因此，在销售业绩上，耐克女性市场的销售增长率明显高于男性市场。

2. 男性消费者

（1）男性的心理特征

① 独立、开朗、刚强、粗率。男性的独立性较女性强，喜欢独立思考，自作主张，不喜欢被人指派；肯吃亏，不喜欢的事很快遗忘，很少耿耿于怀；开朗大方，在小事上很少斤斤计较。"男儿有泪不轻弹"正说明男性具有刚强的性格，自我控制力较强。男性往往粗心大意，观察人和事物没有女性敏锐周到，说话和态度有时过于轻率。

② 合群、随便、务实、坚定。男性通常好交朋友，常聚在一起谈天说地，小群体意识比较强；比女性随便，对生活小节、个人卫生等往往不够注意，对服饰仪表不像女性那样讲究；考虑问题比较实际，较务实，不像女性那样多愁善感、富于幻想。男性比女性坚定，他们对挫折和打击的承受力较强。

③ 好表现、善推理。男性较女性喜欢出风头，喜欢在女性面前表现自己，最怕在大庭广众之下丢脸，往往打肿脸充胖子或恼羞成怒当场发作；男性善于做逻辑推理，对事物能推理思考，形象思维不如女性。

（2）男性消费者的消费心理与行为特征

男性消费者相对于女性消费者来说，购买商品的范围较窄，一般多购买"硬性商品"，注重理性，比较强调阳刚气质。其消费心理与行为特征主要表现为以下几个方面。

① 购买商品目的明确，动机形成迅速、果断。男性的个性特点与女性的主要区别之一就是具有较强理智和自信。他们善于控制自己的情绪，处理问题时能够冷静地权衡各种利弊因素，能够从大局着想。有的男性则把自己看做能力、力量的化身，具有较强的独立性。这些个性特点也直接影响他们在购买过程中的心理活动。因此，动机形成要比女性果断迅速，并能立即导致购买行为，即使处在比较复杂的情况下，如当几种购买动机发生矛盾冲突时，也能够果断处理，迅速做出决策。

② 购买动机具有被动性。就普遍意义来讲，男性消费者不像女性消费者经常料理家务，照顾老人、小孩，因此，购买活动远远不如女性频繁，购买动机也不如女性强烈，比较被动。在许多情况下，购买动机的形成往往是由于外界因素的作用，如家里人的嘱咐、同事和朋友的委托、工作的需要等，动机的主动性、灵活性都比较差。许多男性顾客在购买商品时，事先记好所要购买的商品品名、式样、规格等，如果商品符合他们的要求，则采取购买行动，否则就放弃购买。

③ 购买动机感情色彩比较淡薄。男性消费者在购买活动中心境的变化不如女性强烈，不喜欢联想、幻想。相应地，感情色彩也比较淡薄。所以，当动机形成后，稳定性较好，其购买行为也比较有规律。即使出现冲动性购买，也往往自信决策准确，很少反悔退货。需要指出的是，男性消费者的审美观同女性有明显的差别，这对他们动机的形成也有很大影响。例如，有的男性消费者认为男性的特征是粗犷有力，因此，他们在购买商品时，往往对具有明显男性特征的商品感兴趣，如烟、酒、服装等。

④ 购买时力求方便快捷。男性消费者购买商品时不愿讨价还价、斤斤计较，忌讳别人说自己小气或所购商品"不上档次"。购买商品也只是询问大概情况，对某些细节不予追究，也不喜欢花较多的时间去比较、挑选，即使买到稍有毛病的商品，只要无关大局，也不去计较。

⑤ 注重商品质量、实用性。男性消费者购买商品多为理性购买，不易受商品外观、环境及他人的影响，注重商品的使用效果及整体质量。质量不好或没什么用处的商品，即使价格再便宜也不会使他们动心。

⑥ 购买特殊商品积极执著。对一些有特殊用途的商品，男性常常以积极的态度执著追求，如对钓鱼用具、邮票、古董的购买与收藏，以男性居多。

⑦ 多是购买大件耐用消费品和高科技产品的决策者。对大件耐用消费品如家具、家用汽车，高科技产品如电视、计算机等商品的购买多以男性为主导。

> **案例提示**
>
> **从万宝路香烟的成功看目标人群确定的重要性**
>
> 万宝路香烟刚进入市场时，以女性为目标人群，它推出的口号是"像五月的天气一样温和"。然而，尽管当时美国吸烟人数年年都在上升，万宝路的销量却始终平平。

> 后来，广告大师李奥贝纳为其做了广告策划，他将万宝路定位为男子汉香烟，并将它与最具男子汉气概的西部牛仔形象联系起来，树立了万宝路自由、野性与冒险的形象，使它从众多香烟品牌中脱颖而出。自 20 世纪 80 年代中期开始，万宝路一直居世界各品牌香烟销量首位，成为全球香烟市场的领导品牌。

2.2 职业与消费心理

一项调查表明，中国职场已改变过去"管理者"和"劳动者"的"二元化"结构，正按照知识层次、职业特点、职务高低、职场地位及薪酬厚薄进行划分，呈现出"多元化"的格局。从位高权重的总经理，到出入豪华商务中心的文职人员，再到操作机械的普通工人，金领、白领、粉领、灰领、蓝领在职场上各领风骚。领子的色彩也诠释着职业新概念。职场各阶层人员的工作各有特点，经济收入相差悬殊，生存状态迥异，生活方式不同，有着不同的消费心理和行为特征。

2.2.1 金领的消费特征

1．金领的概念

金领通常是指高级技术人员和高层管理人员，又称金领阶层。金领阶层是社会精英高度集中的阶层，他们受过良好的教育，拥有丰富的工作经验、经营策划能力、专业技能和一定的社会关系资源。

金领阶层一般包括三资企业高级管理、外商驻华机构的中方代表、规模较大的民营公司经理、国企的高层领导等。在公众心目中，除董事长、总经理外，注册会计师、高级律师、高级电路工程师、管理咨询工程师和注册建筑师等，都是深受人们追捧的金领职业。

金领是高收入群体，金领的收入较之白领和粉领要高出许多。社会地位和经济地位都相当高。"金领"的"金"寓意尊贵和富裕。

2．金领的特征

出差频繁是他们通常的生活状态。当然，他们大部分时间都处于工作状态，加班是家常便饭。他们关注时政，是国际新闻版、财经版和体育版的忠实读者；他们工作卖力，30 岁以后才考虑结婚；他们关注自我感受和自我实现，选择职业像交朋友一样凭个人喜好，能发挥个性和能力才是最重要的；他们随时要充电学习，夜晚和周末在各种高级培训班里常有他们的身影。所以，他们"累并快乐着"。

3．金领消费者的消费心理与行为特征

① 讲究名牌，注重形象。金领是不折不扣的城市精英，有十足的事业成就感和生活

质量上的优越感。他们的工作环境是一流的。因为高收入、高地位和为了显示生活的高质量、高档次，他们在穿戴上一定追求品牌甚至顶级名牌。在家庭用品上，小到餐具，大到家用电器、衣柜、沙发、私家车等，都购买名牌产品。

② 加入顶级私人俱乐部。他们经常到顶级俱乐部享受各种休闲服务，在工作之余享受着普通职业者无法体验的闲适和从容。顶级俱乐部客户群体只限于"金字塔尖"，用高昂的入会费用和苛刻的审核措施来保证客户的"纯粹性"。会所本身拥有一个非常高端的会员团体，是个很特殊的商业交际平台，并由此形成了一个能量巨大的交际圈，可以为其带来许多商业机会。

③ 喜欢艺术品收藏。盛世收藏，重在玩味，陶冶性情。不仅有金领企业家业余收藏艺术品，还有人把艺术品做成产业，成为名副其实的收藏家。他们玩收藏，不仅是追求文化、提升个人品位的需要，而且对于企业来说，收藏高档艺术品也对树立企业形象有很好的宣传效果。

④ 乐于公益慈善。企业家热衷于慈善，能让人们感受到这部分社会精英正在改变着中国的财富形象。慈善未必是一种义务，但一定是一种权利，企业家正是通过慈善投资、互利互助的方式，同步提升个人、公司形象，这已经成为表现社会责任的载体。

⑤ 进行极限运动。挑战极限的奢侈运动更像是享受"快乐极限"的游戏，需要的是金钱、胆量和闲情。中国新兴的商界精英们往往拥有高学历甚至海外留学的背景，这就使得他们的观念更加国际化，不仅在企业的经营管理上，甚至在生活方式上也紧随国际潮流。

⑥ 参加时尚派对。派对是国际化程度、商业活力指数、名人和企业家品位与心态的展示窗，也是用以扩大社交圈的一种轻松的社交方式。这是展示自己本性魅力的绝佳场所，可以让自己在最短的时间内散发出最耀眼的光芒。结识名流，感受奢华，时尚派对很自然地承担起了这个任务。

⑦ 时常高端充电。教育背景决定身价，企业家乐于选择有名望、声誉好的学院去选读课程，学习世界商业规则、新的思维方式，以及建立有效的关系网，带来良好的商业回报。校友资源、专家、母校也将成为企业及个人长期的智囊团、头脑库。

⑧ 热衷于高尔夫。高尔夫有严格的礼仪规则，是培养绅士的运动，要求自律谦逊，不仅锻炼意志，还能赏心悦目，耐心和准头是制胜法宝。球技精湛、洒脱不凡，是对享受生命和事业升级的最好嘉奖。与同行、对手通过球场上的充分沟通，产生合作构想和改变谈判气氛的经典案例有很多。

⑨ 喜欢奢华旅游。对于整日里忙于商务的金领来说，旅游能让其远离尘嚣，全方位放松身心，安享天伦之乐。国外的豪华旅游机构、国际连锁豪华酒店集团、保健疗养地、私人飞机生产商、豪华邮轮公司纷纷到国内设立分店、参加展会，看好中国奢华旅游市场。

2.2.2 白领的消费特征

1. 白领的概念

白领是指有教育背景和工作经验、从事脑力劳动的职员，又称白领阶层。白领职业包括管理人员、办事员、文书、会计、教师、医生等。由于不掌握生产资料，他们仍处于受雇用地位。白领阶层福利好，领取固定的月薪，工资水平一般情况下比蓝领高，职位稳定，是令人羡慕的职业。

白领的隐喻从传统工作服装里白色领子而来，用以与蓝领区分，带有"白色领子是相当容易被弄脏的，因此用白领族代表他们的工作不容易弄脏领子"之意，也有"上班时必须衣着整齐、不可随便"之意。

2. 白领的特征

白领的工作环境比较整洁。他们穿着整齐，衣着光鲜地出现在都市的街头，傲然行走，神情淡定，从城市的各个角落涌向"高尚工作园区"；一尘不染的皮鞋踏出急促的脚步，时刻提醒着路人他们很忙，有许多工作要做；计算机、电话、传真是他们最亲密的工作伙伴；他们的竞争对手不计其数，所以他们时刻准备接受新信息、新知识，不断提高自己的能力，同时为步入金领储备能量。白领把自己的大部分业余时间用来休闲、娱乐健身。同时，他们有很强的紧迫感和压力，他们担心会被老板炒鱿鱼，担心自己负责的业务没有进展，担心别人超过自己，担心在竞争中处于下风，所以他们也会把自己的一部分业余时间用来"充电"。

3. 白领消费者的消费心理与行为特征

① 越来越重视享受生活、善待自己。当代白领的价值观与以前有了很大的不同，一方面，他们越来越认识和肯定自我价值，认为应为自己活得精彩，积极工作的同时尽情享受生活；另一方面，白领经常感觉到压力和疲惫，渴望释放压力、放松自我。

② 购买名牌服饰。白领最爱用名牌或精心挑选的服饰彰显自己的个性。一些国际知名品牌的男士用品，已成为白领男性消费者的新宠。在这些讲究品牌的白领男士眼里，宠爱的商品是颇为宽泛的，除服装之外，腕表、眼镜、皮鞋、打火机、烟盒甚至香烟都在其列。在咖啡馆、高尔夫球场或一些宴会上，常常可以看到身着品牌服装的白领们，潇洒地点上一支香烟，颇为风度翩翩。白领女性为了显示品位和时尚，化妆品、服装、鞋子、手包，都是选择名牌购买。在形象投资方面，她们总是不惜一掷千金。

③ 在情调餐厅就餐。白领在饮食上也同样与潮流同步，从东北菜、湘菜、川菜到云南菜，从红焖羊肉、麻辣小龙虾到香辣蟹，一路无怨无悔地吃下来，决不含糊。但是白领选择餐厅时喜欢有情调的，最好店名有些典故。

④ 住宅区要带会所。白领最爱有会所的高档住宅区，交通一定要便利，最好紧邻地铁。

⑤ 闲暇时喜欢健身。白领们有时间愿意光顾健身俱乐部，玩玩保龄球，跳跳健身操，练练瑜伽等。

⑥ 私人美发美容师。白领最爱到固定的地方去打理自己的头发和面庞，拥有自己的美发师、美容师会让他（她）们的自我感觉更良好。

⑦ 年底浪漫之旅。当忙碌的一年结束时，白领一定会在难得的年假里让自己的身体和心情开始一段浪漫之旅。他们最爱去的地方是夏威夷、普吉岛。对他们来说，阳光、海水、沙滩远比峭壁、雪山、荒漠更具诱惑力。

2.2.3 粉领的消费特征

1. 粉领的概念

粉领一是指执行次要工作的女性，如秘书、资料输入员、卖场销售员等；二是指在家工作的女性自由职业者，凭借计算机、电话和传真与外界联系，这里主要指第二种。

在北京、上海、广州等大城市，粉领已成了追求自我心理满足和自由创业女性的心仪职业，而现代科技也为催生、孕育粉领创造了条件。粉领多出自"食脑"阶层，大多从事自由撰稿、广告设计、网页设计、工艺品设计、产品营销、进出口贸易、媒体、管理、咨询服务等工作。因从事这方面工作的多为女性，故又称"粉领丽人"。据调查，粉领的收入平均赶上或超过白领，不少人年收入在10万元以上。

2. 粉领的特征

粉领的出现使就业方式更加丰富化、乐趣化和个性化。她们大多是受过高等教育的年轻人，寻求个性价值、追求劳资公平、接受市场挑战是其共同的特点。在家上班的粉领们，家既是她们的栖息地又是她们的工作场所，她们凭借计算机、电话和传真与外界联系，无须应对白领工作环境中很多令人紧张的人情世故。她们不用早起，不需要像白领那样朝九晚五；她们不用看上司的脸色，不需要观察同事的反应，怡然自得；她们不用像白领那样着套装、化淡妆，可以穿着睡袍在房间里穿行，甚至可以一边敷着面膜，一边上网搜寻信息，收发邮件。粉领们学习新知识丝毫不敢懈怠。她们知道，一旦跟不上时代的步伐，落了伍，就不能再"优哉游哉"，甚至连一日三餐都难以维持。不懈地学习知识，不断地更新技能，粉领们一刻也不敢掉以轻心。

3. 粉领消费者的消费心理与行为特征

① 生活情调时尚。粉领丽人看粉色言情剧、欧美文艺片，阅读花花绿绿的时尚杂志，外出时轻涂脂粉，穿着低调内敛但价格昂贵的服饰，有指定的美容师、美发师和健

身教练。

② 社交团体高雅。粉领丽人通常在咖啡馆、酒吧小聚，与她们保持联系的是一群事业型的朋友。她们需要在社交活动中相互交流、沟通信息和更新知识。

③ 粉领消费支出多半花在外表上。据"华坤女性生活调查中心"一项针对全国粉领职场的调查显示，北京职场的粉领女性月收入平均水平最高，达到6000元左右，至少将月收入的2/3用于购买衣服和配饰等，购买服饰的主要场所是百货商场。

2.2.4 灰领的消费特征

1. 灰领的概念

灰领是指具有较高的知识层次、较强的创新能力，掌握熟练技能的人才。简单来讲，就是既能动脑又能动手的复合型人才。灰领原指负责维修电器、机械的技术工人，因为他们经常穿灰色制服工作而得名。如今灰领的范畴已扩大，主要集中在三大行业，一是IT行业，二是设计行业，三是汽车维修技术行业，主要包括电子工程师、软件开发工程师、多媒体作品制作员、计算机程序设计员、计算机网络技术人员、网页设计与制作员、数码影像技术人员、装饰设计工程师、绘图工程师、喷涂电镀工程师、工业产品造型设计员、集成电路板图设计员、室内装饰设计员、首饰设计员、印前制作人员、汽车维修高级技师等。灰领的薪资常常为一般蓝领的3~5倍。

2. 灰领的特征

灰领的典型特征是动脑与动手兼备。灰领通常手握学历证书与高等职业技能资格证书（即"双证书"），拥有娴熟的技术，活跃在生产第一线。

3. 灰领消费者的消费心理与行为特征

① 追求商品质量和品牌。他们有较高的收入，决定了他们在消费上追求高质量；同时为了显示较高的社会地位，他们在穿用上也追求品牌。

② 方便型消费心理。他们工作节奏快、强度大，希望生活方便、轻巧。在饮食消费方面喜欢购买半成品、成品，或者直接去餐馆用餐。

2.2.5 蓝领的消费特征

1. 蓝领的概念

蓝领是指一切以体力劳动为主的工资收入者。简单来说，蓝领就是从事体力劳动工作的雇员。他们的工作场所不是在办公桌前，而是在工厂车间、工地、农场里，如厂矿工人、农业工人、建筑工人、码头工人、仓库管理员等。目前众多的技术类工人也都被称作蓝领。

"蓝领"一词原属美式英语，历史可追溯到早期工厂的服装规定。当时工厂统一发给作业员藏青色的制服，以经久耐脏的布料制成，设计上依作业员所处的工作环境有所不同，如有的有帽子，有的则配有很多口袋，但大部分的颜色都属于深色系。蓝领的薪水在多数情况下是低于白领的，某些非常专业的蓝领也可能领有高薪。

2．蓝领的特征

工业化文化造就的蓝领，除具备强健的体格之外，还受过正规化的职业培训，工作时具有一丝不苟的质量精神和协作精神。针对蓝领的调查显示：男性略多于女性；呈现年轻化的趋势，35岁以下者占蓝领人群的55%；近50%的蓝领具有高中、中专或技校学历。蓝领工作通常以时计薪，可能领周薪而非月薪。实行轮班工作制的蓝领族，假期较不固定。比起白领族，蓝领族所面对的职业伤害和风险是非常高的，通常也享有一定的医疗保险福利。

3．蓝领消费者的消费心理与行为特征

蓝领消费者具有统一的职业技能与生活方式，对自己的社会地位有清晰的认知，能定义自己需要什么样的商品，因此在消费过程中，蓝领群体能够根据自己的价值观与文化偏好在一系列可能性之中进行选择，从而形成特定的标志性品牌。但是受自身在社会分配体系中的地位和经济实力所限，他们的消费不能像高级白领和金领那样主要受品牌的指引，而统一的生产技能和职业规范以及确定的社会联系使得他们又不会像无领阶层那样将价格作为唯一的选择标准，因此，蓝领群体在消费过程中体现出一种更加务实的群体消费特征。在消费习惯上更加朴素、实在，少了白领的虚荣和花哨的做派。对于所购买的商品强调实用、耐用、性价比。同时为彰显个性和改变社会地位的心理需求，蓝领消费时倾向于在品牌与价格之间寻找平衡。

> **提示**
>
> **无领阶层**
>
> 无领阶层受教育程度和收入最低，所从事工作不需要专门的职业训练。所有已下岗、已失业或留守在即将倒闭的企业里的人，以及无技术的流动人员均可归入这一阶层。他们没有富余的钱来享受闲暇生活，购买商品也不在意品牌，只关心廉价与实惠。

2.3 网络消费者

21世纪是我国网络经济快速发展的时期，网络经济以其不可逆转之势，极大地促进了我国社会经济的发展、人们思想观念的转变和工作方式、生活习惯等的改变。网上购物和网上销售日渐成为人们日常生活中一件习以为常的事情。网民和商家可以通过互联网平台，各取所需，共同获益。社会科学文献出版社出版的《流通蓝皮书：中国商业发

展报告（2011—2012）》指出，2011年中国电子商务交易规模增长45.8%，其中网络购物交易规模突破7500亿元，同比增长67.8%，占社会消费品零售总额的比重达到4.3%。其中，B2B领域，无论是中小企业还是规模以上企业均加大了网络渠道的应用，通过互联网促成交易的达成。企业要想卓有成效地开展网络营销活动，就必须了解和把握网络消费者的特征，分析网络消费者的消费心理动机，尽可能地为营销活动提供可靠的数据分析和营销依据。

2.3.1 网络消费者的特征

从2008年1月发布的《第21次中国互联网络发展状况统计报告》来看，截至2007年12月，我国网民数已达到2.1亿人。网民数增长迅速，比2007年6月增加4800万人，2007年一年增加了7300万人，年增长率为53.3%。互联网逐步向各层次的居民扩散。在2007年的新增网民中，18岁以下的网民和30岁以上年龄较大的网民增长较快，初中及以下受教育程度的网民增长较快，低收入人群开始越来越多地接受互联网，农村上网人群增长较快。近几年来，我国经济一直在高位运行，加之政府鼓励"减缓投资、启动消费"，居民的收入水平及消费水平日趋改善，越来越多的居民开始使用互联网。目前，我国16%的互联网普及率仅比全球平均水平19.1%低3.1个百分点。

网民对互联网的正面作用评价很高，认为互联网对工作和学习有很大帮助的占93.1%，认为"一天不上网就会觉得缺少了什么"的比例是38.3%。互联网已经凸显出重要作用。人们使用互联网，已经远远超出最初的电子邮箱、查询新闻等简单功能。网上购物、网上银行、网上支付、网络求职、网络教育等丰富的网络应用服务已经逐渐深入人们的日常生活。根据对网民情况的分析，可将网络消费者的特征归纳为以下几点。

1. 男性网民多

目前我国网民中42.8%的女性比例低于男性的57.2%，这一点与我国的人口特征密切相关。从我国总体人口特征来看，男女性比例比较接近，但女性的受教育程度不及男性，而具备基本的文化知识是上网的必要条件。根据国家统计局的数据，2006年末我国小学及以上文化程度的人口中，男女性比例是53% ∶ 47%，即男性的受教育程度要高于女性。男女网民普及率差异同样存在，目前我国男性互联网普及率为17.7%，女性互联网普及率为14.1%。但这一性别发展不平衡的状况正在逐年改善。从1997年以来的发展趋势看，网民中男女性别比例差异正在缩小。

2. 网络消费者仍以年轻人为主

年轻人一般都追求创新、观念新潮、接受新思想、新知识快。因此，目前我国的网民群体仍以青年为主，总体网民中的31.8%都属于18～24岁的青年。各种影碟、游戏、体育用品都是年轻人喜爱的畅销商品，尤其是青少年玩网络游戏的比例惊人，18～24岁的网民中有 63.8%的青少年网民都玩过网络游戏,这也是网络游戏公司等商家看好的一个市场。

3. 较低学历网民数量增加

与总体人口相比较,网民属于其中学历较高的人群,但互联网使用正逐步向较低学历人群扩散。1999 年以来,大专及以上网民比例已经从 86%降至目前的 36.2%。另外,从收入上看,接近 3/4 的网民月收入都在 2000 元以下。但是,网上购物的网民是一群相对比较高层次的人群。硕士及以上网民的网上购物比例已经达到 56.5%。这些购物者超过 80%居住在城镇,在合资和外资企业工作的较多,属于相对高收入的网民群体。并且,上网历史越长,购物比例越高。1999 年以前就开始上网的网民网上购物比例为 42.4%,2007 年新增网民的网上购物比例仅有 5.7%,即资深网民网上购物的比例要高一些。

2.3.2 网络消费者追求的消费心理

在网络环境中,消费者面对的网络界面是计算机屏幕,没有了嘈杂的环境和各种干扰,商品选择的范围也不限于少数几家商店或几个品牌。在这种情况下,网上商家面临的挑战就是如何在网上商务活动中,深入分析、掌握消费者消费心理,采取各种有效的营销措施和策略,将网站访问者从潜在消费者变为现实消费者。网络消费者追求的消费心理主要体现在以下几个方面。

1. 追求个性化的消费心理

网络化的普及,促使各类厂商、服务商提供商品信息竞争,使消费者获得的信息量有可能最大化,这就为消费者克服由于信息不对称而引起的消费风险提供了保险措施。消费者不会再在商品的汪洋大海面前不知所措,购买更具理性,满足感更高。个性化消费是消费者按照自己的价值判断、生活追求、消费偏好选择消费对象和消费方式。随着网站数量的不断增长,消费者的选择也在增多,个人消费者将变得更具个性,个性化消费正成为消费的主流。消费者都各自有一些独特的、不同于他人的喜好。他们之间可能有同样的兴趣,也许被归为同类,但是他们的具体要求将越来越独特,越来越变化多端,决不能像过去那样对他们一概而论,商家应当帮助个人满足其独特的要求,而不是按一个大众的标准来寻找大批的消费者。

2. 追求实惠的价格心理

不能否认,价格是影响消费心理的一个重要因素,虽然营销人员倾向于以差异化营销手段来降低消费者对价格的敏感度,但价格始终是消费者最敏感的因素。消费者在追求物有所值的同时,寻觅物美价廉的商品。网上商店比起传统商店,能使消费者更为方便地了解商品,如功能、性能、价格等。一方面,他们可以很便捷地对这些信息进行筛选、重组、比较,从而选择优质实惠的商品。另一方面,网络销售商利用网络降低了成本(如广告费、人工费、场地租赁费等),因而网上售价也要低于传统市场中的商品价格。

3. 追求快捷方便的心理

现代社会的发展和技术的不断提高,促使新生事物不断出现,受这种趋势的带动,消费者的快捷心理加强,甚至成为网络经济时代一种重要的消费心理。消费者在追求质量好的同时要求购物时间短,获得方便、快捷的服务。网络消费可以不受营业时间的限制,消费者可随时查询所需资料或购物,而且消费者查询和购物用时短,程序简捷。此外,更吸引人的是消费者可以不受空间的限制进行异地购物。购得的商品通过物流公司送货上门,免去了消费者的很多麻烦。

4. 追求趣味的孩童化心理

网络营销的特点决定了它不能满足特定的某些消费心理需求,其主要原因是网络消费可替代部分人际互动关系,也就不可能满足消费者在这方面的个人社交动机。例如,家庭主妇或朋友间希望通过结伴购物来保持与左邻右舍的关系或友情等。但是,随着各种聊天工具和 BBS 的利用率提高,网络消费不再是个体消费者零散的消费行为,通过网络通信工具,零散的消费者联合起来,向厂家或者销售商进行大批量的购物,即所谓的网络团购(互不相识的个体消费者通过网络联合成一个具有共同利益的团队,共同与商家议价、维权的消费新方式)。这种消费方式不仅能满足消费者的个人社交动机,而且增加了消费动因和消费乐趣。例如,通过网友对商品的评论增加了购买动因。另外,网上消费者大多是年轻人。他们年轻,追逐时尚,对新事物有着孜孜不倦的追求,消费品的"寿命"一般较短,产品更新的速度较快;他们兴趣广泛,好奇心强,但缺乏耐心,注意力容易转移,如果浏览一个站点很费时间,就会很轻易地改换其他站点,由此又体现出网上消费者"好奇而缺少耐心"的另一特点。网上消费者的消费特点,类似于儿童的消费性格,需要不断地有新事物来唤起兴奋,也就是说,他们在消费行为上"孩童化"了。

总之,互联网技术的应用和普及,使网络消费不再陌生。消费者可以利用网络,在不同时间、不同空间,对同一商品进行交易。与此同时,企业正面临着前所未有的激烈竞争,市场正由卖方垄断向买方垄断演变,消费者的行为对营销策略起着举足轻重的作用。抓住网络消费者心理,通过有效的网络销售策略,开拓网络消费市场,对企业来说无疑是竞争的一大法宝。

典型案例分析

大宝成功的唯一秘诀

"大宝今天的成功在很大程度上应该归功于消费群体的区隔,大宝进入的是一个竞争对手相对较少或者竞争对手实力相对较弱的细分市场。"北京方圆润智营销顾问公司首席顾问刘永炬这样评价。

1. 明确的蓝领定位

北京大宝化妆品有限公司党委书记王怀宇谈起"大宝"颇为动情,一家小小的福利厂发展到今天,"大宝"经历了许多。但从一开始,"大宝"就牢牢地锁定了自己的目标市场。

大宝化妆品的目标市场是这样定位的:年龄为 25~50 岁的各类职业工作者,有着一定文化修养的大众消费阶层。他们对生活质量有着较高的追求,对品牌价值、品牌内涵以及品牌的社会影响有着独特的主见;他们不求奢侈豪华,但求心理满足,对同类产品不同价格的敏感度较强;对一些高档产品质量满意的同时,常常对价格有抱怨情绪。因此,他们追求的购买目标是质价相称,或在心理上对某种满意产品有一个认为合适的价格预期,一旦某一品牌的市场价格超越了原有心理价格的预期值,他们就会放弃这一品牌而选择其他品牌作为替代品。但他们对品牌有着良好的忠诚度,在市场价格差距不是特别悬殊或没有太大波动的情况下,他们会钟情于原来自己所喜欢的品牌。

不难发现,这一消费者职业特征和消费心理描述与蓝领消费者有较高的一致性。

2004 年年初《成功营销》杂志社与新生代调查机构联合发表的护肤品行业分析报告显示,白领、金领等个体消费能力强劲的细分市场内已经挤满了国际大品牌。

大宝进行了明确的市场细分,而且将市场定位在蓝领消费者,这在当时是被许多比大宝强大的品牌所忽视的。

2. 开发男性市场

"大宝"另一个成功之处是开发了一块被别人忽视了的市场——男性市场。调查显示,目前大宝的消费者中,有将近一半是男性消费者。我们看到的情况是,"大宝"这一并没有独到之处的产品在市场上冲锋陷阵、一路凯歌。也许原因就在于它进入的是一个没有多少直接竞争对手,或者实力强大的同行很少进入的细分市场。

3. 广告宣传面向蓝领走亲和路线

从价格和渠道上考察,与大宝一样定位于蓝领消费者的品牌还有很多,但从产品的广告诉求上,并没有看到像大宝这样将诉求对象明确确定为蓝领消费者的产品。

在传播诉求重点上,"大宝"强调的是"好产品,满足大众消费需求"。在传播方式上,"大宝"所走的路子也与其品牌定位保持一致。它的电视广告采取亲和路线,所有出现的人物都没有西装革履、香车宝马,而是具有明显的蓝领消费者特征。根据他们的调查,蓝领的主流人群在消费习惯上,还是比较倾向于购买与自己身份相一致的产品。

第 3 章 消费者的需求与行为决策

3.1 消费者的需求

3.1.1 需求的概念与特征

1. 需求的概念

心理学意义上的需求是指个体在生理上或心理上感到某种缺乏或不平衡时产生的内心紧张并力求获得满足的一种心理状态。用一句话概括，需求是指没有得到某些基本满足而感到的匮乏状态。这种状态通常以欲望、渴求、意愿的形式表现出来。

需求是人类生存和发展的必要条件。需求具体表现为生理需求和心理需求，它们支配并影响着人类的消费行为。例如，人在饥饿时会产生求食的需求，这是生理需求。作为社会成员，人类还有求美、求知、交往、尊重、成就等社会性需求，这是心理需求。正是人类的各种自然性和社会性需求，推动人类社会生产力的发展和社会的进步。所以，从本质上讲，人类社会的需求是推动人类历史前进的原动力。

2. 需求的特征

① 需求的复杂性。人类的需求既有物质性的东西，也有精神性的东西，需求是丰富多彩、复杂多样的。

② 需求的发展性。人类的需求是随着历史的发展而发展的，是随着社会生产力的发展变化而发展变化的，是一个由低级到高级、由简单到复杂的不断发展的过程。

③ 需求的指向性。人类的需求总是指向某种具体的事物，是和满足需求的目标联系在一起的。人的各种需求必然指向一定的实物及时间、空间的具体条件，没有对象和目标的需求是不存在的。

④ 需求的个体差异性。不同的个体由于在年龄、性别、民族传统、宗教信仰、生活方式、文化水平、经济条件、个性特征、所处地域的社会环境等方面主客观条件的千差万别，其需求也表现出明显的差异。

3. 需求的作用

① 需求能影响个体的情绪。个体一旦产生某种需求，就希望能够通过某种手段来获

得满足，而人的需求能否被满足、满足的程度以及满足的方式与手段，直接影响人的思维、情绪、意志等过程的变化，并表现出高兴、不高兴、满意、愤怒等情绪。因此，需求是人类行为的原动力。

② 需求有助于个体意志的发展。个体为了满足自己的需求，有时要付出巨大的努力，克服各种各样的困难。因此，在为了满足需求而进行努力的同时，人的意志也得到了某种程度的锻炼。

③ 需求影响着个体的认识和活动。个体在满足需求的过程中，对所遇到的各种事物进行分析、研究，探究各种可行的途径、方法。因此，需求是人们认识客观事物并从事实践活动的内在动力，人通过需求调节自身的行为并制约认识与活动的影响，进而不断提高自己的认识能力。

3.1.2 "需求层次"理论

人的需求是多种多样的，心理学界对需求进行了多种形式的划分，具有代表性的主要是马斯洛的"需求层次"理论。

美国人本主义心理学家马斯洛于 1960 年在其著作《动机与人格》中提出了"需求层次"理论。根据"需求层次"理论，人类的需求从低级到高级依次分为 5 个层次。

1. 生理需求

生理需求是人类最基本的需求，是人类为维持和延续生命而产生的对外界条件不可缺少的需求。例如，因饥饿、口渴、寒冷等而产生衣、食、住、行的需求。在人的一切需求中，生理需求是最基本、最优先满足的需求。生理需求在未得到满足之前，其他需求都处于次要地位。

2. 安全需求

安全需求是人类为避免生理或心理方面受到伤害所要求的保护和照顾的需求。安全需求具体表现在：物质上，如操作安全、劳动保护和保险待遇等；经济上，如失业、养老等；心理上，如希望解除严酷监督的威胁，希望免受不公平的待遇。如果安全需求得不到满足，人们就会产生被威胁感和恐惧感。

3. 社交需求（归属与爱的需求）

社交需求是人与人之间感情交流、保持友谊与忠诚、渴望得到爱情等方面的需求。社交需求主要包括希望与同事保持友谊与忠诚的伙伴关系，希望在社会群体中得到周围人的认可、接纳，重视发展良好的人际关系，希望得到亲人的关心，希望保持与朋友之间相互理解、尊重友好和互助的友谊关系。

4. 尊重需求

尊重需求是对人自尊心和荣誉感满足的需求。它包括他人的尊重和自尊两个方面。因此尊重需求可以划分为两类：一类是个体渴望实力、成就和面向世界的自信心；另一类是渴望名誉与声望，声望来自别人的尊重、注意与欣赏。现实中，个体的尊重需求如果得到满足，他会感到自信、有威望和有地位。相反，如果丧失他人的尊重和自尊，就会产生失落感、软弱感和自卑感。

5. 自我实现需求

自我实现需求是最高层次的需求，是个体发挥自己的最大能力，实现理想和抱负的需求。满足这类需求就要求完成与自己能力相称的工作，最充分地发挥自己的潜在能力，成为所期望的人物。这是一种创造的需求。有自我实现需求的人，似乎在竭尽所能，集中精力、全神贯注地体验生活，使自己趋于完美。

马斯洛认为，人所具有的各式各样的需求都包含在上面 5 个层次的需求中。他认为，人们行为的动力是没有得到满足的需求。当低级需求得到满足之后，人们就开始追求更高一级的需求。如果某一层次的需求没有得到满足，就会强烈驱使人们进行各种努力去满足这类需求。在此需求没有得到满足之前，满足这种需求的驱动力会一直保持下去，一旦这种需求得到满足，它就失去对行为的刺激作用，而被下一个更高层次的需求所取代，成为人的行为新的刺激动力。

3.1.3 消费需求的概念与特征

1. 消费需求的概念

消费需求是指消费者心理上或生理上的匮乏状态，即感到缺少些什么，从而想获得它们的状态。消费需求包含在人类一般需求之中，具体表现为对商品和劳务的需求。

消费需求是一个动态的过程，又是一个不断升级的过程。一种消费需求得到满足，又会产生新的更高要求的消费需求，从而使消费活动不断地向前发展。消费需求的不断产生是接连不断的购买行为发生的内在原因和根本动力。

2. 消费需求的分类

在社会生活中，消费者的需求是丰富多彩的，可以从不同的角度对其进行划分。

（1）按需求的起源划分

按需求的起源划分，需求可分为生理性需求和社会性需求。

① 生理性需求是个体为了生存和生命的延续而产生的需求，如进食、睡眠等。生理性需求是人类最基本和最原始的需求。

② 社会性需求是指个体在社会生活中形成的，为了维护社会的存在和发展而产生的需求，如社交、友谊等。社会性需求是在人类社会历史发展过程中形成的，受到社会生产和生活条件的制约。

（2）按需求的对象划分

按需求的对象划分，需求可分为物质需求和精神需求。

① 物质需求是指与衣、食、住、行有关的物品需求。在生产力水平较低的社会条件下，人们购买物质产品在很大程度上是为了满足其生理性需求。但随着社会的发展和进步，人们越来越多地运用物质产品体现自己的个性、成就和地位。

② 精神需求是指认知、审美、交往、道德、创造等方面的需求。这类需求主要不是生理上的匮乏感引起的，而是心理上的匮乏感引起的。

（3）按需求的实现程度划分

按需求的实现程度划分，需求可分为现实的消费需求和潜在的消费需求。

① 现实的消费需求是指人们有一定的购买支付能力，又有适当商品能够满足的需求。

② 潜在的消费需求是指消费者由于缺乏购买能力或市场上暂时没有消费者满意的商品，因此暂时没有购买愿望的需求。如果受到外界环境的刺激，如新产品开发、广告促销等多方面影响，潜在的消费需求可以转化为现实的消费需求。

3. 消费需求的特征

（1）消费需求的多样性和差异性

多样性和差异性是消费需求最基本的特征。消费需求的多样性表现为同一消费者对同一类产品的多种需求，以及对不同商品的多种需求等。消费需求的差异性主要是由于需求产生取决于消费者自身的主观状况和所处的消费环境两方面的因素。而不同消费者在年龄、性别、民族、宗教信仰、生活方式、收入水平等方面存在差异，由此形成多种多样的消费需求。

（2）消费需求的伸缩性和周期性

消费需求的伸缩性是指消费需求要受到内外多种因素的影响和制约，消费者购买商品，在种类、数量、品种、层次、程度等方面具有一定的弹性，会随经济收入和商品价格的变化而变化。影响消费需求伸缩性的原因可能是消费者的需求欲望和货币支配能力等内因，也可能是商品供应、企业促销活动、售后服务、价格变化和储蓄利率等外因。

此外，消费需求具有周期性。消费需求不断出现、满足、再出现、再满足，呈现出周而复始的循环特征。这主要是由消费者的生理机制及心理特征引起的，并受自然环境变化周期、商品生命周期和社会时尚变化周期的影响。例如，消费者对服装的需求直接受天气变化的影响。

（3）消费需求的层次性和发展性

消费需求一般从低层次开始，向高层次发展。消费需求水平随着经济和科技的发展呈现出不断发展的趋势。

(4) 消费需求的目的性和可诱导性

对于消费者而言,需求的目的性在很多情况下处于无意识或潜意识的状态,这就需要对处于潜意识状态的需求加以诱导和激发,如通过传媒的倡导、广告的宣传、营销人员的演示和相关群体的示范等来引导消费者的需求。

3.1.4 影响消费者需求的主要因素

影响消费者需求的因素很多,但归纳起来,大概有以下几个方面。

1. 个性心理因素

消费者的个性心理影响和制约着消费需求。例如,性情孤僻、不爱交际的消费者,其需求结构一般比较独特和单调;而活泼好动、善于交际的消费者,其需求结构一般比较复杂和丰富。

2. 社会因素

社会因素是指社会的政治因素、经济因素和文化因素等方面。消费者作为一个社会人,不仅有一般生物体具有的生理需求,同时具有社会需求和精神方面的需求,并且人的各种需求无一不受各种社会因素的影响和作用。在不同的政治环境、经济发展水平、社会文化背景下,消费者的需求会有明显的差异。

3. 个体的认知因素

消费者对客观事物的认识水平和驾驭能力既有其先天方面的因素,也有来自后天的培养。个人的思维、想象、对比和联想等都可能使人不断产生新的欲望和追求,学习、理解、信息加工和眼界的开阔等也可以不断丰富需求的内容和层次。例如,一个生长在贫困山区的学龄儿童,渴望上学的需求可能就是希望拥有一套新书包和文具;但他长大后,考上大学走出山区,其学习需求可能就变为拥有一套好书籍或一台计算机等。

4. 家庭经济状况和个体素质因素

家庭经济状况直接制约消费需求的水平和消费需求的结构。一般而言,收入水平较低者其消费需求也较低,在消费结构中,基本的生活需求占优势,对商品追求经济实用,比较注重商品的价格因素;收入水平较高者其消费需求也较高,比较注重产品的质量和品牌因素,而消费需求也更多地考虑精神方面的因素。个体的素质集中表现在个体的文化和修养上,因为文化和修养的差异导致生活中的个体会呈现不同的情感和审美需求,因此,在消费内容、方式、产品品位要求上都有较大的不同。一般来说，文化程度和修养水平较高的消费者对发展智力和才能及满足精神享受方面的商品的需求量大；相反，文化程度和修养水平较低的消费者，则对发展体力及物质享受方面的商品需求量较大。

3.2 消费者的购买动机

3.2.1 购买动机的概念和作用

1. 购买动机的概念

动机，原意是引起动作。心理学认为，动机是人们一切行为的内在动力，是人们从事某种活动的直接原因。所以，动机被定义为引起和维持个体的活动，并使活动向某一目标进行的心理过程或内在动力。

购买动机是指直接驱使消费者实行某项购买活动的内在推动力。它反映消费者生理上和心理上的需要，是消费者为达到某些愿望而采取购买行为的推动力。

2. 购买动机的作用

购买动机在人类行为中起着十分重要的作用，动机在刺激与反应之间提供了清楚而重要的内部环节。购买动机是个体购买行为的动力和方向，它推动消费者的购买活动，同时又控制着消费者购买活动的方向。具体而言，购买动机有如下作用。

① 引发作用。个体的各种活动总是由一定的动机引起的，动机能够驱使消费者产生某种行为，是人们行为的根本动力。

② 指向作用。动机可以指引购买活动的方向，它使消费者的购买行为沿着某种特定的方向进行。

③ 激励作用。动机对活动具有维持和加强作用。在消费者购买过程中，消费者动机将始终贯穿行为的始终，不断激励消费者排除各种因素的干扰，直至实现购买目标，满足需求，实现动机。

3.2.2 消费者购买动机的类型

购买动机是在消费需求的基础上产生的，是消费者购买决策的内在驱动力。有什么样的购买动机就有什么样的购买行为。可以从不同的角度，用不同的方式对常见的购买动机进行分类。

1. 按照消费者购买商品的原因和驱动力划分

按照消费者购买商品的原因和驱动力划分，购买动机可分为生理性购买动机和心理性购买动机。

（1）生理性购买动机

生理性购买动机是指消费者由于生理本能的需要而产生的购买动机。消费者由于生理上的需要，如寻求温饱和安全、逃避痛苦、组织家庭等，都会产生激励其购买满足生理性需要的产品的购买动机。

（2）心理性购买动机

心理性购买动机是指消费者由于心理需要而产生的购买动机。由于消费者心理活动的复杂性，心理性购买动机比生理性购买动机更加复杂多变，难以掌握。心理性购买动机具体包括理智的购买动机、享受的购买动机、感情的购买动机、发展的购买动机和惠顾的购买动机5种类型。

2. 按照消费者的具体购买动机划分

按照消费者的具体购买动机划分，购买动机可分为求实动机、求新动机、求美动机、求名动机、求廉动机、求便动机、好奇性动机、从众动机和补偿性动机。

（1）求实动机

求实动机是指消费者以追求产品的实用性为主导倾向的购买动机。具有求实动机的消费者在选购商品时，对商品的使用价值比较明确，注重商品的质量、实用性，对商品没有使用价值的因素如包装、象征意义等关注较少。

（2）求新动机

求新动机是指消费者以追求商品或服务的时尚、奇特、新颖为主导倾向的购买动机。具有求新动机的消费者在选购商品时，对商品的款式、外观、颜色、新颖性比较注重；相对而言，商品的质量和价格等成为次要考虑的因素。

（3）求美动机

求美动机是指消费者以追求商品的美感和艺术价值为主导倾向的购买动机。具有求美动机的消费者在选购商品时，特别重视商品本身的造型美和艺术美，注重商品的色彩、款式、风格、个性，以及对个体的美化作用、对环境的装饰作用、对人的精神生活的陶冶作用，追求商品的美感带来的心理享受。

（4）求名动机

求名动机是指消费者追求名牌、高档商品，借以显示或提高自己的身份、地位而形成的购买动机。具有求名动机的消费者比较重视商品的商标、品牌、档次及象征意义，通过消费来显示自己的生活水平和社会地位，以达到宣传自己甚至炫耀自己的目的。

> **案例提示**
>
> **戒　　指**
>
> 一对颇有名望的外国夫妇，在我国一家商店选购首饰时，太太对一只 8 万元的翡翠戒指很感兴趣，两只眼睛看过来看过去，一双手拿着摸了一遍又一遍，但因价格昂

贵而犹豫不决。这时，一位善于"察言观色"的营业员走过来介绍说："某国总统夫人来店时也曾看过这只戒指，而且非常喜欢，但由于价格太贵而没有买。"这对夫妇听完以后，为了证明自己比那位总统夫人更有钱，就毅然决定买下这只戒指。

（5）求廉动机

求廉动机是指消费者以追求商品价格低廉为主导倾向的购买动机。具有求廉动机的消费者，在同一类型的商品功能、外观、质量相似的情况下，会尽量选择价格最低的那种商品。

（6）求便动机

求便动机是指消费者以追求商品购买和使用过程中的省时、便利为主导倾向的购买动机。具有求便动机的消费者，为了减少体力、精力与时间的支出，特别关心能否快速、方便地买到商品，讨厌过长的候购时间和过低的销售效率，对购买的商品要求携带方便，便于使用和维修。

（7）好奇性动机

每个人都有好奇心，当人们面对一些新鲜、有趣、奇怪的事物时，总想了解它们，尝试一下。因此，一些新奇的商品能够激发消费者的好奇心，并促使消费者产生购买行为。

> **案例提示**
>
> **罐头与谜语**
>
> 美国有家食品公司，生产的水果罐头曾一度无人问津。为了摆脱困境，老板想到一个巧计——在罐头上印上谜语，并注明，打开罐头吃完后，谜底就在罐底。这一新奇的招数竟然使得消费者争相购买其水果罐头，产品顿时从滞销变为畅销，打开了市场。

（8）从众动机

从众动机是指消费者以效仿他人，追求社会潮流为主要特征的购买动机。具有从众动机的消费者，在选购商品时，以相关群体大多数成员的行为为准则，不自觉地模仿他人的购买行为。

（9）补偿性动机

补偿性动机是指消费者出于补偿的心理，实现当时被压抑着的购买动机。具有补偿性动机的消费者，在具备一定的条件后，会把当时的消费动机转换为现实的购买行为。

> **案例提示**
>
> **"婚补"消费**
>
> 拍婚纱照、办婚庆宴和蜜月旅游是年轻人新婚的盛举、消费的必然项目。然而，如今它们不再是年轻人的专利了。伴随着人们生活水平的提高与消费观念的转变，许多老年人也纷纷进行"婚补"消费，掀起了一股不小的消费浪潮。
>
> 1. 身披婚纱拍婚纱照
>
> 如今走进颇上档次的婚纱影楼，常常会看到一些上了年纪的老年夫妇在补拍婚纱

照。他们浓妆淡抹，身穿婚纱、礼服，情意绵绵，相依相随，那种安然自得的默契与和谐劲头，着实让年轻人不免产生几分妒忌。

这些补拍婚纱照的老人，多为20世纪60年代结婚的夫妻。由于受当时条件、环境所限，没有拍摄一生难得的结婚纪念照，即使一些条件优越的也只能拍张黑白照。如今生活水平提高了，他们不想遗憾终生，因此纷纷到影楼补拍婚纱照。正如一对补拍婚纱照的老年夫妇所说的："拍婚纱照，弥补过去的遗憾，焕发出青春的活力，也算潇洒一回！"

2. 亲友相聚补婚宴

年轻人结婚少不了举办婚宴。如今一些年过花甲者也不甘示弱。生活条件好了，休闲时间多了，往往萌发出补办婚宴的念头。而且，大多数人选择在银婚之日，也有选择在金婚纪念日这一喜庆之日的。

3. 游览名胜补蜜月

蜜月旅行，这项婚期消费同样引起了老年人的兴趣。从旅游、服务业相关方面了解到的情况表明，如今老人旅行度"蜜月"不亚于年轻人。他们纷纷利用节假日或结婚纪念日的机会，不惜行程千万里，到各大景区一睹为快，借以追求昔日未曾享受蜜月旅行生活的甘美。一对曾在教育界、医务界工作整整大半辈子的老年夫妻不无感慨地说："在岗工作的年代，只知道一个劲地埋头于工作，没有时间，也没有精力去游山玩水，夫妻间在感情沟通上也有空白。离岗后携手一游，不但弥补了过去的遗憾，还加深了彼此的感情。"

以上消费者的具体购买动机并不是彼此孤立地存在于消费者的购买行为中，而是相互交错、相互制约的。在消费者的购买活动中，起作用的通常不只是一种购买动机，而是多种购买动机同时起作用。因此，了解消费者的购买动机，有助于企业生产出适应消费者需求的产品。

3.2.3 消费者购买动机理论

动机是消费者行为的直接推动力。在现代心理学中，不同的心理学家从不同的角度提出了不同的动机理论，而且都在不断发展和变化着。

1. 认知和期望理论

认知理论认为，人类的动机行为是一系列的预期、判断、选择，并以目标的认知为基础。主张认知理论的早期代表是托尔曼和勒温。他们认为，行为的动机是期望得到某些东西或企图避开某些东西。认知理论着重强调人的较高级心理过程对行为的影响作用，即强调人的思维对行为的调控作用。

1964年，弗鲁姆提出了期望理论。他认为，人行为的激发力量，即积极性的高低取

决于目标效价和期望实现概率的乘积,用公式表示为

$$F=V \times E$$

式中,F——动机力,即人行为的激发力量或积极性;

V——目标效价,即行动目标价值;

E——目标期望实现的概率,即期望值。

从这个公式可以看出,人们某一行动的积极性的高低取决于对行动目标价值大小的认识,同时还取决于目标实现概率的大小。

2. 内驱力理论

内驱力理论认为,动机作用是过去的满足感的函数。这种理论认为,人对现在行为的决策,大部分以过去行为所获结果或报酬进行衡量,也即人现在的行为动机要以过去的行为结果为依据。过去的行为如果导致好的结果,人们就有反复进行这种行为的倾向。如果过去的行为没有导致好的结果,人们就有回避进行这种行为的倾向。

内驱力理论公式为

$$SE=SH \times D \times V \times K$$

式中,SE——反应潜力或行为;

SH——习惯强度;

D——内驱力;

V——刺激强度的精神动力;

K——诱因动机。

从这个公式可以看出,人的行为是习惯强度、内驱力、精神动力、诱因动机累积的结果。消费者面对某种品牌的商品,其习惯强度、内驱力、精神动力、诱因动机各因素越强烈,购买这种品牌的商品的可能性就越大。

3. 精神分析的动机理论

精神分析的动机理论是由弗洛伊德提出的。弗洛伊德认为,人的行为可以看做人格的几部分相互作用的产物,与人的心理相对应。人格主要由三部分组成:本我、自我和超我。

精神分析的动机理论认为,人可能会因为种种原因而压制隐藏一些原始的本能冲动。具体到消费行为,很多时候,消费者对商品的选择,可以说是由消费者本人没有意识到的动力因素决定的。20 世纪 40 年代,速溶咖啡刚问世时,并不受消费者的欢迎,厂家进行市场调查探明原因,消费者反映说速溶咖啡的味道不好,但是让消费者当面就传统制作的咖啡和速溶咖啡的味道进行对比时,发现两者并没有明显的区别。事实上,消费者拒绝速溶咖啡的真正原因是不愿被看成不会生活、懒惰、生活没有情趣的人。

3.2.4 消费者购买动机的调查方法

调查消费者购买动机有助于企业分析研究影响消费者购买行为的心理变化的各种因素，把握消费者购买动机的变化方向，从而生产适合消费者心理需求的商品和服务，引领消费。

消费者动机理论要研究的中心问题是消费者行为中的"为什么"问题。例如，消费者为什么需求某种商品或劳务？为什么从多种商品中选购了某种牌号的商品？为什么消费者对商品广告有截然不同的态度？为什么消费者经常惠顾某些零售商店？回答消费者行为中的"为什么"问题，是最重要、最中心的问题，也是最难理解、最难于调查的。这个问题解决了，消费者动机的根源就找到了。同时，对消费者行为现象的解释和说明也就有了坚实的基础。

常用的购买动机调查方法有问卷法和投射法。

1. 问卷法

问卷法是以请被调查的消费者书面回答问题的方式进行的调查，也可以变通为根据预先编制的调查表请消费者口头回答、由调查者记录的方式。

按照问卷发放的途径不同，问卷法可分为当面调查、通信调查、电话调查、留置调查4种。

（1）当面调查

当面调查即亲自登门调查，按事先设计好的问卷，有顺序地依次发问，让被调查者回答。

（2）通信调查

通信调查是将调查表或问卷邮寄给被调查者，由被调查者填妥后寄还的一种调查方法，这种调查方法的缺点是问卷的回收率低。

（3）电话调查

电话调查是指按照事先设计好的问卷，通过电话向被调查者询问或征求意见的一种调查方法。其优点是取得信息快，节省时间，回答率较高；其缺点是询问时间不能太长。

（4）留置调查

留置调查是指调查人员将问卷或调查表当面交给被调查者，由被调查者事后自行填写，再由调查人员约定时间收回的一种调查方法。这种方法可以留给被调查人员充分的独立思考时间，可避免受调查人员倾向性意见的影响，从而减少误差，提高调查质量。

2. 投射法

投射法是利用无意识的刺激反应来探询个体内心深层心理活动的一种研究方法。投射法不是直接向消费者明确提出问题以求回答，而是给消费者一些意义并不确定的刺激，通过消费者的想象或解释，使其内心的愿望、动机、态度或情感等深层次的东西在不知不觉中投射出来。因为消费者通常不愿承认或者并未意识到自己的某些愿望或动机，却乐于分析或探索他人的心理活动，在探索或推断他人的想法、动机或态度时，往往不知不觉地暴露或表明了自己的心理活动。

常用的投射法有语言联想法、造句测试法、主题感知测试法和角色扮演法等几种。

（1）语言联想法

语言联想法是通过提供给消费者一张列有意义不相关联的单词词汇表，要求消费者见到表上的单词立刻随意、自然地说出最先联想到的词汇，再分析比较消费者做出反应的词汇和反应的时间，从而推断消费者对刺激单词的印象、态度或动机。例如看到"数码相机"，消费者可能会联想到佳能、尼康等品牌。

（2）造句测试法

造句测试法是向消费者提供一些不完整的句子，要求消费者即刻编造成完整的句子。例如，给出"买空调最想买_____品牌的空调"、"口渴时最想喝的是_____饮料"等句子，要求消费者填充完整。通过对消费者所写内容的分析，研究人员可以了解消费者的愿望或偏好，进而推断消费者对某种产品或品牌的评价和态度。

（3）主题感知测试法

主题感知测试法是先让消费者观看一些内容模糊不清、意义模棱两可的图画，而后要求消费者根据每张图画编一个故事并加以解释。研究人员则可根据消费者投射到这些图上的意义，分析消费者的心理活动，推断消费者的需求、动机、情感和态度等心理倾向。

（4）角色扮演法

角色扮演法是让消费者扮演角色，对某一特定的事物和特定的行为表达自己的看法。角色扮演法不是要求消费者直接表明自己对某种活动的态度，而是通过消费者对他人动机或态度的描述或评价投射出自己真实的动机和态度。

3.3 消费者的购买行为与决策

消费者购买行为是指消费者为满足其个人或家庭生活而发生的购买商品的决策过程。消费者购买行为是复杂的，其购买行为的产生受到其内在因素和外在因素的共同影响。

企业营销通过对消费者购买活动的研究，掌握其购买行为的规律，从而制定有效的市场营销策略，实现企业营销目标。

3.3.1 购买行为的模式

消费者购买行为模式是指用于表述消费者消费过程中的全部或局部变量之间的因果关系的理论描述。消费者购买行为主要有以下几种模式。

1. 刺激—反应模式

该模式认为,购买者的购买决策行为来自其对外界刺激的积极心理反应,即行为反应。

外界刺激主要产生于两个方面:一方面是企业的营销活动所形成的影响,具体通过企业的产品、价格、分销、促销等营销策略;另一方面是环境的影响,具体有经济、技术、政治、文化等。

购买者的心理活动过程是在其内部完成的,因而被比喻为"黑箱"。消费者"黑箱"由两部分组成:一部分是消费者特征,它会影响消费者对外界刺激的反应;另一部分是消费者的决策过程,它会影响消费者的最终决定。

> **案例提示**
>
> **联想液晶一体机**
>
> 2001年7月7日,联想宣布与液晶六巨头LG-PHILPS、中华映管、翰宇彩晶、冠捷电子、PHILPS及唯冠集团达成战略联盟,在技术开发和供货上全面合作,共同启动中国的液晶计算机市场。为此,联想签订了一笔"超重量级"的单项采购意向:未来半年内,联想向各巨头购置60多万套超A级液晶显示器。总价值达18亿元人民币。一共将占去下半年几家液晶厂家在中国出口量的80%。
>
> 联想很早就想推出液晶一体机,做了很多技术准备,一直和液晶显示器厂家保持着良好的联系,能了解到最新的技术动态,能明白价格降到什么地步会有利润可赚,这十分重要。在第二年5月21日推出的液晶计算机中,液晶显示器换算出来的价格不到4000元,而当时的市场价是6000多元钱,一下子降低了近一半。联想敢如此杀价,就是因为当时与液晶供应商达成了默契:先把价格降下来,看市场反应,如果市场反应良好,对方就可以大批量地供货,联想也能在巨大的市场前景中从供应商那里换回来一个很好的价钱。
>
> 在推出液晶计算机之前,联想找到几百个用户做了市场调查,发现当液晶计算机降到4000元以下时,有20%~30%的用户表示不会再要传统的显示器,会加钱买液晶计算机。这个数字对液晶计算机来说已经非常大了,以前这个数字只有1%。
>
> 在很多人看来,联想在液晶计算机上的大张旗鼓是竞争对手迅速崛起的产物——PC领域里的"黑马"越来越多,采取的竞争策略也越来越理性,甚至会跑在联想之前扮演市场启动角色,比如,在"万元P4"一战中大出风头的TCL。尽管实际上很可能还是实力雄厚的联想坐享其成(有消息报道,国内P4计算机的出货量中,联想占了近70%),但在对手咄咄逼人的攻势面前,联想还是感到了压力。
>
> 6月22日~8月31日,联想在全国范围内推出主题为"联想1+1,奔腾4液晶计算机夏日优惠go!"的大型暑期促销活动,推出了三款在价位上和性能上极具竞争力的产品:8999元的天禧二5110P4计算机主打价格牌,力图成为市场主流;同禧520和未来先锋711都把诉求点聚集于液晶,市场反应强烈。

对于联想计算机的成功,我们可以用刺激—反应模式进行分析。消费者的购买行为实际是一种刺激—反应过程。这种刺激—反应间的关系可细分为内驱力、诱因、反应和强化四个步骤。

没有内驱力和诱因,就没有购买行为,更谈不上强化。在这个案例中,最主要的问题并不是购买力,而是缺乏刺激,很多消费者都没有为自己添置和更新计算机找到有足够说服力的理由。这才是联想最大的压力。而计算机市场迫切需要刺激,液晶计算机就起了这个作用,打破了原本一潭死水的市场,使得计算机市场反应强烈。

2. 恩格尔模式

这种模式是由美国教授恩格尔、科拉特、布莱克威尔提出的。这种模式强调购买者进行购买决策的过程。在这种模式里,消费者心理成为"中央控制器"。在"控制器"中,输入内容与"输入变量"相结合,便得出了"中央控制器"的输出结果——购买决定,由此完成一次购买行为。

恩格尔模式可以说是一个购买决策模式,它详细地表述了消费者的购买决策过程,强调了购买决策的系列化。

3. 维布雷宁模式

这种模式认为,消费者的购买行为通常受社会文化和亚文化的影响,消费者会遵从他所处的相关群体、社会阶层和家庭等特定的行为规范。

根据维布雷宁模式,文化和亚文化对消费者消费行为的影响是总体的和方向性的;除此之外,相关群体也影响着消费者对某种产品或品牌的态度,影响其消费内容和消费方式,从而影响消费者的购买行为。

4. 马歇尔模式

英国经济学家马歇尔认为,消费者都根据自己的需求偏好、产品的效用和相对价格决定自己的购买行为,也就是说,消费者的购买行为是理性的判断和经济的计算。

根据马歇尔模式,产品的价格越低,消费者的购买量就越大;边际效用递减,消费者购买行为减弱;消费者收入越高,购买量就越大;消费者购买额越大,购买行为越慎重。

这种模式侧重于对消费者购买行为的经济因素的研究,而忽视了其他因素。

3.3.2 消费者购买行为的过程与类型

1. 消费者购买行为的过程

消费者购买行为是消费者为了满足某种需求,在购买动机的驱使下进行的购买商品和劳务的活动过程。其主要经历以下 5 个过程。

（1）认识需要

消费者的购买行为源于购买动机，购买动机源于消费者的需要。因此，需要是消费者购买行为过程的起点。消费者对需要的认识取决于两方面，一方面是消费者内部的生理及心理缺乏状态，是由人体内在机能的感官所引发的；另一方面是外部环境的刺激。消费者在内外部刺激的共同作用下便产生了种种需要。

（2）信息收集

消费者的需要被唤起后，消费者就会主动、广泛地收集能够满足其需要的产品信息，以帮助自己做出决策。消费者的信息来源有以下4种。

① 经验来源：直接使用产品得到的信息。

② 个人来源：家庭成员、朋友、邻居、同事和其他熟人所提供的信息。

③ 公共来源：政府部门、新闻媒介等社会公众传播的信息。

④ 商业来源：营销企业提供的信息，如广告、展销会等。

（3）比较评价

消费者搜集到大量的信息后要对信息进行整理、分析和选择，以便做出购买决策。一般而言，消费者的评价涉及三个方面：产品属性、品牌信念以及其他选择因素。在这一阶段，消费者以自己的选择标准与商品进行对照。通常他们会选择符合他们要求或最接近标准牌号的商品。

（4）购买决策

消费者经过比较分析后会产生两种可能结果。一种是决定不买。由于经过比较分析，目前没有找到合适的产品，所以消费者决定不买。另一种是形成指向某品牌的购买意向。消费者经过选择比较后会形成对某品牌的偏好，从而形成购买意向。

（5）购后评价

消费者购买并使用产品后，根据自己的期望对产品做出评价，或通过与家庭成员、好友交流，验证自己所做出的购买决策是否正确，从而形成购后感受。若产品的效用符合或高于消费者对产品的原有期望，消费者就会感到满意；反之，消费者就会感到不满意。对所购产品感到失望的消费者不仅自己不会再去购买，还会竭力劝阻他人去购买。因此，购后评价不仅影响消费者自己能否重复购买，还会影响到他人的购买。

2. 消费者购买行为的类型

消费者购买行为可采用的分类标准有多种，每一种分类方法都从不同侧面反映了消费者购买行为的特点。

（1）根据消费者购买目标的确定程度划分

① 确定型。确定型指的是消费者在购买商品以前，已经有明确的购买目标，对商品的名称、型号、规格、颜色、式样、商标以及价格的幅度都有明确的要求。这类消费者进入商店以后，一般都是有目的地进行选择，主动提出所要购买的商品，并对所要购买的商品提出具体要求，当商品能满足其需要时，就会毫不犹豫地买下商品。

② 半确定型。半确定型指的是消费者在购买商品以前，已有大致的购买目标，但具体要求还不够明确，最后购买须经过选择比较才能完成。例如，购买空调是原本计划好的，但购买的牌子、规格、型号、式样等心中无数。这类消费者进入商店以后，一般要经过较长时间的分析、比较才能完成其购买行为。

③ 不确定型。不确定型指的是消费者在购买商品以前，没有明确或既定的购买目标。这类消费者进入商店主要是参观游览、休闲，漫无目标地观看商品或随便了解一些商品的销售情况，有时感到有兴趣或有合适的商品就会购买，有时则观后离开。

（2）根据消费者的购买态度划分

① 习惯型。习惯型是指消费者由于对某种商品或某家商店的信赖、偏爱而产生的经常、反复的购买行为。由于经常购买和使用，他们对这些商品十分熟悉，体验较深，再次购买时往往不再花费时间进行比较选择，注意力稳定、集中。

② 理智型。理智型是指消费者在每次购买前对所购的商品要进行较为仔细的研究比较。这类消费者购买时感情色彩较少、头脑冷静、行为慎重、主观性较强，不轻易相信广告、宣传、承诺、促销方式以及售货员的介绍，主要靠商品质量、款式。

③ 经济型。经济型是指消费者购买时特别注重价格，对于价格的反应特别灵敏。无论是高档商品还是中低档商品，购买时首要因素是价格，他们对"大甩卖"、"清仓"、"血本销售"等低价促销最感兴趣。一般来说，这与消费者自身的经济状况有关。

④ 冲动型。冲动型是指消费者容易受商品的外观、包装、商标或其他促销的刺激而产生购买行为。购买一般都是以直观感觉为主，从个人的兴趣或情绪出发，喜欢新奇、新颖、时尚的产品，购买时不愿做反复的选择比较。

⑤ 疑虑型。疑虑型是指消费者具有内倾性的心理特征，购买时小心谨慎和疑虑重重。购买一般缓慢、费时多。常常是"三思而后行"，常常会犹豫不决而中断购买，购买后还会怀疑是否上当受骗。

⑥ 从众型。从众型是指消费者易受众多人同一购买趋向的影响，对所要购买的商品不去分析、比较，只要众人购买，便认为一定不错，尽管所购的商品并非是自己急需的商品。

3.3.3 购买决策概述

1. 消费者购买决策的含义

决策是人们为了达到某一预定的目标在可供选择的若干个方案中选择最优方案的过程。决策包括以下几个方面的内容。

① 决策的目标要明确。

② 决策要有几种可供选择的方案。

③ 决策备选的各种方案的实施效果、盈利亏损要能够计算预测。

④ 决策中不确定因素对方案的影响程度要能用数字表达，一般用概率大小表述。

购买决策是指消费者作为决策主体，为了满足自己的需求，合理地支配有限的财力和精力，在购买过程中进行的评价、选择、判断、决定等一系列活动。

2．消费者购买决策的特点

（1）目的性

消费者进行决策，就是要促进一个或若干个消费目标的实现，这本身就带有目的性。在决策过程中，要围绕目标进行筹划、选择、安排，就是实现活动的目的性。

（2）过程性

消费者受到内、外部因素刺激，产生需求，形成购买动机，选择和实施购买方案，购后经验又会反馈回去影响下一次购买决策，这是一个完整的循环过程。

（3）复杂性

消费者购买决策的复杂性主要包括三个方面。

① 购买决策过程的复杂性。决策是人大脑复杂思维活动的产物。消费者在做决策时不仅要开展感觉、知觉、注意和记忆等一系列心理活动，还必须进行分析、推理、判断等一系列思维活动，并且要计算费用支出与可能带来的各种利益。因此，消费者的购买决策过程一般是比较复杂的。

② 购买决策内容的复杂性。消费者通过分析，确定在何时、何地、以何种方式和何种价格购买何种品牌的商品等一系列复杂的购买决策内容。

③ 购买决策影响因素的复杂性。消费者的购买决策受多方面因素的影响和制约，具体包括消费者个人的性格、气质、兴趣、生活习惯与收入水平等主体相关因素；消费者所处的空间环境、社会文化环境和经济环境等各种刺激因素，如产品本身的属性、价格、企业的信誉和服务水平以及各种促销形式等。这些因素之间存在着复杂的相互作用，它们对消费者的决策内容、方式及结果有不确定的影响。

（4）情景性

由于影响决策的各种因素不是一成不变的，而是随着时间、地点和环境的变化不断发生变化。因此，同一个消费者的消费决策具有明显的情景性，其具体决策方式因所处情景的不同而不同。由于不同消费者的收入水平、购买传统、消费心理和家庭环境等影响因素存在着差异性，因此，不同的消费者对于同一种商品的购买决策也可能存在着差异。

（5）购买决策主体的需求个性

购买商品行为是消费者主观需求、意愿的外在体现，受许多客观因素的影响。除集体消费之外，个体消费者的购买决策一般都是由消费者个人单独进行的。随着消费者支付水平的提高，购买行为中独立决策特点将越来越明显。

3．消费者购买决策的内容

消费者的购买决策是多种多样的。不同的消费者其购买决策会存在差异，即使是同一消费者在不同的条件下,其购买决策也会存在区别。一般而言,购买决策包括以下几方面的内容。

① 原因决策——为什么买(Why)。消费者购买产品的原因是多种多样的。即使对同一种商品,不同的消费者也会有不同的购买原因。例如,同样是购买一种保健品,有的人购买是为了保健身体,有的人购买是为了走亲访友,有的人购买是为了显示自己的生活品味和情趣等。

② 购买目标决策——买什么(What)。消费者购买某种商品的决策,要受该商品自身特性,包括产品的品牌、型号、价格、款式、颜色、包装、售后服务和保修承诺等因素的影响。符合消费者购买意愿的商品便会刺激消费者做出购买该商品的决策。

③ 购买方式决策——怎样买(How)。消费者在购买产品时要事先决定采用何种购买方式,是亲自到商店购买,还是邮购、网购或托人购买;是一次性付款,还是分期付款;是现金支付,还是信用卡支付等。

④ 购买时间决策——什么时候买(When)。购买时间的决策一般同消费者的职业和生活习惯密切相关。此外,商品的季节性和时令性也影响着购买时间。主要因素有消费者的闲暇时间、消费者的购买力、商家的促销活动、消费者需要的迫切性等。

⑤ 购买地点决策——在哪里买(Where)。消费者购买地点决策与消费者的购买动机相关。消费者是去大商场还是专卖店购买,是就近购买还是到商业区购买等购买地点的决策受到产品的性质,消费者居住的区域与商业网点设置是否一致,经营商店或单位的声誉、经营状况、售货方式、服务质量,以及购买地点的交通状况等众多因素的影响和制约。

⑥ 购买主体决策——由谁购买(Who)。消费者使用的商品并非都是自己亲自购买的。同样,消费者购买的商品并非都是自己使用的。因此,做出购买某商品的决定后,很自然要考虑由谁来购买的问题。

⑦ 购买数量决策——买多少(How much)。消费者在购买商品时还要解决购买数量的问题,是多买还是少买等。

3.3.4 购买决策过程

消费者购买决策过程是消费者在购买商品时所经历的过程。一般而言,消费者购买决策过程包括5个步骤,即确定需要、信息收集、方案评价、购买决策和购后行为。

1. 确定需要

在消费者购买决策过程中,首先要解决的是消费者对其需要的确认,并产生满足需要的动机。如果消费者由于缺乏某物品,或是对正在使用产品的服务不太满意,或是由于生活条件的变化产生了新的需要,或是由于广告的诱导等因素的影响,觉察到了需要的产生,这时只要条件允许,消费者就由此开始确认自己的需要,找出自己到底需要的是什么,需要解决什么问题,并设想结果是怎样的。当这种需要上升到某种程度时就成为一种动力,促使人们去购买某种物品来获得满足,这样购买过程就开始了。

2. 信息收集

消费者在确定了自己的需要之后,他们便开始广泛地寻找有关产品或服务的相关信息,以便找到满足自己消费需要的最佳目标对象。消费者的信息收集可以从内部、外部或内外部同时进行。内部信息收集主要是消费者根据自己的知识以及以往消费对某产品的经验,对记忆中原有信息进行回忆的过程。对于日常的习惯性购买和重复性购买行为而言,消费者只需要进行内部信息收集。

但是消费者内部的信息毕竟是非常有限的。对于许多复杂的、非习惯性和重复性的购买行为来说,仅用以前的消费经验进行内部信息的收集是远远不够的,还需要进行外部信息的收集。消费者外部信息可以是家庭、同事、朋友、熟人的口传信息,或是广告、推销员、经销商、产品包装、产品展销的广告信息,或是电视和报纸、杂志等大众宣传媒介上的信息,或是消费者协会、业务部门、政府主管部门的报告与公告等。

3. 方案评价

在经过大量的信息收集之后,消费者在方案评价阶段就会利用记忆里储存的和从外界信息源获得的信息来选择商品或服务。

在这一阶段,消费者会对几种可供选择的商品进行分析和综合评价,力求缩小可供选择的范围。消费者在进行评价时,一般分三个步骤进行:首先,全面了解商品的性能、质量、款式和品牌等,获得总体上的认识;其次,综合比较同类商品的优缺点;最后,根据自己的爱好和条件,确定自己的决策标准,以自己的标准对购买方案做出初步的衡量和评价。

在消费者对备选方案进行评估选择的过程中,有以下几点值得营销者注意。
① 产品性能是购买者所考虑的首要问题。
② 不同消费者对产品的各种性能给予的重视程度不同,或评估标准不同。
③ 多数消费者的评选过程是将实际产品同自己理想中的产品相比较。

4. 购买决策

消费者在信息收集和方案评价的基础上,最终做出一个购买决策,作为方案评价阶段的结果,此时消费者产生购买意图。

消费者购买决策同购买行为并不是一回事。在一般情况下,消费者会执行购买决策并付诸购买行为。但在消费者即将采购时,在购买意图到决定购买之间,还要受两个因素的影响。
① 他人的态度。他人的反对态度越强烈,或持反对态度者与购买者关系越密切,消费者修改购买意图的可能性就越大。
② 意外的情况。意外情况也将影响消费者的购买决策,如预期收入减少、意外失

业、商品意外涨价等，很可能会使消费者改变原有的购买意图。

5．购后行为

消费者在完成购买行动之后，就进入决策过程的购后行为过程。这一过程主要包括：
① 购后的满意程度。
② 购后的活动。

消费者购后的满意程度取决于消费者对产品的预期性能与产品使用中的实际性能之间的对比。购后的满意程度决定了消费者的购后活动，决定了消费者是否重复购买该产品，决定了消费者对该品牌的态度，并且还会影响其他消费者，形成连锁效应。

3.3.5 效用理论与消费者购买决策

1．效用理论分析

在经济学中，效用是用来衡量消费者从一组商品和服务中获得的幸福或者满足的尺度。有了这种衡量尺度，就可以在谈论效用的增加或者降低时有所参考，因此，在解释一种经济行为是否带来好处时就有了衡量标准。通俗地说，效用就是消费者的心理感受，消费某种物品实际上就是提供一种刺激，使人有一种满足的感受，或心理上有某种反应。因此，商品和服务效用的大小，实际上取决于人们消费商品和服务时的主观感受，并没有客观的、可以量化的标准。

2．边际效用与消费者购买决策

（1）边际效用递减规律

边际效用是指消费者每增加一个单位的商品消费量所能增加的满足程度。随着消费者购买某种商品数量的增加，消费者对该商品的需要强度与从该商品的消费中所得到的享受程度均呈递减规律。也就是说，商品的边际效用随其数量的增加而减少。这就是边际效用递减规律。

例如，当你口渴时，你需要喝水，你喝下的第一杯水是最解燃眉之急、最畅快的，第二杯水喝得也很畅快，第三杯水也还不错，第四杯水，第五杯水，第六杯水……但随着口渴程度的降低，你对下一杯水的渴望值也不断减少，当你喝到完全不渴的时候即为边际，这时候再喝下去甚至会感到不适（负效用）。喝水产生的总效用与边际效用见表3-1。

表3-1　总效用与边际效用表

杯数	总效用	边际效用	杯数	总效用	边际效用
1	40	40	4	85	10
2	60	20	5	90	5
3	75	15	6	90	0

随着消费量的增加，总效用在递增，而边际效用却在递减。假设消费者的消费量是 6 个单位，当消费量增至 6 个单位时，总效用达到最大值，而边际效用则降为零。如果再勉强消费第 7 个单位，边际效用会呈负值，总效用也会下降。

（2）边际效用递减的原因

① 心理或生理的解释。

效用是消费者的心理感受，消费某种物品实际上就是提供一种刺激，使人有一种满足的感受，或心理上有某种反应。消费某种物品时，开始的刺激一定较大，因而人的满足程度就高。但不断消费同一种物品，即同一种刺激不断反复时，人在心理上的兴奋程度或满足必然会减少。或者说，随着消费数量的增加，效用不断累积，新增加的消费所带来的效用增加却越来越微不足道。19 世纪的心理学家韦伯和费克纳通过心理实验验证了这一现象，并称之为韦伯—费克纳边际影响递减规律。这一规律也可以用来解释边际效用递减。

② 资源配置说。

设想每种物品都有几种用途，且可按重要性分成等级。消费者随着获得该物品数量的增加，会将其逐次用到次要的用途上。这本身就说明边际效用是递减的。比如，水按重要程度递减的顺序，分别有饮用、洗浴、洗衣和浇花等多种用途。水很少时，它被用于最重要的用途如饮用。随着得到水的量的增加，它会被逐次用到洗浴、洗衣、浇花等相对次要的用途上。这说明水的边际效用是递减的。

毋庸置疑，边际效用递减规律是客观存在的；而且，正是由于边际效用递减规律，才存在如何使稀缺资源实现合理配置的问题。边际效用递减规律可以作为解释消费者行为的基本规律。

③ 消费者需求与边际效用递减规律。

根据需求规律，商品的需求量与商品自身价格成反方向变化，即价格上升，需求量减少；价格下降，需求量增加。需求曲线从左上方向右下方倾斜。但并没有说明为什么需求量与价格成反方向变化，即没有说明需求规律存在的原因。关于这个问题，西方经济学家用边际效用递减规律来解释。

任何购买行为都是一种交换行为，消费者以货币交换所需求的商品。交换过程中，消费者支出的货币有一定的边际效用，所购买的商品也有一定的边际效用，消费者通常用货币的边际效用来计量物品的效用。由于单位货币的边际效用是递减的，因此，消费者愿意付出的货币量就表示买进商品的效用量，而消费者对两种商品所愿付出的价格的比率是由这两种商品的边际效用决定的，边际效用越大，愿支付的价格（需求价格）就越高；反之，边际效用越小，需求价格就越低。根据边际效用递减规律，既然边际效用越来越小，消费者对商品购买的量越多，所愿支付的价格就会越低。这样，消费者买进和消费的某种商品的量越多，他愿支付的价格即需求价格就越低；反过来说，价格越低，需求量越大。可见，一个消费者的实际需求价格反映了该商品的边际效用，而边际效用是随购买数量的增加而减少的，于是价格也就随着数量的增加而降低，或者需求量随价格的降低而增加。因此，需求曲线也就是边际效用曲线，它是从左上方向右下方倾斜的。

根据边际效用递减规律，企业在市场上所提供的商品和服务品种不能一成不变。当投入市场的产品与消费者的实际需求之间存在差异，并影响企业在市场上的经营效益时，企业就要及时进行产品更新。也就是说，任何一种产品，消费者在逐渐适应后就会慢慢产生边际效用递减现象，进而消费者会去寻找让他们感兴趣的新产品。营销人员必须及时制订自己的新产品方案以适应消费者的这一心理变化，引导消费，不断提高企业经济效益。

典型案例分析

中国绣花鞋

曾经有段时间，在美国西部的一些城市流行一种以中国绣花鞋作为生日礼物向女性长辈祝寿的活动。第一次用它做生日礼物的是一位名叫约翰·考必克的美国青年医师。当初，他在中国旅行，出于好奇的心理将绣花鞋带回国，分别在母亲 60 岁寿辰、姑母 70 岁寿辰、外婆 80 岁寿辰时，各献上一双精美、漂亮的中国绣花鞋作为祝寿的礼品。没想到这三位长辈穿上这珍贵的"生日鞋"时，都感到非常舒服和惬意，她们称赞约翰·考必克为她们送来的是"长寿鞋"、"防老鞋"、"防跌鞋"。

此事不胫而走，使得美国西部的人纷纷效仿，争相购买。于是，中国绣花鞋便神话般地成为当地市场的抢手货，绣花鞋上的花色图案，更是千姿百态，各显异彩。在美国西部，绣花鞋似乎可以献给每一个女性，一些很小的孩子也常常在长辈的教诲下，将绣花鞋献给年轻的女性长辈。有一位 6 岁的美国小女孩，在她 17 岁的未婚姑姑过生日时，送给姑姑一双绣花鞋，上面绣有 17 朵色彩不同的花。绣花鞋的特殊意义，由此可见一斑。

第 4 章 社会环境对消费者的影响

4.1 政治、经济环境与消费者心理

4.1.1 政治环境与消费者心理

1. 政治环境

政治环境是指一个国家的政治体制、国家体制、政治情况、政策法令、对外关系、外交政策、军事动向、选举情况和工人组织等。政治环境是影响产品能否进入目标市场的直接要素，各国政府都会出于其政治和经济的需要，从不同角度对企业进行限制，消费者也必然受政治环境的严重影响。

2. 政治环境对消费者心理的影响

政治环境不是一个单纯的政治概念，它涉及一个国家的政体、社会制度、政府更迭和社会稳定性等要素，这些基本要素从不同角度和不同方面对消费者行为产生作用。在一定的政治制度下，国家通过制定法律、政策来规范消费者的消费行为与市场经营行为。

在现代文明的政治环境中，人们的生活方式、消费观念与消费行为都有较大的自由度。我国支持并鼓励广大人民群众正常、科学、合理、健康的消费方式与消费行为，反对、限制、禁止某些不合理、不健康、违反社会道德标准与社会公众利益的消费方式与消费行为。某些国家允许生产与销售的商品在我国是不允许生产和销售的。例如，在美国，公民持有枪支不属违法行为，顾客可以到枪械商店购买枪支，而我国不允许私人购买和拥有武器。

一个国家的政治环境不稳定，如政党纷争剧烈，政府政策朝令夕改，社会动荡不安，人民群众就会产生各种疑虑和担心，对未来失去信心。体现在消费活动上，则表现为消费信心下降，未来预期悲观，抑制消费和谨慎消费成为主导性消费行为。例如，个人的投资理财行为受到政治上利空消息的影响，消费者会从金融市场上纷纷撤资，轻则导致股市、债市重跌，重则引发股市、债市的崩盘。

> **案例提示**
>
> **政局与消费**
>
> 受持续动荡的政局影响,泰国消费者的信心指数创全亚洲最低水平。
>
> 泰国的旅游资源丰富,历来以"微笑国度"闻名于世,各国游客云集,泰国的旅游业以其巨额的外汇收入在泰国经济中占有重要地位。但近年来,由于泰国政局不稳定,导致其旅游业已连续3年发展缓慢,特别是2008年以来,泰国政局紧张,一些国家的游客纷纷取消其旅游计划,一些会议、展览活动也随之延期,严重影响了赴泰国旅游的游客数量。

4.1.2 经济环境与消费者心理

1. 经济环境

在影响消费者心理的诸多外部环境因素中,经济因素是最主要的,它决定了一个国家和地区的消费品和民用必需品的消费水平,对消费者心理的发展、变化起着决定性的作用。从我国目前的情况来看,经济因素主要包括:经济发展水平、产业结构、对外开放程度、收入水平和经济体制等。

2. 经济环境对消费者心理的影响

(1) 经济发展水平的提高促进了消费者行为

社会经济发展水平影响消费品的供应数量和供应质量。在此基础上形成的消费者行为和心理也存在一定的差异。

当总体经济发展水平较低、消费品生产的更新换代周期较长、消费品的市场寿命周期相对较长时,市场供应量较少,消费者在消费品选择中的求新、求奇心理就会由于缺乏物质基础而被抑制,而较长时间被压抑后求新、求奇的心理活动就会逐渐弱化。比如,过去流行的所谓"新三年,旧三年,缝缝补补又三年"的观念,正是这种求新、求奇心理被弱化的反映。随着生产力水平的迅速发展,先进的生产技术广泛应用于各个领域,使新产品的更新换代速度大大加快,从而引发了消费者消费内容和消费方式的不断更新,使得人们的消费层次、消费情趣、消费的广度和深度都得到了发展。高效率和快节奏的现代生活以及各种社会潮流的信息,也在潜移默化地改变着人们的传统消费观念和消费心理,促进了人们消费观念的更新和消费心理的转换,影响人们的消费方式,使人们对消费的要求越来越高,求新、求实、求全等消费心理更加突出。

随着社会经济发展水平的提高,消费者的消费观念和行为正在发生转变。随着人类文明程度的提高,经济的发展将较少地依赖于自然资源的消耗性开采,而公众的可持续消费观念增强,使生态消费逐渐成为一种消费趋势。在个人消费方面,环保产品和绿色产品逐渐成为消费者的首选对象。

社会环境对消费者的影响 第4章

> **案例提示**
>
> **社会经济发展水平与消费者心理**
>
> 不同的社会经济发展水平,将会形成不同的生活环境,而不同的生活环境又会影响或形成不同的消费者心理。在城市中,由于人口的集中,对自然环境的干预越强烈,生活环境变化就越大,对消费者的心理影响也越大。其中,以城市人口结构变化速率及空间分布状况对消费者心理的影响最大。某些城市中的居民居住、办公都在高楼大厦里,而连接居住地和办公地的是城市道路交通系统。在这种状况下生活的城市消费者,往往会由于生活空间狭小、拥挤以及噪声、空气污染等引发所谓的"城市病",使消费者经常出现烦躁不安、精神厌倦、压抑等情绪。而大多数消费者为了适应这种生活环境而引发的野外郊游或重回大自然的心理愿望,直接导致了"假日经济"现象。在日常消费生活中,纯净水以及与纯净水有关的设备在大城市中相当火爆,消费者大量购买桶装纯净水或瓶装纯净水,各种空气清洁器、"氧吧"受到青睐。

(2)产业结构的调整改变了消费者心理

改革开放以来,经过三次产业结构的调整,第二、第三产业,特别是第三产业,占 GDP 的比重已大幅度提高。产业结构的调整,特别是提倡大力发展服务行业,对消费者的心理和行为产生了较大的影响,甚至改变了他们的消费方式。

由于经济的发展,人们的收入水平不断提高,开放意识逐渐增强,消费方式发生了巨大变化,由过去专注于产品本身质量等硬指标,发展到了对以各种形式提供的服务消费表现出强烈的社会化需求。节假日的增加,使文化、娱乐、教育、社交、旅游等的消费量激增,从而促使各种服务网点日益增多,服务设施不断完善,这些都为消费者增加社会服务消费创造了条件。消费者对各种服务的依赖程度越来越大。

(3)对外开放程度的提高拉近了消费者与国际之间的距离

对外开放政策对一个国家居民的生活和消费方式的改变有相当大的冲击力。随着我国对外开放的深入,人们的消费方式也呈现出全球化的趋势,不同生活方式正在逐步融合。发达国家和地区的消费方式、消费观念对我国的消费者心理有很大的影响。

从国外引进的大量产品,或合资、外资企业的产品对我国消费者的消费产生了非常大的影响。对外开放使大量的消费知识得到普及,每个人都不自觉地接受着各种各样的消费知识,从而使人们的消费观念、消费生活发生了深刻的变化。例如,从国外引进的书籍、报纸、杂志等不同程度地把外国的消费信息传递给国内的消费者,大大拓宽了国内消费者的视野;在消费过程中,人们正按照科学消费的原理,越来越注重环保消费、生态消费等。

(4)收入的提高增强了消费者的消费能力

收入水平有差别,则消费者在消费观念、审美标准、消费内容和方式上也存在明显差异。个人收入低、收入来源不稳定,其消费欲望也会降低,消费心理趋于保守,消费行为变得缩手缩脚,更加谨慎;而消费者个人收入提高时,其消费欲望也会随之增加,在消费时追求精神消费和服务消费,教育、文化、通信、保健、住宅等成为消费热点,追求时尚化与个性化日趋明显。居民消费水平的不断提升,得益于持续稳健的经济增长,而持续的经济增长又必将带动居民收入和消费水平进一步提高。例如,在我国,一些私营企业的大老板和高收入的白领阶层多拥有别墅,住宅区环境幽雅,室内装修豪华,家具和服装讲究名牌,拥有高档豪华轿车或者跑车;中层消费者住宅条件也较为不错,但他们中一部分人对内部装修不是特别讲究,服装、家具不少,但高档的不多,一般拥有家庭轿车;而打工族等低收入消费者的住宅环境较差,在服装与家具上投资较少,更谈不上购买家庭轿车。

（5）经济体制的变化促进了消费观念的转变

计划经济体制下,我国实行的是低工资下的福利型消费体制,城镇居民的住房、医疗、教育、能源等都由政府补贴和直接分配,不进入个人消费。国家的消费政策也一直奉行"高积累、低消费"的方针。由于商品短缺型的卖方市场居于主导地位,消费者长期限于被动、无选择的消费方式,消费观念一直停留在初级层次,如奉行个人消费靠国家计划、调控的观念,明天的钱今天不能花的观念,重生产轻消费、把生产与消费对立起来的观念,重商品所有权、轻商品使用权的观念,重实物消费、轻服务（精神）消费的观念,把鼓励合理消费与发扬艰苦奋斗精神对立起来的观念,等等。

市场经济体制下,住房制度改革、医疗制度改革、职工养老保险制度改革、失业保险制度改革和教育制度改革等措施先后出台,消费者对保健品、教育、房屋的投资逐年增长。当国际经济危机袭来时,政府出台了一系列刺激消费、扩大内需的政策和措施,积极引导消费者转变观念,培养科学、合理的消费方式,逐步完善以个人消费为主体的消费体系。消费政策的调整,有效地促进了消费需求的缓慢扩张,消费者信心和购买欲望逐渐增强。

总之,影响消费者心理的经济因素是复杂的、多方面的,既有促进消费的一面,也有抑制消费的一面。企业在进行营销决策时,应充分考虑各种因素的影响,有针对性地进行营销活动。

4.2 文化环境对消费者心理的影响

在影响消费者心理与行为的各种社会环境因素中,社会文化环境起着非常重要的作用。每个消费者都是在一定的社会文化环境中出生,并在一定的社会文化环境中成长的,他的思想意识必然受到这些文化环境的深刻影响。因此,在现实生活中,一些企业由于理解和顺应了消费者的文化环境特性而获得成功,也有一些企业由于低估了文化环境因素的影响力而导致失败。因此,必须对社会文化环境的影响作用予以高度的重视。

4.2.1 社会文化的概念和特征

1. 社会文化的概念

了解文化应当从人类学的观点出发。每一个民族、每一个社会都有自己的文化。文化是一个外延较广的概念。在日常生活中，人们对文化的理解，就是要"学文化、讲文明"、"提高文化素养"等，因此，这里的文化通常指的是知识水平。对学科而言，文化有广义和狭义之分，广义的文化与文明同义，是指人类在社会历史发展过程中所创造的物质财富和精神财富的总和，包括艺术、宗教、信仰、道德、心理等传统。狭义的文化是指人类在社会历史发展过程中逐渐形成、经过演变和丰富的风俗习惯、价值观念、行为准则、道德观念以及伦理标准等非法律政治的社会共识，即是一种观念形态的文化。消费心理学所关注的文化是狭义的文化。文化使人们建立起一种适合本民族、本地区、本阶层的是非观念，从而影响消费者行为。

> **案例提示**
>
> **社会文化无好坏**
>
> 社会文化只有差异，没有好坏之分。
>
> 社会文化的好与坏是无法做出价值判断的，文化不存在是非问题，只存在差异问题。不同国家或不同地区的人们都对本国或本地区文化怀有一种强烈的情感，都把本国或本地区文化看做最佳文化，对外国文化的奇特之处常常会觉得滑稽可笑。例如，中国人会跟美国人讲"狗的笑话"，这反映了中国人将狗视做食物而美国人将狗视做宠物这两种文化间的差异，这种差异往往会引起对方的惊奇。同样，中国人也会对法国人将狗带进高级饭馆，享受美食的做法感到惊奇。

2. 社会文化的特征

在人类社会的历史进程中，虽然不同国家或民族都有自己独特的社会文化，但从整体上来看，各种形态的社会文化又有某些共性。把握这些共性，有助于了解社会文化对消费者的影响和作用方式。

（1）共有性

文化是人类在社会进程中，与客观世界相互作用的产物。文化既反映人类行为与客观世界的趋同，也反映人类对客观世界的改造。因此，它被全体成员所共有，并对社会中每个成员都产生深刻的影响，使其心理倾向和行为方式表现出某些共同特征。就消费活动而言，它有利于一定社会中的消费者产生共同的消费偏好，促使消费者的消费行为趋于一致，从而为企业采取有针对性的营销策略奠定了基础。

（2）差异性

每个国家、地区和民族都有不同的文化，即使同一个国家、地区和民族的内部，仍然存在许多文化差异，即有自己独特的风俗习惯、生活方式、伦理道德、价值标准和宗教信仰等，这些方面的不同构成了不同社会文化的差异。文化的差异性要求企业在选定目标市场之前要根据消费者需求的差异性进行市场细分，采取差异性的营销策略，以便满足不同消费者的需要。人类的文化为他们提供了价值和行为模式，以帮助他们有效地适应周围环境。反映在购买动机上，一般地说，文化程度越高，理智程度就越高，对商品品格和文化娱乐的要求也越高，特殊的需求也越多，如高档乐器、高级艺术品、古玩等。

> **案例提示**
>
> **民族节日**
>
> 各民族有自己的节日和庆祝节日的不同方式。在我国，每年除夕有放烟火的习俗，这表现了人们对新一年美好的向往；德国、巴西等国在每年3月的第三周，有载歌载舞地进行狂欢活动的习俗，即"狂欢节"。我国的傣族要过泼水节，瑞士的农民要过"葡萄丰收节"，丹麦的渔民则要过"捕豚节"等。

（3）发展性

随着社会的发展，文化也在不断发展之中。与之相适应，人们的价值观念、生活方式、消费水平和消费方式等也在不断发展变化。消费品市场是反映社会文化的前沿，社会主文化的发展变化常常导致某种流行时尚的改变。社会文化的发展性也成为市场需求变化的重要基础，它要求市场营销人员敏锐观察并及时发现文化发展变化的趋势，及时开发并向市场提供能满足这些变化需求的各类产品。

4.2.2 社会文化与消费行为

我们每个人都生存于一定的文化环境之中，文化是人类需要和消费行为最基本的决定因素。每个社会都有其特有的文化，各个国家由于历史、地理、民族以及物质生活方式等方面的差异，也有各自独特的文化。特定的文化必然对本社会的每个成员产生直接或间接的影响，从而使社会成员在价值观念、生活方式和风俗习惯等方面带有该文化的深刻印迹。

> **名词提示**
>
> **M·洛基奇的价值观量表**
>
> 从心理学角度出发，M·洛基奇认为价值观是指导行为和进行判断的最核心、最持久的信念，价值作为一种行为标准，告诉人们该怎样做，或者该持什么样的态度，如崇尚什么、鄙视什么。人们可以有多种态度，但却只能有一种价值观。
>
> M·洛基奇的价值观量表见表4-1。
>
> 对该价值观量表的研究表明，价值观对消费者行为有着明显的影响。目的性价值观会影响消费者对商品的倾向态度，而操作性价值观则制约消费者的具体购买行为，并且这种影响和制约是根本性和持久性的。从具体的价值取向上看，每一种不同的价值观都会形成相应的消费观念，并最终指导消费者的购买行为。

表 4-1　M·洛基奇的价值观量表

目的性价值观	操作性价值观
一种舒适的生活（一种富裕的生活）	雄心（辛勤工作、鼓舞人心）
一种激动人心的生活（刺激、有活力）	宽宏大量
成就感（长久的贡献）	能力
平静的世界（避免战争和艺术）	高兴
美丽的世界	干净、整洁
平等（兄弟般的关系、平等的机会）	勇气（坚持自己的信念）
家庭安全（彼此相爱）	仁慈（愿意原谅别人）
自由（独立、自由选择）	助人为乐
幸福（满意）	诚实
内在的协调（避免内部矛盾）	想象力（大胆、有创造性）
成熟的爱	独立（自我依靠、自我满足）
国家安全（保护、避免被侵略）	知识（智慧、反应快）
享受（一种高兴、享受的生活）	逻辑性（一致、合理）
救助	爱心（情感细致）
自我尊重	服从（有责任感）
社会认知（受尊重）	礼貌（有教养、有风度）
真正的友谊（亲密的同伴关系）	责任心
智慧（对生活成熟的理解）	自我控制（自我约束）

1. 文化对个人的影响

文化对个人的影响主要表现为文化给人们提供了看待事物、解决问题的基本观点、标准和方法，如在不同场合应该做什么、不应该做什么、怎样做等。20 世纪 80 年代初，上海组建了我国第一支女子时装表演队，要求姑娘们穿齐肩无袖的时装，表演时需要做大量的说服工作，为此还令姑娘的家长们不快。而如今在春夏季节，大街上姑娘们穿吊带衫、露脐衫随处可见，不足为奇。通常，社会结构越单一，文化对个人思想与行为的制约作用就越明显。

| 案例提示 |

康贝尔汤料公司

康贝尔汤料公司向英国市场推出一种浓缩汤料，价格极具竞争力。该公司起初通过市场预测，确信产品会受到英国人的欢迎，然而销售情况却很不理想。经调查发现，虽然英国人经常购买罐头汤汁，却不喜欢浓缩后的产品。在英国顾客看来，花同样的价钱只能买回一半的汤料并不划算。无奈之下，公司只能将浓缩汤料恢复成普通汤料销售，同时通过进一步宣传，使顾客了解浓缩汤料的特点。经过多年努力，浓缩汤料才有了一定的市场。

2. 文化规范群体成员的行为

文化对行为的约束就叫做规范。社会规范以成文或不成文的形式通过各种途径，如道德标准、制度规则、组织纪律和群体规范等作用于个人，规定并制约着人的社会行为。一个人如果遵循了本文化的各种规范，就会受到社会的赞赏和鼓励；反之，就会受到否定或惩罚，包括温和的社会非难、歧视、谴责和极端的惩治手段等。文化对人的影响往往是无形的、潜移默化的。有许多影响，人们往往感觉不到或者没有特别意识到，而思想行为不知不觉地受到文化的制约。只有当一个人处于一种与其本身完全不同的文化环境之中时，他才能体验到自身与新的文化环境方面的差异。俗话说"入乡随俗"，就是这个道理。

3. 文化对消费活动的影响

文化对消费活动的影响主要表现为在特定的文化环境下，消费者之间通过相互认同、模仿、感染、追随和从众等方式，形成共有的生活方式、消费习俗、消费观念、态度倾向和偏好禁忌等。

4. 文化对营销活动的影响

企业在对外来产品进行营销策划时，要认真地将产品名称、标语等翻译成当地语言，同时也要了解当地的文化，以免传递错误的信息或弄巧成拙。

> **案例提示**
>
> **文化与营销活动**
>
> 当营销人员将信息传递给西班牙语的消费者时，通用汽车公司后悔不迭：Nova（一种经济型轿车）的西班牙语字面意思是"不能走"。宝洁公司为"佳美"牌香皂所做的广告中，男人当面赞赏女人的美貌，这一广告在很多国家获得了成功，然而在日本，该广告则不尽如人意，原因是日本男女之间的交往是非常含蓄的。因此，随着越来越多的企业不断地扩展全球业务，了解各国文化就显得更为重要。

4.2.3 亚文化与消费行为

1. 亚文化的概念

亚文化是社会文化的细分和组成部分，每一种文化都包含能为其成员提供更为具体的认同感和社会化的较小的亚文化。

亚文化是指某一文化群体所属次级群体的成员所共有的、独特的价值观念、生活方式和行为规范。亚文化的形成主要是由于某些社会成员在民族、地域、职业、年龄、性别、教育程度和宗教信仰等方面有共同特性，从而形成亚文化群体。同一亚文化群体中的人具有某些共同的信仰、价值观、爱好和行为。因此，根据各亚文化群体所表现出来的不同需求和消费行为，营销人员可以选择相应的亚文化群体作为自己的目标市场。

2. 亚文化的分类及其对消费行为的影响

亚文化有不同的分类方法。最具代表性的是美国 Y·S·罗伯逊提出的按人种、年龄、生态学、宗教划分亚文化的分类法。目前，国内外营销学者普遍接受的是按民族、宗教、种族和地理划分亚文化的分类法。亚文化既有与社会一致的共同之处，又有其自身的特殊性，由于每个社会成员都归属于一定的群体，因此亚文化对人们心理和行为的影响更为直接和具体。这一影响在消费行为中表现得尤其明显。

（1）民族亚文化

民族是指历史上形成的，处于不同社会发展阶段的各种人的共同体。同一民族的群体成员具有共同的语言、集聚地域，共同的经济生活及其表现于共同文化下的共同心理素质与行为特征。几乎每个国家都由不同民族构成。不同的民族，都会有其独特的风俗习惯和文化传统。我国的 56 个民族仍保留着本民族的语言、文字和生活方式等。许多民族都有自己独特的消费习俗、偏好禁忌。当然，民族亚文化和主文化并不是泾渭分明的，而是彼此交融的。中华民族的文化传统就是 56 个民族亚文化交融的结果。

（2）宗教亚文化

不同的宗教群体，具有不同的文化倾向、习俗和禁忌。例如，我国有佛教、道教、伊斯兰教、天主教和基督教等，这些宗教的信仰者都有各自的信仰、生活方式和消费习惯。例如，伊斯兰教徒是禁酒的，印度教徒、佛教徒是素食主义者。

宗教因素对于企业营销有着重要意义。宗教可能意味着禁用一些产品，虽然这种禁忌限制了一部分产品的需求，但往往又会促进替代产品的需求。例如，伊斯兰教对含酒精饮料的禁忌使碳酸饮料和水果饮料成了畅销品，牛奶制品在印度教徒、佛教徒中很受欢迎。宗教也可能意味着与一定宗教节假日相联系的高消费期（基督教的圣诞节）。对企业来说，宗教节假日是销售商品的良好时机，伴随一个重要节假日，往往是一个销售旺季。

（3）种族亚文化

种族是同一起源并在体质形态上具有某些共同遗传特征的人群。这些特征是在一定的地域内长期适应自然环境而形成的。不同的种族也会反映出消费行为的差异。白种人、黄种人和黑种人都各有其独特的文化传统、文化风格和态度。例如，美国黑种人在衣服、个人服务和家具上的支出比例比美国白种人要均匀得多。白种人在医疗服务、食物和交通上的花费更多。黑种人购买的相册数量是白种人的两倍，对梅子汁、大米、软饮料和速食土豆的消费量也要高得多。

（4）地理亚文化

地理亚文化是因自然地理环境的影响而造成的，与气候条件和地理条件有关。俗话说"千里不同风，万里不同俗"，不同的地域由于自然环境、经济发展水平和历史的不同，人们的生活方式和消费习惯也会有所不同。例如，我国闻名的川菜、鲁菜、京菜等八大菜系，皆风格各异，自成一派，就是因地理位置不同而形成的。此外，我国北方地区和南方地区就分属于两个不同的亚文化群体，由于地理位置、气候条件的差异，北方人和南方人在饮食、穿着和性格上都有所不同。如在性格上，北方人多豪爽，而南方人多细腻；在饮食方面，北方人由于气候寒冷，有冬天吃酸菜和火锅的习惯，几乎家家都备有火锅、砂锅，而南方人由于气候炎热，养成了吃泡菜、熏肉、腊肠的习惯，云南、贵州、重庆、四川地区的人由于气候潮湿而喜食辣椒等；在穿着方面，云贵高原的藏民为防止紫外线辐射一年四季穿很厚的袍子。

> **名词提示**
>
> ### 亚文化
>
> 1. 年龄亚文化
>
> 不同年龄的人往往分属于不同的群体，有不同的价值观念和消费习惯。如老年亚文化群体比较保守和自信，习惯于购买熟悉的商品，求实求利动机较强；青年亚文化群体容易接受新生事物，富于创造性和进取精神，他们追求新奇和时尚，追逐潮流，乐于尝试，易产生诱发性和冲动性购买。
>
> 2. 性别亚文化
>
> 不同性别的文化群体有着截然不同的消费心理和消费行为。一般来说，女性消费者对价格的敏感程度远远高于男性消费者；而在购买方式上，女性消费者通常有足够的耐心与细致，但同时又缺乏决断性；另外，女性消费者对时尚的敏感程度往往远高于男性，女性消费者通常比较重视商品的外观，而男性消费者则比较重视商品的性能和品质。
>
> 3. 职业亚文化
>
> 职业亚文化是指不同的职业群体所特有的文化。不同的职业群体有专门的职业术语、职业道德和职业习惯等，形成了不同的职业亚文化。在不同职业亚文化中的消费者有不同的消费心理和行为，而且在着装、言谈举止、生活方式等方面会有较明显的区别。
>
> （1）农民的消费心理
>
> 我国农民受传统消费习惯的影响，加之长期经济收入增长偏低，其消费能力相对较弱，消费观念偏于节俭、滞后，常以勤俭持家、精打细算的消费方式为主。随着经济的发展，农民的消费观念有了很大变化，消费心理也由保守型向开放型转化，他们开始进入高水准消费的行列。高级别墅、高档家用电器、摩托车、轿车也正为部分富裕的农民所拥有。
>
> （2）工人的消费心理
>
> 工人的消费心理有两种情况，大部分在职工人有固定的薪金收入，虽然高低有差距，但收入与支出总体上能保持平衡并有不同程度的结余，通常能做到在消费时量入

为出。另一部分是下岗（失业）工人，由于失去工作，仅依靠下岗后的最低生活保障金维持生活，他们的购买能力很低，不得不尽可能地压缩消费，消费能力低。尽管政府与社会各方面为再就业工程做了不少实事，为一些下岗职工找到了新的工作岗位，但是仍存在一定的失业率，如何适当提高这部分人的购买力，改善他们的生活待遇，也是一项十分重要的工作。

（3）知识分子的消费心理

通常知识分子受教育程度高，有较多的文化知识与专业技能。大部分人在科研、教育、医疗、工程技术、管理或政府机关等岗位工作，他们的收入基本稳定，其购买力大大超过了工人和农民。他们购买与使用商品的主要标准是要求商品与自己的身份相符，能显示出自己具有一定的文化知识和修养。如教师往往受工作性质和群体内其他成员的影响，对服饰的要求是大方、文雅。这类消费者选购商品的标准往往是艺术性和实用性，并对商品的整体协调性要求较高。同时，他们对名牌商品情有独钟。

消费者行为不仅带有某一社会文化的基本特征，同时还带有所属亚文化群的特有特性。与社会文化相比，亚文化往往更易于识别、界定和描述。因此，研究亚文化的差异可以为企业提供市场细分的依据，使企业正确区分和选择亚文化群体，从而更好地满足目标消费者的需要。

4.3 社会群体对消费者心理的影响

现实生活中，凡是具有同一特征的人在心理特征、社会活动行为及习惯等方面都有许多共同之处。因此，研究社会群体的心理特点，了解不同社会群体的划分及相应的行为特征，有利于企业找到自己的目标市场，从而制定出正确、有效的市场营销策略。

4.3.1 社会群体的含义及分类

1. 社会群体的含义

社会群体的含义有广义与狭义之分。广义的社会群体是指一切通过持续的社会互动或社会关系结合起来进行共同活动、有着共同利益的人群的集合体。狭义的社会群体是指由持续的直接交往联系起来的具有共同利益的人群。

> **名词提示**
>
> **社会群体的特征**
>
> 无论是广义的还是狭义的社会群体，都具有以下特征。
> ① 群体由一定数量的成员组成。

② 群体成员须以一定纽带联系起来，成员之间有明确、持续的心理上或行为上的相互关系。如以血缘为纽带组成了氏族和家庭，以地缘为纽带组成了邻里群体，以业缘为纽带组成了职业群体。

③ 成员之间有共同目标和持续的相互交往。公共汽车里的乘客、电影院里的观众都不能被称为群体，因为他们只是偶然和临时性地聚集在一起，缺乏持续的相互交往。

④ 群体成员有一致的群体意识和规范。

⑤ 群体存在某种整体观念和隶属观念。

⑥ 不同社会群体有其自身的行为规范。

群体规模可以比较大，如几十人组成的班级；也可以比较小，如经常一起逛街购物的几个好朋友。群体既为个体的社会化提供了场所和手段，又为个体的各种社会需要的满足提供了条件和保障。离开大家庭、邻里、朋友和其他各种类型的群体，人的很多需要都无法得到满足，人的社会化也无从谈起。

2. 社会群体的分类

社会群体可以采用多种标准加以划分，划分标准不同，社会群体的类型也不同。通常按以下几种方式分类。

（1）正式群体和非正式群体

正式群体是指有明确的组织目标、正式的组织结构，其成员有具体的角色规定的群体，如一个单位的基层党组织、大学里的教研室、工厂里的新产品开发小组等。非正式群体是指人们在交往过程中，由于共同的兴趣、爱好和看法而自发形成的结构松散群体。一般是为了完成某项任务或参加某种志趣相投的活动而组成的临时性团体，如旅游团。它一般不会给成员带来长久稳定的影响。从消费者心理的角度看，非正式群体可以加强或减弱其成员的原有观念，特别是对成员易产生突发式影响，如某人并不爱好旅游活动，在一次被动参加旅游团出游之后，与其他成员相处和睦，结交了许多新朋友，体验到了旅游的快乐，从而对旅游产生了兴趣。

> **案例提示**
>
> **滑雪俱乐部**
>
> 滑雪俱乐部的成员要购买滑雪服、滑雪鞋和许多其他滑雪用品。在购买这些产品时，成员之间会相互影响。生产、销售滑雪用品和提供相关服务的企业，自然应密切注意俱乐部的动态，并研究如何通过俱乐部或俱乐部内某些重要人物的消费行为影响其他成员。

非正式群体可以在正式群体之内，也可以在正式群体之外，或者跨几个群体，其成员的联系和交往比较松散、自由。由于非正式群体没有严格的组织与制度约束，容易形成宽松、自由的信息交流环境，因此，它对消费者行为的影响往往比正式群体更大。

（2）自觉群体与回避群体

自觉群体是指根据成员的年龄、性别、民族、地域、职业或婚姻状况等社会自然因素划分的群体。这种群体最初是自我意识的一种反映，之后有些发展为固定组织、正式团体，如老年人协会、老年人俱乐部、××同学会、××同乡会等。自觉群体能增强消费者的趋同心理和从众心理，促进消费者行为的规范化和统一化。

回避群体是指某些人为极力避免与自己不相符合、不想成为某种群体成员而形成的群体，它一般以年龄、性别、地域、职业等社会与自然因素作为回避对象。这种群体也是消费者自我意识的一种反映，它对消费者的心理与行为具有重要影响。例如，抗癌俱乐部，未得癌症的人都不愿意成为这个群体的成员；有些消费者尽力打扮自己，以显示其年轻；许多姑娘不愿穿旗袍，因为社会舆论把它作为已婚女子的标志；同样的饮料，喝罐装的被认为是有气派的，而喝软包装或瓶装的则被认为是低档的，等等。

（3）所属群体与参照群体

所属群体是指一个人实际参加或归属的群体，这个群体既可以是正式群体，也可以是非正式群体。

所属群体的构成

所属群体的构成大致有两种情形：一种是由具有共同的或相似的信念、价值观和审美观的个体所构成的群体，另一种是由于各种社会因素和自然因素的制约所形成的群体。前者是个体的自愿结合，后者则往往不以个人意志为转移。所属群体对消费者的影响是直接的、显性的、稳定的。例如，60岁以上的老年人，不论其自身的心理状态如何，年龄因素使其自然成为老年人群体中的一员；出生在上海的人，不论其各方面的状况如何，地域因素使其自然成为上海人群体中的一员。在现实生活中，家庭是最基本、最重要的所属群体，学校、工厂、机关等均是重要的所属群体。

参照群体是指个体内心向往的群体，它对消费者的价值观和消费行为有明显的影响。群体的标准和规范是个体的行动指南，是个体希望努力达到的目标，个体会把自己的行为与这种群体的标准进行对照，以改变自己不符合该标准的某些行为。美国心理学家米德认为，这种群体的标准会成为个人的"内在中心"。例如，争取入党的人把成为中国共产党党员作为自己努力达到的目标。一般消费者心目中的参照群体多为比自身更高的社会阶层或具有消费者所向往的消费方式的各类群体。

所属群体与参照群体对消费者心理的影响

所属群体与参照群体对消费者心理与行为具有不同的影响。

① 参照群体比所属群体更具吸引力。消费者自身的行为与自己所属群体的行为规范是一致的，是一种自觉的行为，自觉的行为对消费者不再具有更多的吸引力，而参照群体的行为对激发消费者的联想、引导和改变消费者的某些行为更具吸引力。

② 对消费者个体来说，参照群体是可以改变的，而所属群体则是相对稳定的。随着时代的发展与变迁，消费者个体的参照群体并不是一成不变的。当消费者自身观念改变或不同参照群体对消费者影响程度发生变化时，消费者总是选择对自己更有吸引力的参照群体。而消费者个体的所属群体在一般情况下是不会变化的，它对消费者始终具有稳定、直接的影响和约束力。

4.3.2 社会群体与消费心理

消费者心理受社会群体各种因素的影响，这些因素包括社会阶层、家庭和相关群体。

1. 社会阶层与消费心理

（1）社会阶层的含义

人类社会中存在着社会层次，每个社会成员都有自己所属的社会层次。社会阶层是指人们在社会生活中因某些共同或比较一致的特征而组成的社会集团，它以一种等级结构呈现出来。

社会阶层通常以地位的高低进行排列，如政府公务员、教师、医生、律师和会计师等受过良好教育或享有更多职业声望的人要比农民、工人等更受社会尊重。因此，对大多数人来说，社会阶层分类意味着其他人与自己相比较，要么是平等的，要么是高于或低于自己。对于企业来说，在开展市场营销活动时针对不同社会阶层的消费者应采取不同的营销策略。

十大社会阶层与五个社会等级

由陆学艺教授担任组长的中国社会科学院的重大研究项目——《当代中国社会阶层研究》课题，经过数十位社会学专家三年的调查研究，于2001年底公布了研究成果。

专家们通过大量翔实的调查数据，以职业分类为基础，以资源（包括经济资源、文化资源和组织资源）的占有状况为标准，划分出了十大社会阶层：

① 国家与社会管理阶层。

② 经理人员阶层。

③ 私营企业主阶层。

④ 专业技术人员阶层。

⑤ 办事人员阶层。

⑥ 个体工商户阶层。

⑦ 商业服务业员工阶层。

⑧ 产业工人阶层。

⑨ 农业劳动者阶层。

⑩ 城乡无业、失业、半失业阶层。

他们又分属五个社会等级：

① 社会上层——高层领导干部、大企业经理人员、高级专业人员及大私营企业主。

② 中上层——中低层领导干部、大企业中层领导人员、中小企业经理人员、中级专业技术人员及中等企业主。

③ 中中层——初级专业技术人员、小企业主、办事人员、个体工商户。

④ 中下层——个体劳动者、一般商业服务人员、工人、农民。

⑤ 底层——生活处于贫困状态并缺乏就业保障的工人、农民和无业、失业、半失业者。

研究指出，凡是现代化国家所具备的社会阶层现在都已在我国出现。今后，中国社会阶层结构在构成成分上不会有大的变化，发生变化的将是各阶层的规模。传统的社会阶层结构是顶尖底宽的"金字塔结构"，而现代社会阶层结构是两头小中间大的"橄榄型结构"。中国当前的社会阶层结构还只是"洋葱头型"，并没有形成成熟的"橄榄型"。例如，深圳这样经济发达的城市，其社会阶层结构最接近"橄榄型"。在这类城市中，中间阶层比其他城市壮大。中间阶层职业稳定，收入较高，消费能力较强，是社会稳定、市场繁荣的重要基础。

（2）社会阶层因素对消费心理的影响

消费心理与行为的群体差异在某种意义上可以说源于不同的社会阶层。社会阶层因素对消费心理的影响表现如下。

① 同一社会阶层的消费者心理具有相似性。同一个社会阶层的消费者，不论在价值观念、自我认知、对商品广告的反应等方面都表现出相似的心理趋势。低等级阶层的消费者一般都存在一种想要立刻获得和立刻满足的消费心理，通常光顾大众式的消费场合，讲求实惠，消费决策的时间较长；中等阶层的消费者则有较强的社会同调性，同一阶层内的消费者之间彼此影响较大，趋同心理突出，注重对产品的选择；高等级阶层的消费者则较注重成就感，看重具有象征意义的产品和属于精神享受的服务，价格心理和实惠心理比较淡薄，重视物质和精神享受。

② 同一社会阶层的消费者心理具有差异性。就经济而言，同一社会阶层的消费者在收入方面的差别不是很大，但他们对储蓄与消费关系的态度、消费偏好、购买行为方面可能相差很大。

③ 不同社会阶层消费者心理的差异性。不同社会阶层的消费者在心理上表现出很大的差异性。例如，自认为是上等阶层的消费者，无论自己是否喜欢，都倾向于打高尔夫球、钓鱼等休闲活动，以符合其上层身份；而中下层的消费者一般不会有上述心理。

④ 相邻的社会阶层消费者之间在消费心理上又有一定的趋同性。例如，中上等阶层的消费者和高等阶层的消费者在消费心理上具有相似性，低等阶层的消费者和中下等阶层的消费者在消费者心理上可能相差不远。处于阶层临界点上的消费者可能出现趋同、

攀比的消费心理。

从我国目前的情况看，阶层消费已悄然兴起；中间阶层正逐渐崛起，成为一个稳定的社会购买力群体。

2. 家庭与消费心理

家庭是指以婚姻、血缘和有继承关系的成员为基础组成的一种社会生活组织形式。它是社会结构的基本单位，也是消费者参与的第一个重要的社会群体。据统计，大约有80%的购买决策与购买行为是由家庭控制和实施的，而且直接制约着消费支出的投向、购买决策的制定和实施。

在家庭经济生活中，消费占极其重要的地位。家庭的消费活动不仅包括家庭成员共同的消费活动，同时也包括家庭中个别成员即每一位消费者的消费活动。

（1）家庭消费的特征

① 家庭消费的阶段性。家庭作为社会细胞，有其自身发生、发展、成长、消亡的过程。这个过程被称为家庭寿命周期，也称家庭周期，即一个家庭由组建开始直至解体、消亡的全部过程。消费者在其家庭所处的不同时期，购买心理与购买行为有着明显的差异。这种由于家庭寿命周期所引起的家庭消费以时间为序、有规律的变化，称为家庭消费的阶段性特征。首先，新婚燕尔，组建家庭，多表现为家庭发展和为夫妻自身购买的行为和心理。其次，宝宝降生，家庭发展，表现为消费重心由夫妻向子女转移、以子女为中心的消费行为和心理。以子女为中心的消费行为在传统的中国家庭可能持续到这个家庭的解体、消失，也可能持续到子女独立成家以后。最后，老年夫妻的晚年生活，表现为继续为子女或隔代人服务或以闲暇为主的消费生活。

② 家庭消费的相对稳定性。家庭消费的相对稳定性是指我国大多数家庭的收入一般是相对固定的，而日常消费支出及其他各项支出间的比例关系也是相对稳定、均衡的。同时，我国传统道德观念使大多数家庭能够维系一种紧密、融洽、安定的家庭婚姻关系，社会政治、经济、法律等环境都促成家庭关系的稳定，也促成家庭消费的相对稳定。

③ 家庭消费的遗传性。家庭消费的遗传性是指由于每一个家庭都属于某一民族文化、社会阶层或宗教信仰，并受一定的经济条件、职业性质和教育程度的制约，由此形成自身的家庭消费特色、消费习惯和消费观念等。而这些具有家庭特色的习惯及观念，会在日常消费行为中由老一代或父母潜移默化地传给后代子女。当青年一代脱离原有的家庭，组建自己的家庭时，必然带有原有家庭消费特征的烙印。

（2）影响家庭消费行为的因素

家庭是由两个或两个以上的成员，基于血缘、婚姻或收养关系而组成的一个社会生活单元。家庭作为社会结构的基本细胞单位，也是消费的基本单位。人的一生，大部分时间在家庭里度过。家庭成员之间的频繁互动使其对个体行为的影响广泛而深远。个体的价值观、信念、态度和言谈举止无不打上家庭影响的烙印。因此，有必要深入研究影响家庭消费行为的因素。

① 家庭收入水平。

家庭经济收入在一定程度上可以衡量个人成就和家庭背景，也可以是权力、地位的象征，它会影响家庭的消费行为。家庭收入水平包括两个方面：一是家庭的实际收入水平，即某阶段家庭收入情况，它具体影响一个家庭实际的生活水平；二是家庭的预期收入，即家庭未来可能获取的收入，家庭对未来收入水平所持的不同态度切实地影响着一个家庭目前的消费行为。例如，持乐观态度的家庭可能会提前购买某些高档商品，而持悲观态度的家庭则可能延迟购买一些商品。

中国家庭层次

在我国，从职业和收入状况来看，大致可将家庭划分为下面 5 个层次，并且不同层次的家庭在消费上必然存在一些明显的差异。

1. 上富阶层家庭

上富阶层家庭大致分为这样两部分：一部分是由于各种原因，家庭成员继承了家族的大量财富；另一部分是家庭成员在生意上和职业上取得了非凡的成就，使得其收入非常可观。他们是高档汽车、高级住宅、豪华度假及其他高档次、高品质消费品市场的主要消费者。

2. 富裕阶层家庭

属于富裕阶层家庭的有高级干部，具有较好业绩的厂长、经理，以及各界社会名流等。这部分家庭有较高和较稳定的收入，生活条件非常优越，进出有汽车，经常出入高级饭店，他们和他们的子女都有较好的住宅。与上富阶层家庭相似，他们的衣、食、住、用、行都是比较讲究的，是高档次、高品质消费品市场的主要消费者。

3. 一般工薪阶层家庭

属于此阶层的有熟练工人、一般干部、教师和技术人员等，以及一些较富裕的农村地区的农民家庭。该阶层家庭成员的收入主要来自工资收入以及各种补贴和奖金，较少有额外收入。农民的收入来源主要是农副业、乡镇企业等。这个阶层的家庭通常有比较充裕的食品、服装和其他基本生活用品。他们是电视机、冰箱等家用电器和一般服装消费品市场的主要消费者。他们重视子女的教育，追求时尚，他们为数众多，是目前中国社会的小康家庭。

4. 略贫阶层家庭

这个阶层的家庭主要是那些受教育程度不高的非熟练工人家庭，以及一般农村家庭。这部分家庭的生活略显拮据，他们的消费开支主要用于维持全家吃、穿、用等各项基本生活。他们常常处于困难之中。他们是档次稍低的家用电器、一般食品和服装等消费品市场的主要消费者。

5. 贫困阶层家庭

目前，我国社会仍然有为数不少的相对贫困的家庭，他们主要分布在老、少、边、穷地区，少数是一些因企业破产而失业的工人。这部分家庭成员受教育程度低，生活相当贫困，甚至缺衣少食，靠救济、补助才能维持家庭基本生活。他们将绝大部分微薄收入用于购买食品、衣服和其他生活必需品。

② 家庭结构。

目前，我国家庭结构以三口之家为主。具有现代社会特色的丁克家庭、单亲家庭和独身家庭等，所占比例正在逐渐提高，具体类型见表4-2。

表4-2 主要家庭类型一览表

家庭类型	解释
传统三口之家	父亲、母亲和孩子
三代同堂家庭	具有血缘关系的三代人共同居住
夫妻二人家庭	夫妻两个人没有孩子
丁克家庭	高收入、无孩子的夫妇
单亲家庭	父母一方和孩子
单身家庭	只有一人的家庭

家庭结构的不同使家庭消费需求结构出现差异。例如，在夫妻二人家庭中，年轻的夫妻型家庭因为两人都工作，没有经济负担，购买力比较强，所以，这种家庭对现代生活潮流比较感兴趣，喜欢购买市场上的各种新产品；而年老的夫妻型家庭在消费观念上比较保守，比较重视传统的消费方式和习惯，对那些物美价廉、经久耐用的商品感兴趣。

③ 家庭生命周期。

家庭生命周期是由家庭发展的各个阶段组成的。划分这些阶段的依据是家庭主人的婚姻状况、家庭成员的年龄、家庭规模、家庭主人的工作状况等。在家庭生命周期的不同阶段，家庭有不同的购买特点，尤其是耐用消费品支出、住宅支出、休闲支出等更能反映这些特点。家庭生命周期一般可以分为单身阶段、新婚阶段、做父母阶段、做父母之后阶段和分解阶段。

（a）单身阶段。单身家庭时期主要是指青年长大成人脱离原有的家庭尚未结婚，以及中青年离异无子女的独居时期。这一时期的大部分收入用来购买预期的消费品或用于储蓄。由于这一时期的消费者经济负担较小，而且可支配的收入较多，在消费时表现得比较大方，满足自我的消费欲望很强烈，消费弹性大、稳定性差，是企业营销活动容易争取的对象。

（b）新婚阶段。这一时期的消费者在经济上一般很独立，无过重的家庭负担，多以二人世界为核心，以规划自己的家庭为目的，物质和精神消费都比较充分。随着社会的进步，在开放地区和文化层次较高的地区，这一时期有延长的趋势。

新婚青年消费

1. 新婚青年消费市场心理概况

结婚建立新家庭是人生旅程的必经之路,大多数青年都在这一阶段完成了成家立业的重大转折。此时,青年的消费既有一般青年人消费的特点,又由于新婚是人生的一件大事,在消费中表现出其特殊性,形成了新婚青年消费者独特的市场心理特征。

① 商品需求构成多方面。新婚青年在建立家庭过程中的需求是多方面的。其需求构成以使用的商品数量最大,其次是对吃和穿的需求。随着居住用房商品化制度在我国城市的逐步推行,青年人建立家庭前将为购买住房和租赁用房以及新房装潢等花费较大的费用。随着生活水平和经济收入的提高,新婚青年的消费需求日趋新潮。

② 消费相对集中。结婚用品的消费是建立新家庭的需要,购物时间与结婚时间有着密切关系,一般情况下都集中在结婚前后。近年来,由于社会的发展和家庭经济生活水平的提高,新婚青年大多在婚前集中购买家庭日用品,包括高档的耐用消费品。按照我国传统惯例,一般选择在春秋适宜的季节和喜庆节假日举行婚礼,如元旦、劳动节、国庆节、春节、情人节等。因此,结婚用品的销售具有淡季和旺季之分。

③ 消费心理强烈、鲜明。新家庭的组合使青年人对未来生活充满希望和信心,有着美好的憧憬。所以,在消费行为与心理方面对物质商品的选择具有较高的要求,对精神享受也有较高的追求,象征着新生活的开始。新婚青年的消费心理,反映了一定的科学文化水平和社会潮流趋势。

2. 结婚用品市场消费趋势

目前,我国青年新婚家庭的消费档次在逐步提高,并呈继续上升的趋势,这一现象必然影响整个社会的消费市场。据商业部门调查显示,结婚用品市场消费呈现以下4个明显趋势。

① 传统化。年轻人结婚象征着新生活的开始,根据传统习俗,他们不仅选择好日子,而且大红喜字、大红胸花是必备的吉祥品,夫妻碗、龙凤杯等已由实用品转化为装饰日用品。

② 现代化。新家庭的居室用品日趋现代化,室内装潢和摆设不再是千篇一律的格局,而是充分表现出主人公的兴趣爱好和个性特点。在家用电器和日常用品的购买上,也反映出青年人现代化生活的快节奏感。微波炉、电热器、空调、食品粉碎机、饮水机等几乎是新婚家庭的必需品,它们由于使用方便、省时、快捷而备受青年家庭的青睐。

③ 浪漫化。花几百元、几千元拍摄婚纱系列纪念照片,穿着精美高雅的婚纱礼服、手持鲜花出席婚礼及现场录像等已成为时尚;举办婚礼时双双外出旅行,跨出国门或游览中国的边疆,更增添了新人蜜月的浪漫色彩。

④ 高档化。虽然工薪阶层的收入并不很高,但结婚毕竟是人生中的一件大事,这使得结婚用品的消费日益高档化。新婚家庭选购成套家用电器、成套高档床上用品、成套厨房用品等已经不是希罕的事。

（c）做父母阶段。在这一时期，由于要养育子女，家庭的经济负担开始加重，子女的生活开支在家庭消费支出中的比例日趋增加，消费多以子女的一般生活费用、教育和保健费用为主，教育投资的比重逐年加大，夫妻对自身消费表现出务实的消费心理。随着子女年龄的增长，父母开始为子女的预期消费做更充分的准备，如婚嫁、出国深造等。这时家庭消费开始逐步由比较紧张转向宽松，家庭日常消费最突出的是求实心理，而预防性储蓄意识的增强是这一时期最明显的特点。

（d）做父母之后阶段。在这一时期，子女已建立了自己的小家庭，开始独立生活，夫妻已退休或接近退休。这时的家庭经济状况一般较好，其消费观念往往表现为两种类型：一类是继续以子女甚至下一代为消费的着眼点，但实际支出比例大为下降；另一类则基本上与子女无过多经济往来，较为重视自身的存在价值，消费也趋向以营养、保健、舒适为主，注重健康导向，对自我教育方面的消费也很感兴趣，更多地体现自我的消费情趣。随着人口老龄化的加剧，老年家庭将急剧增加，他们对社会服务的消费需求也将大为增加。

（e）分解阶段。在这一时期，大多数老年人丧偶或生活自理能力大大下降，进而转向依靠子女或寻求社会性服务。由于自身生活能力不足，他们的消费行为也随之减少。这时的消费基本上以满足日常需求和健康、保健为主。随着人们观念的不断进步，越来越多的老人将选择在老年公寓、老年看护中心度过自己的晚年。

④ 家庭权力结构。

家庭是一个具体的消费单位。但是在家庭的每一次购买决策或每一项实际购买行为中，不同的家庭成员所扮演的角色是不同的。

（a）家庭角色分工。

一般情况下，可将家庭成员在购买过程中扮演的角色概括为以下5种类型。

倡议者——首先想到或提议购买某一商品的家庭成员。

影响者——直接或间接影响购买决定或挑选商品的家庭成员。

决策者——最终决定购买与否的家庭成员。

购买者——实际从事对商品或劳务购买的家庭成员。

使用者——消费或使用某种商品或劳务的家庭成员。

这种角色分工是典型理论意义上的划分，它对于分析家庭消费行为与心理有着重要作用。但在实际生活中，家庭成员之间的角色经常会发生变化；同时，同一家庭成员在某个购买活动中往往充当多种角色，如既是购买某一商品的决策者和购买者，又是这种商品的使用者。

（b）夫妻角色与现代核心家庭的购买决策方式。

在现代核心家庭中，丈夫、妻子往往是商品购买的主要决策者。而夫妻各自的购买决策方式对家庭消费的影响是有着很大差别的。总体上，夫妻决策类型主要有以下4种。

● 独立支配型。夫妻双方都能为自己的购物做出决策。这种类型多属开放型家庭，一般在经济收入较宽裕、层次较高的家庭中较为常见。这类消费者在购买中的自主性和随意性都比较强，因为其购买行为既不受经济收入的限制，也不受家庭成员的约束。

- 丈夫权威型。丈夫在家庭购买决策中居主导地位。这种家庭的经济来源以丈夫为主，男性的购买行为在很大程度上代表了家庭的购买行为。同时，还有另一类丈夫权威型家庭，即丈夫的生活能力大大高于妻子，有较强的持家购物能力。在我国广大农村地区，这种模式仍是家庭决策的主要形式。
- 妻子权威型。妻子在家庭购买决策中居主导地位。这种类型的家庭又分为三种可能的情况。

第一，家庭收入很高，消费支出的决策已不再成为家庭生活的主要话题，生活内容才是家庭成员关心的对象。

第二，由于丈夫忙于工作和事业，家庭事务从决策到具体购买都由妻子承担。

第三，妻子的独立生活、购物、理家能力大大超过丈夫。

前两类妻子决策型家庭在购买行为上比较随意，机动性较大，是产品销售中较易吸引的对象；而后一类则往往是市场上的挑剔购买者。

- 共同决策型。夫妻双方通过民主协商来决定购物。这种家庭的主要特点是夫妻双方关系融洽，有良好的教育基础，思想较为开放，适应时代潮流，家庭中有良好的沟通环境。购买决策的分工不会很明确，以双方相互商量、相互参谋的决策形式为主，因此购买决策往往较为慎重和全面，较少冲动。

研究家庭的权力结构，针对家庭中真正的决策者实施营销策略，才能有的放矢，击中目标，取得较好的营销效果。

美国家庭社会阶层

美国的主要家庭社会阶层及其特征如下。

① 上上层（少于 1%）。上上层是继承有大量财富、具有著名家庭背景的社会名流，这一阶层中的人数很少，他们多是其他群体模仿的相关群体。其消费特征为：捐助大笔财富举办慈善事业，掌握社交大权，拥有不止一处的住宅，送子女进最好的学校就读。他们是珠宝、古董、住宅和度假的主要市场消费者，他们经常购物。他们穿着保守，且不喜欢虚荣矫饰。

② 上中层（大约 2%）。上中层是在职业或生意中具有超凡活力而获得较高收入或财富的那些人。他们往往出身于中间阶层，在社会和公众事务上时常采取主动积极的态度，总是为他们自己或他们的子女购买一些足以代表其身份的昂贵的住宅、游艇及汽车，送子女进贵族学校，建造豪华游泳池。这一阶层中还有所谓的一些暴发户，他们摆阔挥霍，向位于他们之下的人们炫耀。上中层人的追求便是获得上上层人士的接纳，这一点他们的子女比他们更可能达到。

③ 上下层（12%）。上下层既没有高贵的家庭地位，也没有多大的财富。他们对其"事业前途"相当关注，他们已获得的是诸如专家、独立的实业家和企业经理等职

业。他们相信教育,希望他们的子女能受更高的教育,发展专业或管理技巧以免落入较低的阶层中。这一阶层中的人通常谈论理念和"高级文化",他们热衷于参加各种社团组织,非常关心社会福利,他们是优良住宅、服装、家具和家用电器的最佳市场。他们往往在布置优雅的家中招待朋友和同事。

④ 中间层(31%)。中间层是中等收入的白领和蓝领工人。他们居住在城市中较好的一侧,并且力图做一些与身份相符的事。他们通常购买"赶潮流"的产品。25%的人拥有进口汽车,其中大部分人注重时尚,追求"一种品牌"。其理想居住条件是在城市中较好一侧,有个好邻居,有一所好住宅,还要有好的学校。中间层认为有必要为他们的子女在"值得学习的见识"方面花较多的钱,要求他们的子女接受大学教育。

⑤ 劳动阶层(38%)。劳动阶层包括中等收入的蓝领工人和那些过着"劳动阶层生活方式"而不论他们的收入多高、学校背景及职业怎样的人。劳动阶层主要依靠亲朋好友在经济上和道义上的援助,依靠他们介绍就业机会,购物时听从他们的忠告,困难时期依靠他们的帮助。劳动阶层仍然保持着明显的性别分工和陈规陋习,他们偏好的汽车包括标准型号或较大型号的汽车,对国内外的小型汽车从不问津。

⑥ 下下层(7%)。下下层与财富不沾边,一看就知道贫穷不堪,常常失业或从事"最肮脏的工作",他们极少对求职感兴趣,长期靠公众或慈善机构救济。他们的住宅、衣着、财物是"脏乱的"、"破烂不堪的"和"无一完好的"。

3. 相关群体与消费心理

心理学研究证明,人的习惯、爱好以至思想行为准则都不是天生就有的,而是在后天活动中受外界影响逐渐形成的。在各种外界影响中,相关群体对消费者行为心理的影响是至关重要的。

(1)相关群体

相关群体又称参考群体、榜样群体,是指那些直接(面对面)或间接影响人的看法和行为的群体。这里的相关群体是指除了家庭和社会阶层以外,对消费者个体的心理和行为有直接或间接影响的一切群体。相关群体可以是实际存在的社会团体组织,如党派、单位、教会、协会等;也可以是具体组织的虚拟榜样的一群人,如明星、名人效应影响形成的追星族。相关群体经常直接和间接地影响消费者行为和心理。主要相关群体有以下几类。

① 亲朋好友。亲朋好友构成的群体是一种非正式群体,它对消费者的影响仅次于家庭。在某些情况下,由于具有共同的价值取向,朋友的看法在消费者看来要比父母和爱人的意见更为重要。

追求和维持与朋友的友谊,对大多数人来说是非常重要的。个体可以从朋友那里获得友谊、安全,还可以与朋友互诉衷肠,与朋友讨论那些不愿向家人倾诉的问题,总之,它可以满足人的很多需要。不仅如此,结交朋友还是一种独立、成熟的标志,因为与朋友交往意味着个体与外部世界建立联系,同时也标志着个体开始摆脱家庭的单一影响。朋友的意见和建议,对消费者选择何种产品和品牌,对于怎样评价所购买的产品均有重要影响。这种影响随个体与朋友的相似程度的增加而增强。一个人越是觉得其朋友在某些方面与自己相似,他在做购买决策时受朋友的影响越大。

② 左邻右舍。在我国,由于传统风俗的影响,人们比较注重邻里关系,尤其是居住较为拥挤的地区,邻里来往更加频繁。"远亲不如近邻"的俗语说明了邻里之间的亲密关系。由于居住相邻近,信息观念能及时交流,消费倾向、选择标准、价值评价等往往成为人们重要的消费参考。

③ 同学同事。由于较长时间一起学习或同在一个单位共事,相互接触频繁,同学同事之间都会互相交流消费信息,甚至自然出现互相模仿、攀比,所以消费者行为和心理受同学同事的影响是很自然的。

④ 名人、专家。影视明星、体育明星、歌唱家及政界要人、专家、学者,由于在社会上有一定的影响力,受人崇拜和爱戴,他们的消费选择和消费方式都可能成为消费者的参照。

⑤ 社会团体。机关、学校、党团组织、学会、协会、俱乐部等,无论是正式的还是非正式的社会团体,其所提倡的道德观、价值观、审美观和消费观都在一定程度上影响着消费者的购买行为和消费心理。

(2) 相关群体对消费者心理的影响

① 群体压力。任何群体都有对群体成员不同程度的约束标准即群体规范,这些规范都会对成员产生一种无形的压力,即群体压力,这些压力有趋向于强制性的因素。在消费领域,若成员不遵从这些群体规范,会受到其他成员的批评、指责、议论、处罚,给成员形成心理压力。不论这个群体是否为正式群体,这种压力都存在,但正式群体的压力要远远大于非正式群体。

群体规范

规范是约定俗成或明文规定的标准,通常有成文和不成文两种表现形式。在消费者群体内部,可以有成文的规范,如某些规章制度,或以法律形式规定的行为准则,但更多的规范是以不成文的约定俗成对内部成员加以约束。比如,一个地区的风俗习惯、一个民族的传统习俗等即属于不成文的规范形式。

内部规范,不论成文与否,对于该群体成员都有不同程度的约束力,但二者的作用形式又有所区别。不成文的规范表现为通过群体压力迫使消费者调整自身的行为,以适应和顺从群体的要求。成文的规范通常是通过组织、行政、政策乃至法律的手段和方式,明确规定人们可以做什么,不可以做什么,以及应当怎样做,从而强制性地影响和调节消费者的行为。在各种成文与不成文的群体规范中,有些规范限制甚至禁止人们进行某种形式的消费,有些规范则鼓励人们进行某种形式的消费。

② 服从心理。群体成员对其群体的价值观念、消费心理、群体意志及消费行为常有顺从的心理状况。服从心理通常表现为以下两种情况：一种情况是，某一成员独自做出某种决定之后，发觉自己与群体其他成员所做的决定不同，而这个群体又是他信任的，那么在服从心理的支配下，他会转而采用与群体其他成员一致的决定；另一种情况是，有的成员在个体行为标准和群体行为标准发生冲突时，慑于群体压力，不希望被群体所孤立，往往采取一种对群体的服从心理，从而改变自己的行为，使之符合群体的标准。例如，某消费者发现自己单位的同事都用"飘柔"洗发水，便打消了原来准备买其他牌子洗发水的想法而改买"飘柔"洗发水。

个体对群体的服从心理与群体成员的多寡和压力的大小相关。群体规模越大，所产生的压力越大，其成员的服从心理也越强；反之，其成员的服从心理越弱。这种群体规模对消费者心理的影响，在日常购物活动组成的临时群体当中表现得最为明显。例如，消费者一个人去商场购物，除了有明确目标外，面对商品时往往犹豫不决；而两个人或三四个人同时结伴购物时，则很容易做出是否购买的决策。

③ 从众心理。从众是指迫于群体现实或自己想象中的压力，个人放弃自己异于别人的独特性，而在意见或行为上保持与多数人一致的现象，也就是人们常说的"随大流"。了解从众心理对研究消费心理有着重要的意义。比如，当社会上多数人都接受了某种新产品后，尽管自己并无此产品的体验，但由于从众心理，也会接受该产品。在商场的促销活动中，人们常常蜂拥而至，也是从众心理倾向的表现。从众心理是人们寻求社会认同感和安全感的结果。在社会生活中，人们往往希望自己归属一个群体，为其他人所接受，得到群体的保护、帮助和支持等。同时，对自己缺乏信心，也是产生从众行为的一个重要原因。一些人在消费活动比较复杂时，表现为犹豫不决、无所适从，从众便成为使他们感到安全、可靠的选择。从众行为可以引导消费时尚的形成或改变，促进大规模购买行为的发生，但也可能扼杀消费者的创新意识，使新的消费观念、消费方式遇到阻力。所以企业要根据自己的需要，发挥从众行为的积极作用，避免从众行为的负面影响。

④ 责任分摊。责任分摊是个人在群体中有时会有比他们单独存在时责任更小的心理。正如鲁迅所言"胜了，我是一群中的人，自然也胜了；若败了，一群中有许多人，未必是我吃亏……"这是因为决定是由群体做出的，后果和责任由群体承担，这样个人就感到分配到自己身上的责任微乎其微了。同时，就算受到惩罚，别人也一样受到惩罚。这种心理机制和聚众滋事的心理机制很相似。

⑤ 社会促进和社会致弱。社会促进是指有他人在场时，可使个人的行为加强；而社会致弱则恰恰相反，是指有他人在场时，个体的行为受到干扰而减弱。比如，一个人单独看笑话时会笑，而一群人共同观看时就会笑得更加厉害；当个人单独练习讲演时，发挥较为正常，当面对台下众多观众时，发挥就可能失常。在消费活动中，至于何时"促进"，何时"减弱"，则由购买活动的性质决定。面对简单的购买活动，他人在场会使购

买行为更有效；面对复杂的购买活动，他人在场会使购买效果更差。

⑥ 模仿心理。模仿心理是指人们在社会和群体中自觉或不自觉地模拟、仿效他人的一种行为。特别是当一些消费行为被他人认可并羡慕时，便会产生仿效和重复他人的行为趋向。模仿他人行为者，大多对新事物反应敏感，接受能力强，对消费活动大都有广泛的兴趣，喜欢追随消费时尚和社会潮流，经常被别人的生活方式所吸引。这是人与人之间相互作用的一种表现。比如，一些人会对电影明星的发型、服饰甚至语言进行模仿，儿童会对父母的言谈举止进行模仿，学生会对老师进行模仿等。很多的模仿都是自觉进行的，但是并不是所有的榜样都会成为人们模仿的对象。研究发现，人们往往只对那些符合模仿者内在参照点的人才自觉地进行模仿。总的来说，榜样和效仿者在态度、信念、价值观以及年龄等较为一致时，自觉的模仿才会产生。这就启示我们针对不同的群体，应树立不同的榜样以供效仿。比如，针对青年消费群体，树立的形象则应该是具有青春活力、朝气蓬勃的青年人形象。在消费领域，模仿是一种普遍存在的心理和行为现象。在消费活动中常常是一些消费者做出示范性的消费行为，一般规模比较小，而当模仿扩大，成为大多数人的共同行为时，就会发展为从众行为或消费流行。

典型案例分析

青丝秀发，缘系百年

你一定不会忘记这句话："如果人生的离合是一场戏，那么百年的缘分更是早有安排，青丝秀发，缘系百年。"没错，这是"百年润发"电视广告里的一句台词。

这句广告词将百年润发的品牌和其形象代言人周润发的名字巧妙地结合在一起。周润发的年龄和外形气质与品牌本身所散发的温和感相吻合。于是广告将人名、品名、真情浑然凝为一体，使其相得益彰。

但是，除了明星和明星的上乘表演外，这则广告之所以能打动无数人的心，实际上靠的是充盈其中的韵律和风格，是形象透露的内在气韵和格调，那就是中华民族文化心理的传承，而这种传承具有较强的历史渗透性。它演绎了中华传统美德下夫妻间青丝白发、相好百年、永结同心的忠贞爱情。其所表现的情感趣味以及潜意识中的文化心理，潜移默化地影响着消费者。世事沧桑，一切都在改变，而永远不变的是人间真情。这则广告以意味悠长的旋律，给人一种温馨的感觉。

百年润发除了有一个响亮的名字外，更有一种意境，一种美好情感的凝聚。它把商业性和文化气质完美地结合成为融合中国情感、中国式词汇的民族品牌。

也正因为如此，百年润发才得以创下良好的销售业绩。

第 5 章 用消费流行拉近消费者的参与心理

5.1 消费流行的概念、分类和形式

5.1.1 消费流行的概念及特点

1. 消费流行的概念

"流行"也称时兴、时尚、时髦,是指在一定时期内,社会中相当多的人同时模仿、追求某种思想或行为方式的社会现象。能成为流行的事物不仅可以是某种商品,还可以是某种思想观念、生活方式和语言文化等,如手机短信祝福、超前消费、按揭贷款购房买车、假日旅游、休闲娱乐、流行歌曲和网络语言等。

消费流行是众多流行中的一种,是指一种或一类商品或服务由于它的某些特性,在一段时间内同时受到众多消费者追捧而形成的一种消费潮流,此时的商品被称为时尚商品或流行商品。20 世纪 80 年代以来,牛仔裤、超短裙、呼拉圈、各种家电、手机等都曾成为某个时期的流行商品;2008 年,在北京举办的第 29 届奥运会曾一度引发相关体育文化产品的热卖。引发商品流行的原因有多种,商品优越的功能、质量、式样、色彩或服务是流行的前提,而一些具有创新观念的消费者不断追求新商品、新式样,是商品流行的主要动力。如果某种消费流行经久不衰,则可能演化成消费习俗。

2. 消费流行的特点

在商品消费流行期间,不仅市场需求剧增,而且可能会导致价格上涨,这是企业不可多得的销售良机。消费流行一般具有以下特点。

① 骤发性。商品在形成消费流行的初期,往往不易被察觉,而一旦形成,则在短期内迅速产生对流行商品或劳务需求的急剧膨胀,产品销量迅速增长,这也是消费流行形成的主要标志。

② 短暂性。消费流行期长短不一,一般是三五个月或一两个月,甚至更短的时间;大部分消费流行来得快、去得也快,在商品流行期间,因重复购买率低,多属一次性购买,从而也缩短了流行时间。当然,也有不少商品一经流行,便一直深受消费者青睐而长期流行下去。例如,改革开放后的西装、牛仔裤一直流行到现在。

③ 一致性。消费流行本身是由从众需求推动的,使得消费者对流行商品或劳务需求

的时空范围趋向一致。

④ 差异性。由于消费流行受地理位置和区域社会文化等因素的影响，造成了消费流行的地域性差异性。在一定地域内，人们形成了某种共同的信仰、消费习惯和行为规范，并与其他地域的类似流行有所区别，所以往往某种商品在甲地流行，但不一定在乙地也流行，甚至在乙地可能成为消费禁忌。例如，红色在中国是喜庆的颜色，而在西方国家则多被认为是暴力和凶杀的象征，不太受欢迎。

⑤ 梯度性。梯度性是指由于消费流行受地区经济发展状况、消费收入水平、地理位置、交通条件、文化层次等多种因素的影响，消费流行总体是从一地或某个阶层兴起，然后向周围或其他阶层扩散、渗透，从而在时间上和地区间形成流行梯度。这种梯度差会使得某种商品在同一时间、不同地区处于不同的流行状态。例如，某款新潮服装，在发达城市已处于流行后期，但在欠发达地区可能才刚刚开始流行。

⑥ 相关性。某种商品或劳务一经流行，消费者的需求剧增不仅表现在流行商品的本身，同时也因此而引发其他相关需求的增加。例如，西装的流行，必然同时引发对衬衫、领带、皮鞋、袜子等相关配套产品市场需求的增加。

⑦ 周期性。消费流行不论其流行时间长与短，都有一个从开始流行到退出市场的过程，即要经历流行的始发、发展、盛行、衰减和过时的过程，这个过程即消费流行的周期。

⑧ 回返性。人类消费的需求、兴趣、爱好和习惯，在历史发展的过程中常常出现一种回返性特征。在消费市场上，一段时间里被人们偏爱的某种商品，往往供不应求，十分紧俏，但是只要消费流行一过，这种曾经风靡一时的俏货，就会成为昨日黄花无人问津。然而，过一段时间后，有些早已被人们遗忘的、曾经流行过的东西，又可能重新在市场上再次出现并流行，如女性服饰中的中式旗袍、仿古家具等。

⑨ 发展性。从发展趋势来看，消费流行总是不断变化的，求新、求美是消费者不断追求的目标，也是社会进步和需求层次不断提高的反映，这势必在总体上使消费流行呈现此消彼长、不断向前发展的特征。例如，20世纪70年代，家庭消费流行的"三大件"是手表、自行车、缝纫机；20世纪80年代流行的是电视机、冰箱、洗衣机、组合音响等；20世纪90年代以后，手机、计算机等电子产品及住房、私家车等，不断促成消费流行新浪潮。

5.1.2 消费流行的分类和形式

随着我国社会经济的持续发展，市场日益开放，科学技术快速更新，产品丰富多彩，消费者对消费需求的内容不断增加。从消费市场现象层面来看，消费流行的变化越来越快，流行时间越来越短，流行的东西越来越多。面对纷繁复杂的消费流行，需要对消费流行进行分类研究，以便更好地把握其中的规律。

1. 消费流行的分类

（1）按消费流行商品的性质分类

吃、穿、用、住、行是人类生活的基本需求，消费流行可按流行商品的性质做出以下分类。

① 食用类商品引起的消费流行。这种商品的消费流行是由于商品的某种特殊性质引起的。在经济短缺时期长期流行的鸡、鸭、鱼、肉等比较单一、传统的饮食消费观念已被打破，很多传统产品不再流行，取而代之的是促进健康的绿色食品、有机食品和方便类食品，近几年杂粮又成为食品新宠。由于食用类商品的特殊性而引起的消费流行，呈现出流行的商品种类多、流行时间较长、地域较广等特征，如各类乳制品、方便面、无公害大米等。

② 穿着类商品引起的消费流行。这类商品中能引起消费流行的，一方面，是因为其本身拥有较好的内在特性，如透气、保暖、轻便、材质好、做工精，这是形成流行的基础；另一方面，是因为它们能给消费者带来更多的附加值，如特殊的材料、新颖的款式、独特的设计、色彩搭配以及被喜爱的品牌等，这是穿着类商品能引发流行的重要心理因素。穿着类商品一般都呈现季节性流行的特点，在某个季节内，市场只流行几种特别款式或材质的服饰，流行时间也不长。因而，在流行期内商品的价格较高，过了流行期则会大幅降价。

③ 家用类商品引起的消费流行。这类商品中能引发消费流行的，一般有以下两种情况：一是企业开发出了一种全新的产品，如电视机、微波炉、手机、豆浆机、数码相机、笔记本电脑等产品的问世和流行；二是在原来的基础上增加了新功能，如电视机、洗衣机、手机等产品的改进升级。家用类商品必须能同时多方面满足消费者的各种需求，并有自身的特色，才能引发流行。

④ 住房及家装类商品引起的消费流行。21世纪90年代以后，随着我国住房制度改革和城镇居民收入的不断增加，住房及家装类商品消费已成为大多数家庭消费中极其重要的组成部分，并在房屋装修风格及材料选用等方面呈现出流行现象。住房及家装类商品的消费流行，主要受住房制度的改革、新材料、新工艺、新设计理念及消费者的居住观念、收入水平等方面的影响。

⑤ 工具类商品引起的消费流行。自行车是我国传统的交通工具，20世纪90年代后，各式摩托车、电动车又广为流行，特别是在农村早已成为青年人结婚的必备商品；进入21世纪，私家车已由事业有成的"象征"转变为很多有条件者的"代步工具"，交通工具的流行明显呈现出时代特征。随着我国轿车的自主研发能力和生产能力不断提升，私家轿车品牌日益增多，加之燃油税费改革，私家轿车的有关消费流行也因此而不断变化。

⑥ 服务类商品引起的消费流行。这类消费流行也是改革开放后逐渐兴起的，人们的收入增加了，消费内容及方式不再局限于满足温饱，而开始向休闲、娱乐、健身发展，消费方式跃上了一个新层次。

服务类消费流行

20 世纪 90 年代以后，旅游业、娱乐业、家政服务业、美容业、健身业的发展速度非常快，并引发了许多服务商品类的消费流行，如家政保姆、假日旅游、体育健身、钟点工服务等。企业在提供服务类产品时，要根据消费者工作时间的规律性做出合理安排，以避免时间上的冲突，让消费者能在空闲时间充分享受所需的服务或健身，这是推动服务流行的重要因素。

（2）按消费流行的地域范围分类

按消费流行的地域范围来分，有世界性、全国性和地区性的消费流行。

① 世界性的消费流行。世界性的消费流行是指那些受大多数国家的消费者关注、流行范围广的消费流行趋势，如绿色食品、环保产品、节能产品、旅游消费、私家轿车等。这其中，有的流行源于人们对自身健康的追求，有的流行基于对全球性环境问题的担忧，有的流行是促进人的全面发展的需要，或是追求快乐生活、享受人与自然和谐相处的结果。这种世界性的消费流行，在发达国家表现得比较普遍，而对于经济欠发达的国家主要是以下原因在本国导致流行：一是生产厂家为了开拓发达国家的市场，适应世界消费需要而大力生产、推广此类流行产品；二是发展中国家的高消费阶层追求这种世界性的消费流行而产生的示范效应。

② 全国性的消费流行。我国幅员辽阔，人口众多，地区经济发展不平衡，全国性的消费流行有时并不能涵盖所有的地区和人口，只能是覆盖大多数地区。全国性的消费流行，一方面，受世界性消费流行的影响，很多世界性流行也会变成全国性的消费流行，如绿色食品、环保产品等；另一方面，有些全国性的消费流行速度慢、时间长，这与消费习惯、地区经济发展水平的制约有关。从总体上看，全国性的消费流行一般起源于经济相对发达的地区和沿海城市，呈波浪式向内地和经济欠发达地区推进；在一些地区达到流行高峰时，另一些地区才开始流行或已进入衰退阶段。比如，广州、上海、北京开始流行某种式样的皮鞋，经过一段时间又迅速向全国其他大、中城市扩散，当城镇和广大农村开始流行时，发达的大城市已开始流行其他新式样了。

③ 地区性的消费流行。很多全国性的消费流行，在各地区的流行速度和时间有所不同，当在某个地区达到流行高峰时，就给人以一种区域性流行的感觉；有的全国性消费流行在流行扩散过程中，和地方产品、文化相融合，从而带有一定的地域色彩，如现代纺织材料与少数民族传统产品式样的结合，就形成了独具少数民族风情的新潮服饰；有的消费流行就是一种纯粹的区域性流行，尤其是在一些小城市，经常因为一两种具有明显地方特色的商品引起局部消费流行，如地方性食品、地方名酒在本地的流行。

（3）按消费流行的速度分类

按消费流行的速度分类，有迅速流行、缓慢流行和一般流行。

① 迅速流行。迅速流行的商品很多，如每年的中秋月饼、新年贺卡、季节性的服

饰,这些商品的流行来得快,去得也快,市场生命周期短,流行期一过,产品就迅速退市。面对这种消费流行,消费者一般是迅速购买,以紧追消费流行。

② 缓慢流行。有些商品生命周期较长,在流行形成的过程中,消费者即便稍后购买,也不会错过流行期,从而使流行速度缓慢,流行周期较长。比如,大型家电、小汽车、住房等商品。

③ 一般流行。生活中的大部分消费流行都属此类,如小家电类、服饰类产品等。

消费流行的速度与范围主要受商品生命周期和商品性质的影响,随着科技的进步和社会生产力水平的提高,商品更新换代的速度越来越快,商品的生命周期越来越短,流行速度日益加快。同时,商品价格与流行速度也相互影响,一般高价商品因顾客购买慎重,流行较慢,而低价商品能很快流行;商品流行后价格一般逐步走低。

基于上述分类,我们对消费流行类型有了一定的了解。事实上,一种消费流行,不是某种流行类型的单一表现,而是同时具有不同类型的某些特征,只有从多个角度去分析消费流行的规律,才能为企业营销提供指导。

2. 消费流行的形式

从流行的扩散运动过程来看,消费流行主要有以下三种形式。

(1)滴流

滴流即消费流行是自上而下形成、发展和扩散的,一般是上层社会人士或社会领袖人物、权威人士、影视明星等率先倡导和使用某种商品引发流行后,自上而下地向其他阶层和普通人流行,如西装、手机、私家车的流行。这种流行方式的特点是速度快、范围广、影响大。

(2)横流

横流是指某种消费流行在不同群体间相互诱发呈横向扩散流行,即某一消费群体在率先使用某种商品或消费方式后,向其他阶层渗透、扩散和普及,从而引发更多、更大的流行。

(3)逆流

逆流与滴流相反,这种消费流行是自下而上形成、发展和扩散的,首先是普通消费者或社会下层率先使用某种商品,引发局部流行后,又自下而上地被其他较高阶层或上层社会人士所接受而广为流行。例如,牛仔裤最初是西方国家为矿工井下劳动所设计的特殊劳动服,因其耐磨、结实、富有青春活力感,逐渐被大多数人尤其是青年人喜爱而广为流行;在我国,很多山区的野菜、土特产(如蕨菜、葛根),原本只是过去山里人在蔬菜短缺时作为食物补充而食用的,现在却成了城市中价格不菲的高档绿色食品。

5.2 消费流行规律与消费心理导向

5.2.1 消费流行与消费心理的相互影响

1. 消费心理对消费流行的影响

引发消费流行的原因有多种，与经济、产品、消费观念、消费心理和信息传播等因素都有关。其中，消费心理对流行的形成、发展有着重要的影响。

（1）求新逐异和自我表现的个性心理是引发消费流行的重要先导

现实中，总有一些消费者喜欢求新逐异，尤其是在社会地位、收入水平、文化程度较高的群体中，他们渴望变化，也有条件表现自我，当一些新商品或消费方式出现后，他们会凭借自己的理解，主动地选择或接受那些新产品、新观念，并在群体内率先示范，我们可形象地称之为"消费领袖"，当"消费领袖"的行为引起更多人效仿后，某种消费流行就可能产生。这种求新逐异、求美求名和自我表现的个性心理，是引发消费流行的重要先导因素。当然，一种消费流行也因此而终结，消费流行就是如此不断转换向前发展的。

（2）模仿和从众心理推动着消费流行的形成和扩张

任何一种消费行为要形成消费流行，除了需要"消费领袖"的引领外，群体内还必须有一定数量的消费者跟风模仿，扩散信息，并使更多的人从众购买，这样新的消费流行浪潮才真正得以形成，且不断扩散。通常情况下，对"消费领袖"的模仿者或攀比者越多越有利于流行的形成。从众心理也是一种跟风模仿，是指个人在群体心理和他人行为的影响下，表现出符合公众舆论或多数人行为方式的心理动机。一般来说，跟风模仿者比从众者的购买时间要早，主动性要强，消费流行正是在这些心理因素的共同作用下，才得以形成、发展和不断扩散。

手机消费

20世纪90年代我国的一些大款、企业成功人士率先使用手机，且其价格不菲，他们成为早期的"消费领袖"；之后通过他们在圈内的示范作用，引起其他有条件的高收入者或较高收入者跟风模仿或攀比，也因此使产品的销量增加，式样增多，价格逐渐降低；随后更多有条件的消费者在从众心理的影响下纷纷购买使用，手机的消费流行就此形成了。

---

2. 消费流行对消费心理的影响

通常情况下，消费者的消费心理和行为按照认识需要、搜集信息、分析评价、决定购买、购后评价的先后顺序，依次展开，循序渐进。当面对消费流行时，消费者的心理会受消费流行的冲击,产生许多微妙的变化。

(1)对消费者认知态度的影响

当市场上出现一种新产品时,通常情况下,消费者要多方面搜集信息,在确信了解、谨慎决策后才购买,有时还持怀疑、观望的态度。但在消费流行的推动下,大部分消费者的认知态度会发生很大变化。首先是打消怀疑态度,增强肯定心理;其次是学习时间缩短,接受新商品的时间提前,甚至是先购买、后了解,有些消费者唯恐落后于潮流,只要有条件,就立即购买。

(2)使消费者的某些购买心理发生反向变化

目前,我国大多数消费者的收入水平还不是很高,通常情况下在购买商品时,还要综合考虑商品的功效、价格、质量等方面的因素,并且希望买到物美价廉的商品。可是在消费流行浪潮的冲击下,普通消费者的购买心理也会发生一些反向变化。例如,一些流行商品的价格明显偏高,但顾客却纷纷购买;而原来的老款商品,尽管一再打折,购买者却越来越少。所以,企业在流行商品进入市场的初期,一般都使用撇脂定价策略,以获得高额利润。

(3)改变消费者的购买驱动力

正常情况下,人们的购买行为源自消费需求这一根本驱动力,而消费需求主要源于人们对生活的需要;在消费流行时,消费者有时根本没有新的物质需求,但看到时尚产品,便加入了购买者的行列,目的是满足追求时尚的心理需求,追求时尚、紧跟潮流成为消费者重要的购买动机和内在驱动力。所以,在商品流行时人们纷纷购买新产品,淘汰老产品。

(4)改变消费者的消费习惯与偏好

在长期的消费生活中,很多消费者都形成了自己的消费习惯与偏好,例如,比较喜欢使用某一品牌的商品或某种生活方式;但是在消费流行的情况下,消费者在流行风尚的压力下,会主动接受或从众购买新产品,无意识地改变了原来的消费习惯与偏好。若消费者对新产品的使用评价良好,而老产品又不能及时改进,那么消费者就会抛弃固有的消费习惯与偏好。例如,现在已很少有人使用墨水和钢笔写字了,取而代之的是水笔。

消费流行既是一种客观经济现象,也是一种消费心理现象,通过深入研究,可以揭示其内在的规律性;掌握这种规律,可以进一步指导企业从为消费者着想的角度,搞好产品开发,服务市场需要,制造消费流行,把握流行商机,创造更多的效益。

5.2.2 消费流行周期与营销策略

消费流行的形成和发展过程,对企业生产经营影响重大。企业推出的新产品若能成为流行产品,则市场销售前景广阔;如果不能成为流行产品或流行时间很短,加上处理不当,则会造成产品积压,给企业带来巨大损失。因此,企业要根据消费流行的兴衰规律,制定合理的营销策略,方能做到把握商机,规避风险,走向成功。

消费流行主要呈现以下4个阶段性特征。

1. 酝酿初期

流行商品因其优越的性能和特点,开始引起极少数有名望、有地位、有创新意识或自我表现欲望的消费者——"消费领袖"的注意,他们在求新逐异购买动机的驱动下,在圈内率先购买、消费示范,这是消费流行的最初酝酿期。酝酿期一般时间较长,"消费领袖"即最早购买者人数较少,新商品市场需求小,销售增长缓慢,并逐渐呈持续扩大的状态。

此阶段企业在营销实施中要注意以下几点。

① 产品设计要突出"流行元素",注重整体塑造商品新形象。
② 做好广告宣传与促销创新,引起消费者注意,尽快缩短酝酿期。
③ 注意调查消费者初次使用后的评价意见,提高产品质量,完善售后服务。

2. 发展上升期

流行发展期是指在极少数消费领袖的示范下,引发那些思想比较活跃的消费者跟风模仿或攀比,随着跟风者的增多,市场对新产品花色品种的需求增加,越来越多的人开始宣传或炫耀新产品,经营者和消费者都明显增加。企业在此阶段的营销策略如下。

① 洞察市场反应,做好销售统计,及时分析影响流行的因素。
② 加大广告宣传力度,增加与消费流行相符的花色品种,产品供应要充足。
③ 以"短渠道"和"宽渠道"的营销策略,及时把新产品推向市场终端,以便消费者购买。
④ 为产品的可能流行提前做好扩大生产的准备,要防止流行到来后产品供不应求而错失良机。

3. 高潮普及期

在从众心理的支配下,多数消费者开始接受、购买这种即将流行的商品,呈现"卖方市场"的特征,产品市场需求急剧增加,产品供不应求,有时甚至出现短暂的抢购风,消费流行正式形成并不断向其他市场扩散,产品销售出现高峰并持续一段时间。在这一时期,随着产品销量和企业利润的不断增加,产品价格会随销量的增加而逐步降低,产品流行至普及状态,持观望态度的消费者极少,产品供求平衡,销量在短期内能维持较高水平,随后进入衰退期,销量很快下滑;同时,这一时期因为产品畅销,成本较低,市场上极易出现假冒伪劣产品。企业在此阶段的营销策略如下。

① 企业要充分利用现有设备和人力,最大限度地扩大生产规模,增加花色品种,提高产品质量,全力开拓市场,以扩大产品销量。
② 调整广告宣传内容,提醒消费者注意和辨别产品的真伪。

③ 当产品进入普及阶段或产品销量不再增长时，企业应迅速停止扩大生产。

④ 要未雨绸缪，加强市场预测与调查，为进入流行衰退期做好转产准备，同时要加速新产品的开发设计。

4. 流行衰退期

流行商品被广泛使用后，人们对它习以为常、不再好奇，当市场上出现其他新产品时，人们的消费兴趣就会逐渐转移，流行商品的市场需求逐渐下降，商品进入流行衰退期。这一时期，流行商品已基本满足了市场需求，销量呈递减趋势，市场占有率下降，产品供大于求，呈现"买方市场"特征，为处理过剩产品，企业竞争激烈。当一种新的商品流行开始时，也就意味着另一种消费流行的终结。企业在此阶段的营销策略如下。

① 减少产量和库存，以降价等积极手段抓紧时机销售剩余产品。

② 加速资金周转，加大新产品开发的资金投入，完善新产品的设计。

③ 试销新产品，加强新产品的市场宣传与售后调查，打开新产品的市场销路，寻求新的市场商机。

案例提示

牛仔裤的由来

说起牛仔裤，人们自然会想起 1849 年美国那次淘金潮。当时第一批踏上美国大陆的移民，他们可以说是一穷二白，他们不得不拼命地工作。巨大的劳动强度使得衣服极易磨损，特别是在 1849 年矿工们一窝蜂地涌进加利福尼亚州，形成了当时著名的淘金潮。由于衣料非常容易破损，人们迫切希望有一种耐穿的衣服。在这种背景下，坚实、耐用的牛仔裤应运而生。利维·斯特劳斯（Levi Strauss）被公认为是牛仔裤的发明者。1850 年，他所创立的利维公司（Levi's）生产的 501 牛仔裤就是世人所知的牛仔裤的鼻祖。20 世纪 30 年代中期，在美国中西部农业地区几乎人人都穿的牛仔裤第一次被带到密西西比河以东的繁华都市，从此牛仔裤开始步入流行服饰的浪潮。

在人们的印象中，经典的牛仔裤应该是这样的：靛蓝色、纯棉斜纹布、臀部紧身、中低腰短裆设计、裤腿略小、拷钮、缉明线、贴袋、钉标牌等装饰。然而，最早的牛仔裤与我们想象中的并不相同。牛仔裤的鼻祖——利维公司推出的 501 牛仔裤可以说是牛仔裤的经典之作。下面我们就简要地回溯一下牛仔裤从诞生到成为经典的流行变迁过程。

1855 年——最早的牛仔裤只有一个后袋，并且没有约克。

1872 年——始创用金属铆钉加固牛仔裤受力部位。

1873 年——牛仔裤由灰色改为靛蓝色。后袋饰以橙色的双拱式线迹。

1886 年——把后腰标牌的图案由小矮人改为两匹马。

1890 年——加上一个表袋与后约克。

> 1905年——加上第二个后袋，至此牛仔裤有五个口袋的形式固定了下来。
> ……
> 1947年——拱式线迹重新出现。
> 1950年——为顺应时尚潮流，裤管裁成更瘦身的式样。
> 1955年——开始生产装有拉链的501牛仔裤。
> 1959年——开发出经过预缩处理的牛仔裤。
> 1966年——后口袋角处以条棒形短线迹代替铆钉固定。
> 1983年——由于织机技术的改进，使得门幅增宽，红裤边消失。
> 进入20世纪90年代，科技的高速发展使制作牛仔裤的工艺技术大大提高，加上时间的积累令牛仔裤获得了今天的完善结构。

5.3 消费习俗与消费者心理

5.3.1 消费习俗概述

1. 消费习俗的概念

习俗，即风俗、习惯。消费习俗是指一个地区或民族的人们在长期的经济活动与社会活动中，所形成的独具特色的消费习惯。消费习俗主要包括人们的信仰、饮食、服饰、婚丧、交往、节日活动等物质与精神产品的消费习惯。消费习俗是人类社会风俗的重要形式之一，其产生的原因是多方面的，与自然、经济、政治、文化、道德、宗教等因素都有关。

消费习俗形成于人们长期的消费生活中，是大多数人普遍接受和共同遵循的习惯；消费习俗既有共同特征，又可分为不同类型。深入研究消费习俗的有关规律及其对消费心理的影响，不但有利于企业搞好生产经营活动，也有利于人们保留合理的消费习惯，抛弃陈规陋俗，引导健康消费新潮流。

我国传统文化博大精深，很多消费传统都暗含了一定的思想文化，当前要充分挖掘传统消费习俗中有益的文化元素，保留文化内涵，变换产品形式，既是认同消费传统，又能给企业提供很多商机。对不同地区和民族消费习俗进行深入研究，掌握不同民族的传统生活方式与消费习俗，了解不同地区的民族文化、伦理信仰、习俗忌讳等群体心理，有助于企业开拓市场，增强市场营销的合理性和艺术性。

2. 消费习俗的特征

消费习俗是世代相传的结果，一经形成就不会轻易改变，是一定群体消费心理倾向的反映，具有地域性、稳定性、社会性和非强制性等特征。

（1）地域性

消费习俗是在人们长期的生活消费中逐渐形成的，由于不同地区的人们所处的自然条件与社会环境存在差异，形成了各具地域特色的生活方式和消费习惯，带有明显的地域特点和民族色彩。比如，在饮茶方面，中原地区一般喜欢喝绿茶，西藏人则喜欢喝砖茶，东北人偏爱喝花茶，东南沿海及我国台湾地区的民众爱喝乌龙茶；在饮食方面，南方人吃米饭是传统，北方人则习惯吃面食。

（2）稳定性

消费习俗是在漫长的生活消费中逐渐形成和发展起来的，很多消费习俗都经历了上千年的演变、传承和固化，所以具有长期的稳定性。因此，在通常情况下，企业应当充分尊重和利用合理的消费习惯，借之创造性地开展好营销工作，而不是首先试图设法改变它。

（3）社会性

消费习俗是人们在长期共同的消费生活中互相影响而形成的，与特定地区一定时期的自然、经济、政治、文化、道德、宗教等因素密切相关，它既是大家共同参与的结果，也是一定时期社会生活的反映，要依赖于社会的发展而改变，具有明显的社会性特征。

（4）非强制性

消费习俗的形成和长期稳定存在，不是社会强制的结果，而是通过一些无形的社会约束力量发生作用的。约定俗成的消费习惯，对人们的日常生活发挥着重要的心理导向作用，人们已习惯于它的存在和影响，虽然无强制力量，但自觉遵守已成习惯。

当然，不是所有延续到今天的消费习俗都是健康合理的，应当通过教育、引导保留消费习惯中的合理成分，摒弃陈规陋俗，创新生活，使人们的消费习惯更加健康、有益。

5.3.2 消费习俗的分类

消费习俗的形成过程及其特点，决定了不同国家、不同地区、不同民族消费习俗的多样性，为了便于研究，总体上把消费习俗分为两大类。

1. 物质生活类消费习俗

物质生活类消费习俗主要包括饮食习惯、服饰习俗、日用品使用习惯和住宿习俗等。这类习俗的形成，受地区自然环境条件的影响较大，自然条件影响着人们的生产方式和物质生活内容。例如，受地理、土壤、气候等因素的影响，北方人喜欢吃面食，多以动物毛皮制衣御寒，好饮烈性白酒；而南方人以米饭为主食，多以植物纤维制衣御寒，好饮黄酒、果汁酒。再如，住宿方式上，蒙古人住蒙古包，陕北人住窑洞，山区人修建木制阁楼，平原地区建造瓦房，等等。随着经济发展、科技进步和物流畅通，物质生活内容正向现代化、趋同化方向发展，这些消费习俗的影响正在逐渐减弱。

2. 文化活动类消费习俗

这方面的习俗主要有喜庆类习俗、社会纪念性习俗、地域文化类习俗、社会交往习俗、宗教习俗和丧葬习俗。这类消费习俗的成因更为复杂，与自然、政治、文化传统、宗教习惯及其他偶然因素都有关，有的也与物质生活习俗相互交融，但与单一的物质生活消费习俗相比更具稳定性。例如，端午节吃粽子，中秋节吃月饼，等等。

> **名词提示**
>
> **习俗**
>
> 喜庆类消费习俗主要是为了表达彼此间的庆贺、祝愿等美好的心理需求，包括婚嫁、添子、祝寿、乔迁、庆典及重大喜庆节日等活动习俗。
>
> 社会纪念性消费习俗是一定地区为纪念历史上具有特殊意义的人物和事件而沿袭下来的与消费有关的传统习惯。例如，我国的清明节、端午节、中秋节皆是如此。
>
> 地域文化类消费习俗，文化内涵丰富，形式多样，如风筝节、花灯节、舞龙节、泼水节、啤酒节等。
>
> 社会交往习俗是人们在长期共同生产生活中逐渐形成的。中国人的情感消费具有民族特色，如给家人送生日礼物，不空手看望亲朋好友，请客吃饭，喜庆致谢等。
>
> 宗教习俗，对信仰该宗教的人群具有很强的约束力，同时具有浓厚的宗教色彩，如伊斯兰教、佛教都有自己的消费习俗和禁忌。
>
> 丧葬习俗，不同的民族对丧葬方式和丧葬礼仪的安排相差很大。例如，汉族一般采用土葬，而有的少数民族至今仍沿袭天葬、水葬。

5.3.3 消费习俗对消费者心理的影响

随着社会的进步，人们的生活方式不断改进，新的消费方式层出不穷，虽然对原有消费习俗带来了不小的冲击，但消费习俗依然在很大程度上影响着人们的消费心理。

1. 消费习俗给大多数消费者心理带来了某种稳定性

消费习俗是长期形成的，是群体消费心理定式的集中表现，使消费者在从事相关消费时，不知不觉地受群体消费心理定式的影响，使大家的消费需求与购买对象趋于一致，很少产生其他想法，给大多数消费者心理带来了某种稳定性。

2. 消费习俗强化了消费者的心理与行为

消费习俗属于传统习惯的范畴，虽无强制性要求，但因长期得到大多数消费者的认可，而且很多消费者还因本地有特色的消费习惯而自豪，这种对传统习惯的认同感、偏爱感、自豪感，对消费者购买动机起到了正向强化作用，并坚定了消费者遵从消费习惯的意志。

3. 消费习俗使消费者心理的变化减慢

由于消费习俗是长期形成、世代相传的,给多数消费者心理带来了某种稳定性,对消费者的购买动机起到了正向强化作用,消费习俗使消费者心理不会轻易改变。

正因为如此,要改变消费习俗,非一日之功,须经过一段时间的教育引导,逐渐改变消费者的认知;同时,还要通过消费产品创新,增强新的消费体验,方能使消费者接受新的消费观念和内容。

典型案例分析

"限塑令"实施一年效果显著

"限塑令"实施近一年来成效显著,塑料购物袋使用量明显减少。其中,商场和超市最为明显,减少量在 75%左右。据有关协会调研测算,如果按目前超市塑料袋的使用量减少 2/3 左右计算,每年可减少塑料消耗 27 万吨以上,相当于节约石油 160 万吨。

2007 年底,国务院办公厅印发了《关于限制生产销售使用塑料购物袋的通知》。为了贯彻落实《通知》精神,国家发展和改革委员会同有关部门制定出台了相关政策措施,加强组织协调,积极推进相关工作。国家发展改革委将厚度小于 0.025mm 的塑料购物袋列为淘汰类产品,禁止在我国境内生产、销售和使用;商务部、国家发展和改革委员会、工商总局制定了《商品零售场所塑料购物袋有偿使用管理办法》;国家质检总局和国家标准委制定发布了《塑料购物袋》等相关国家标准。各地在加强塑料袋生产经营行为监督检查的同时,采取多种形式开展宣传教育,倡导消费者自觉养成节约环保的消费理念和消费习惯。

为了巩固现有成果,抓好落实"限塑"工作,国家发展和改革委员会等部门下发通知,在全国范围内开展为期一个月的"限塑"专项检查。通过检查,查找问题,研究提出下一步加强监管的政策措施,确保"限塑"政策的有效实施。

第 6 章　商品的价格与消费者心理

6.1　商品的价格

消费者在购买商品过程中的各种心理活动都与商品价格有密切联系，这主要是受价格心理功能的影响，研究价格心理功能必须研究价格的影响因素。

6.1.1　商品价格的心理因素

1. 价格预期心理

价格预期心理是指在经济运行过程中，消费者群体或消费者个人对未来一定时期内价格水平变动趋势和变动幅度的一种心理估计。从总体上看，这是一种以现有社会经济状况和价格水平为前提的主观推断。如果形成一种消费者群体的价格预期心理趋势，将会较大地影响市场某种或某类商品现期价格和预期价格的变动水平，因而它是企业价格决策中必须考虑的重要心理因素。例如，消费者的通货膨胀预期心理将导致他们对当期商品进行大规模的超前购买，以致造成抢购风潮。同时也会给生产者和经营者传递当期销售过旺的错误信息，致使企业在生产上盲目扩大规模，经营中表现为惜售商品、囤积待销等不规范行为，甚至影响企业较高层次经营决策的制订与规划，加剧经济运行的不平衡和不协调。

> **案例提示**
>
> **我国国内抢盐盛况**
>
> 2011 年 3 月 11 日日本大地震后，日本的核电站被海啸摧毁，引发核泄漏，整个日本东南部都面临着核辐射的威胁。在我国，小道消息满天飞，很多人产生了恐惧心理，担心受到日本的核辐射，听说碘可以防辐射，又担心用来提炼盐的海水被核污染，所以，很多民众都开始抢购食盐。3 月 16 日下午，沿海城市开始了疯狂的抢购潮，到 3 月 17 日，抢购潮已经席卷全国。人们争相给自己的亲戚朋友打电话，告诉他们赶紧买盐。有人给家人打电话说："别不当回事，正常的消耗你总得有吧，别人买完了你吃什么？物流肯定跟不上抢的速度。听说马上要涨到 20 元了，万一家里缺盐又买不到盐，200 元也得买是不是？"疯抢食盐的情景让人瞠目。"太吓人了，从没见过这样抢购盐的场面，前几年食用油涨价都没现在抢得凶。"一家小超市的老板说，"上

午刚开门不久，就有人进来买盐，一进门就问还有多少，超市里的食盐直接被他全包了。"到 3 月 17 日中午，几乎所有商店的盐都被抢光了，纷纷挂出"盐已售完"的牌子。有的商家趁此哄抬食盐价格，竟然把平时卖 8 角一包的加碘食盐卖到 6 元甚至 10 元一包。我国有关部门及时做出了回应，当天晚上电视上有关专家就出来辟谣，"中盐"还采取了 24 小时供应对策，3 月 18 日，食盐就陆续出现在各超市、商店的柜台上，盐荒很快得到了解决。这次闹盐荒的时间虽然短，但充分说明了它的发生是由于人们的价格预期造成的，同时也把出现价格预期时的抢购现象和商家哄抬物价现象暴露无遗。

2. 价格观望心理

这是价格预期心理的另一种表现形式，是以主观判断为基础的心理活动。价格观望心理是指对价格水平变动趋势和变动量的观察等待，以期达到自己希望达到的水平后才采取购买或其他消费行为，从而取得较为理想的对比效益（即现价与期望价之间的差额）。观望心理一般产生于市场行为比较活跃的时期，消费者常根据自身的生活经验、自我判断及社会群体的影响来确定购买时机。这种观望心态形成社会消费者的群体意识后，可对企业以至社会造成很大的压力，可表现出社会性的购买高潮和社会性的拒绝购买两种极端行为。通常情况下，价格观望心理在耐用消费品及不动产的消费方面表现较为明显。

3. 价格攀比心理

价格攀比心理常表现为不同消费者之间的攀比和生产经营者之间的攀比。消费者之间的攀比心理会导致盲目争购、超前消费，以致诱发和加剧通货膨胀态势，成为促进价格上涨的重要因素。例如，股票市场中在其他条件不变时出现的暴涨暴跌就是这种价格攀比心理造成的典型投机行为；拍卖市场中的竞相抬价也是这种心态较为突出的反映；人们对高档耐用消费品、首饰、时装等的购买，也往往受到这种心理的支配。生产经营者之间出现的价格攀比心理会直接导致价格的盲目涨跌，进而冲击消费者正常的消费心理判断能力，使市场出现不应有的盲目波动。

> **案例提示**
>
> **天价圣诞餐**
>
> 继"天价月饼"、"天价年夜饭"之后，圣诞餐价格近年来也水涨船高，山东省济南市一家五星级酒店的圣诞晚宴更是标出 10 万元一桌的"天价"。中国式奢侈攀上洋节日，令人咋舌。
>
> 平均每人 1 万元一顿的圣诞餐，放眼全国都少有。但该酒店公关部经理李某却认为，10 万元一桌的圣诞餐，价格并不贵，"总统套房两天的价格是 4 万元，自助餐和酒水加起来得 5 万元。酒店方做了相关计算，如果单项累加，每桌的实际价位约在 23.7 万元。我们报价 10 万元，已经打了很大折扣。"

"天价圣诞餐"的出现，更像是"天价年夜饭"的翻版。近年来，年夜饭屡屡创下价格纪录，动辄就是十几万元。据媒体报道，虎年春节，杭州、广州等地都出现了近20万元一桌的年夜饭，普通消费者可望而不可即。

山东大学教授、民俗专家李浩认为，中国已经进入消费社会，很多人通过穿名牌、开名车、住别墅等行为来构建自己的身份认同，产生一种自我优越感。"天价圣诞晚宴"、"天价年夜饭"层出不穷，就是迎合了这些人的攀比心理。

对于"天价"频出的现象，山东大学哲学与社会发展学院副院长马广海认为，部分人群需要一定的把自己和别人区分开来的标签，天价消费、奢侈消费之所以有人买单，就是有些人想从消费的角度把自己和普通大众区分开来。这也就是社会学意义上的消费分层，从市场角度看这种行为无可厚非。

但是，马广海认为，值得警惕的是随着社会的迅速分化，一批暴富人群成为"炫耀性消费"的主体，这些人群一掷千金的行为无论是在国内还是在海外，都令人侧目咋舌。这显示了暴富人群对财富的认识还十分欠缺，"国民已经富起来，但国民的财富观还不成熟，如何认识财富，如何管理财富，还处在低级水平上。提高国民素质，树立成熟的财富观，应成为今后社会建设的一个重点。"

4．价格倾斜心理与补偿心理

心理学中，倾斜反映了某种心理状态不平衡，补偿是反映掩盖某种不足的一种心理防御机制，两者都是一种不对称心理状态的反映。这种状态来自利益主体对自身利益的强烈追求。例如，消费者在购买商品过程中，与售货员讨价还价时，总是希望以自己出的较低的报价成交，这就是价格倾斜的一种反映；如果他觉得某种商品买贵了，就希望能在购买其他商品时得到补偿，这是价格补偿心理的一种表现。

在日常生活中，许多人既是生产经营者或管理者，又是普通消费者。作为企业经营者或管理者，价格倾斜心理与补偿心理可导致价格决策中的心理矛盾和错误选择，他们总是希望自己产品的售价越高越好，别人产品的售价越低越好，而购进的价格越低越好。作为消费者，他们总希望自己的收入越多越好，而商品的价格越低越好。这种不对称、不平衡的心态会使人成为价格的"两面人"，如果这种心理态势在群体中不断强化，就会产生一种社会冲动。在法制意识不健全的条件下，这种冲动会导致不正当竞争行为的产生，如哄抬物价、变相涨价、假冒伪劣、低质高价、以次充好等，扰乱社会经济秩序，破坏多年来在消费者心目中形成的价格心理标准，使消费者失去对商品质量和价格的信任感。

6.1.2 商品价格的心理功能

价格有其一般的、共同的心理功能，在一定程度上影响消费者的购买行为。价格的心理功能主要有以下几个方面。

1. 衡量商品价值和品质的功能

在价格心理上,消费者把价格看做衡量商品价值和品质的标准,看成商品价值的货币表现,认为价格高的商品,其价值就大,品质就好。特别是在现代市场中,商品品种越来越多,消费者对商品的优劣难以辨别,更不知道商品的价值是多少,因此,一般都在心理上把商品价格看成价值的符号、品质的代表。

价格的心理机制的作用、商品信息的不对称、消费者购买行为的非专业性,导致消费者在选购商品时,尤其对自己不太熟悉的商品,总是自觉不自觉地把价格同商品品质及内在价值联系起来。他们常常认为,商品的价格高则意味着商品的质量好,商品的价格低则质量差,即"好货不便宜,便宜没好货"、"一分钱一分货"。所以,便宜的价格不一定能促进消费者购买,相反可能会使人们产生对商品品质、性能的怀疑。适中的价格,可以使消费者对商品品质、性能有"放心感"。

2. 自我意识比拟的功能

商品的价格不仅表现着商品的价值,在某些情况下,消费者在购买活动中可能通过联想,把商品价格的高低同个人的愿望、情感、个性心理特征联系起来,进行有意或无意的比拟,以满足个人的某种欲望和需求,这种心理过程叫做价格自我意识比拟。自我意识比拟心理同消费者本身的气质、性格、兴趣、爱好、动机、态度、价值观等有关,因此这种心理的表现往往因人而异,千差万别。这种比拟功能主要产生于消费者对自身以及自身以外的客观事物的认识,也受个人主观臆想与追求的影响。例如,社会经济地位比拟、文化修养比拟、生活情趣比拟等。

① 社会经济地位比拟。在现实生活中,有一些人经济收入并不高,但却总是到高档百货商店或专卖店购买名牌服装、首饰、奢侈用品,其目的是通过这些高档次的消费品显示自己的经济收入高,进而提高自己的社会地位。他们认为到大众商店、小摊位购买商品,是收入低、没品位的表现,有损自己的形象。

② 文化修养比拟。例如,有的人为了彰显自己的文化修养水平高,不惜重金购买名人字画悬挂在客厅里;有的人为了显示自己知识渊博和高品位,就购买许多精装豪华书籍摆放在书柜里。

③ 生活情趣比拟。有的消费者对音乐和舞蹈抱有极大热情与爱好,遇到大型音乐会或歌舞剧表演总舍得花高价买票去观看,希望获得情趣高雅的感觉,获得心理上的满足。

3. 抑制消费需求的功能

价格对消费需求的影响甚大,一般认为,在其他条件不变的情况下,消费需求量的变化与价格变动呈相反趋势,即价格上涨时消费需求量下降,价格下降时消费需求量上涨。至于商品价格影响商品需求量变化幅度的大小,则受商品需求的价格弹性制约。

商品需求的价格弹性是用来衡量商品需求量的变动对于商品自身价格变动反应的敏感程度。根据需求定理，在其他条件不变的情况下，需求量随价格的变动而变动，但变动方向相反。在价格上升或下降后，需求量减少或增加的幅度会因商品种类的不同而不同。价格对需求的影响和调节能力的大小受商品需求弹性的制约。不同种类的商品，需求弹性不同。我们可以用需求的价格弹性系数 EP 来衡量需求弹性的大小，它表示价格变化与市场的消费需求变化之间的函数关系。EP 等于需求量变动百分比除以价格变动百分比，其计算公式为

$$EP = \frac{\Delta Q / Q}{\Delta P / P}$$

式中，EP——需求弹性系数；
　　　ΔQ——需求变动量；
　　　ΔP——价格变动量；
　　　Q——原需求量；
　　　P——原价格。

① EP=0：完全无弹性。有的商品价格变化后，需求量并不发生任何变动。例如，糖尿病人对胰岛素的需求，每天的用量是固定的，需求量不会随价格的变化而变化。

② EP<1：缺乏弹性，不富弹性。一般情况下，生活必需品如食盐、糖、食用油等由于是生活中不可缺少的，小幅度的价格变动不会引起需求急剧变动，因此被认为是缺乏弹性的。若某种产品的需求是缺乏弹性的，则企业降价会减少总收益，而企业提价会增加总收益。在农产品市场上，菜农丰收往往会造成菜农收入的减少，也就是"菜贱伤农"。因为农产品的需求弹性一般都比较小，农产品丰收而需求量却没有明显增加，为此，农民只能降价销售，从而导致了农民增产不增收。所以在有些地方，有的时候农作物丰收后会把部分农作物销毁或贮藏起来，就是为了减少农民的损失。

③ EP=1：单一弹性或恒一弹性。需求量变动幅度与价格变动幅度相同，即价格每提高1%，需求量相应地降低1%，反之亦然。

④ EP>1：富有弹性。商品价格稍有变化，需求量就会发生很大的变化。非生活必需品如箱包、装饰品、计算机、旅游等需求弹性较大。若能判定某些商品的需求是富有弹性的，则厂商可以采取降价的策略，也就是"薄利多销"的策略，不能采取提价的策略。

⑤ EP=∞：完全弹性。此时，需求量的变动幅度远远大于价格的变动幅度，即相对于无穷小的价格变化率，需求量的变化率是无穷大的。这类商品在现实生活中很少，只有在完全竞争市场上才会出现。在完全竞争的市场上，企业若是以略低于市场的价格来出售商品，商品就会立即销售一空。

另外，社会心理因素还会导致某些商品的需求量与价格的变化方向出现"反常"，这种商品和效应被称为吉芬商品和凡勃伦效应。

综上所述，企业在制订或变动产品价格策略时，一定要考虑自己产品的特点和价格

需求弹性的大小,这样才能够更好地利用价格策略,在竞争中求得生存与发展。

名词提示

吉芬商品和凡勃伦效应

吉芬商品是指在其他因素不变的情况下,价格如果上升,消费者对其需求量就会随之增加的商品。这是19世纪英国经济学家罗伯特·吉芬对爱尔兰的土豆销售情况进行研究时发现的。当时吉芬观察到一个现象:当土豆价格上涨的时候,人们会购买更多的土豆;而当土豆价格下降的时候,人们反而减少了购买量。人们把这一现象叫做吉芬现象,把具有这一特点的商品叫做吉芬商品。此外,比如黄金、白银和股票等商品,越是涨价,人们越是愿意购买;越是降价,人们的购买热情越低。

凡勃伦效应是商品价格越高,消费者反而越愿意购买的消费倾向,最早由美国经济学家凡勃伦注意到,因此被命名为凡勃伦效应。例如,一些家庭为了显示其地位尊贵,愿意购买价格昂贵的名画、古董等;而当这些商品价格下跌到不足以显示其身份时,就会减少购买。1.66万元的眼镜架、6.88万元的纪念表、168万元的高级钢琴,这些近乎"天价"的商品往往也能在市场上走俏。实际上,消费者购买这类商品并不仅仅是为了获得直接的物质满足和享受,更大程度上是为了获得心理上的满足。具有这种"炫耀性消费"特征的商品被称为"炫耀性商品"。这种消费现象随着社会发展有增长的趋势。

6.2 消费者的价格心理

商品价格对消费者消费心理的影响,以及消费过程中所产生的价格心理现象,称为消费者的价格心理。

6.2.1 消费者价格心理特征

1. 习惯性心理

消费者评价商品价格是否合理的主要依据,是根据自己以往购买商品的经验所形成的印象,这就是"消费者对商品价格的习惯性心理"。消费者对商品价格的认识,是在多次的购买活动中逐步体验的,并形成了对某种商品价格的习惯性。虽然商品价格有客观标准,但是在现代社会里,由于科学技术的飞速发展,生产力水平大幅提高,决定商品价值的社会必要劳动时间变化莫测,消费者很难对商品价值的客观标准了解清楚,因此,在多数情况下对价格的认识,只能根据他们自己反复多次的购买经历来进行测定,并逐步形成了对商品价格的习惯。这种习惯往往支配着消费者的购买行为,成为消费者衡量商品价格是否合理的一个尺度。如果某个商品价格在他们认定的尺度内,他们就乐于接受;超过这个尺度,他们就不愿意接受。消费者的价格习惯一经形成,往往要维持相当一段时间,它支配着消费者的购买行为。因此当商品价格变动时,往往会迫使消费者的价格习惯经历一个困难的由不习惯、不适应到比较习惯、比较适应的过程。例如,火柴几年前是五角钱一盒,这种价格稳定了几年,后来涨价到一元钱一盒,开始时消费者不习惯,但该价格稳定了几个月后,也就被消费者接受了、习惯了。一般来讲,成为习惯性心理价格的商品多数是日常生活用品。

2. 敏感性心理

敏感性心理是指消费者对商品价格变动的反应程度。这种敏感性既有一定的客观标准,又有消费者在长期购买实践中逐步形成的一种心理价格尺度,具有一定的主观性。这两者共同作用,影响消费者对不同种类商品价格变动的敏感性。有的商品价格发生一点变化,人们便会感觉到;而有些商品即使价格调整幅度很大,消费者也不会产生强烈的心理反应。造成这种差异的原因是消费者对各种商品价格变动的敏感性不同。对那些经常购买的商品的价格,消费者的敏感性较高,如食品、蔬菜、肉类、煤气、水、电、汽油等,这些商品的价格略有提高,消费者马上会感觉到并做出强烈反应;而一些购买次数少的高档消费品,如音响、钢琴、家具等,即使价格比原有水平高出几十元、上百元,人们也不太计较,即消费者对这类商品的价格敏感性较低。

3. 感受性心理

消费者对商品价格的感受性心理是指消费者对商品价格高低的感受程度。

在一个商场中,同一价格不同组合的商品会使消费者产生不同的感受。市场上的商品由于货位的摆放、服务方式、营业场所的气氛不同,往往会使消费者做出不同的价格判断。这是因为消费者普遍具有一种先验心理。由于人的直觉上的差别,会引起不同的情绪感受。展厅环境布置的优劣,商品陈列造型和颜色搭配,灯光和自然光的采用,营业员的仪容,都能给消费者提供不同的感觉,从而影响消费者对价格的判断。例如,某种商品的单价为 50 元,分别摆在两个不同组合的柜台里。甲柜台上多数商品的价格低于 50 元,是偏向于低价格的系列;乙柜台上多数商品的价格高于 50 元,是偏向于高价格的系列。本来,同一价格的商品摆在不同的柜台中,其价格知觉应该是一样的。但在这种情况下,由于受背景刺激因素的影响,消费者在甲柜台会觉得它的价格高,在乙柜台会觉得它的价格低。

同一使用价值的商品,由于销售地点的不同,使消费者对商品价格的感受不同。在繁华的地方设店,顾客数量多,需求量大,价格高一些,仍有较大的销售量。而在偏僻地区设店,由于交通不便,只能以低价销售来吸引顾客。例如售价为 100 元的同一件服装,分别放在自由市场和时装精品屋出售,给人的感觉是完全不同的:在自由市场,人们觉得它贵;在时装精品屋,人们会觉得它便宜。

4. 倾向性心理

倾向性心理是消费者在购买过程中,对商品价格选择所表现出的倾向。商品的价格有高、中、低档的区别。由于消费者的社会地位、经济收入、个性特点、价值观等方面的不同,在购买商品时会出现不同的价格倾向。

（1）求廉心理倾向

这是一种以追求廉价商品为主要目标的购买心理。具有求廉心理的消费者,往往是处理品、特价品、残次商品、二手商品的主顾。这类顾客对商品的价格特别敏感,而对商品的质量则不太苛求。只要商品的价格便宜,质量有点问题,不影响使用就可以。物美价廉固然好,物欠美而价优惠也还合算。针对具有这种心理的消费者,企业在制定价格策略时就应当研究在保本的情况下,如何降价才能使销售量达到最大。降价策略对这类消费者往往会产生奇特的效果。企业在积压产品过多的情况下,采取此类策略无疑会给企业带来新的转机。

（2）求贵心理倾向

有的消费者认为价格不仅体现着商品的价值,在某些情况下还具有体现消费者社会地位高低的社会心理含义。比如,"社会地位高了,西装就应穿 10000 元以上一套的","皮鞋低于 500 元一双就没法穿"等。求贵心理是一种以追求荣耀为主要目的的购买心理。这种消费者特别注重商品的威望和象征意义,所以足以彰显购买者富裕程度的名贵商品,往往是这类顾客追求的对象。针对消费者的这种消费心理,企业可以采用高价策略。例如,企业的产品刚进入市场,供给量少,拥有它可以显示自己的富有和与众不同,这时采取高价策略正迎合了这类消费者的心理。如果企业的产品是名牌,即使价格比较高,消费者也认为合情合理,若是把价格定低了,反而会削弱名牌带来的效应。

（3）求实心理倾向

有这种心理的消费者在购买商品时,重视产品的使用价值,讲究经济实惠,而不片面追求名牌高档,也不是只买贱的不买贵的,他们希望以尽量少的钱买到称心如意的商品。这种心理在消费者中极为普遍,有这种心理的人大多数属于中低档购买能力的消费者。

6.2.2 消费者对价格的判断

1. 消费者判断价格的三种途径

① 与市场上同类商品的价格进行比较。例如,消费者要买太阳能热水器,就会调查了解不同品牌太阳能热水器的用料、性能和价格,比较价格的高低,分析它们的性价比。

② 同一型号的商品在不同商场销售价格的比较。例如,消费者要买某一个型号的佳

能数码相机，他会逛几个商场，比较这几个商场的报价，了解哪个商场的价格高，哪个商场的价格低。

③ 通过商品自身的品牌、外观、重量、包装、产地等进行价格比较。消费者通常认为品牌商品的价格高。此外，商品的包装、装潢是否精美、新颖、独特，各种附件和说明书是否齐全等，都会使消费者产生不同的价格判断。例如，某一旅游地区出产的芋头刚开始放到超市里散卖，不仅价格低，销售得还很慢。后来，厂家把它们装入精致的礼品盒中，作为旅游纪念品出售，不仅价格上去了，销路也打开了。这就是因为人们对散装商品价格判断低，而对精装且有特殊意义的商品价格判断高，所以同样的商品放到精品盒中即使价格上涨了很多，人们也愿意购买。

2．影响价格判断的主要因素

① 消费者的经济收入。消费者的经济收入是影响消费者价格判断的主要因素。例如，同样一件价格为 2000 多元的时装，对于一个月收入超过 8000 元的白领来说还能够接受，可能是其能够负担的价位；但对于一个月收入仅 800 元的低收入者来说就特别昂贵，是无法承受的。

② 消费者的价格心理。习惯性心理、敏感性心理、倾向性心理等价格心理都会影响消费者在购买商品时的价格判断。例如，商品的价格高出了消费者的习惯价格，他就会觉得太贵了。从经济发达地区到经济落后地区去的人，会觉得经济落后地区的商品便宜，也是由于习惯了原地区的高水平物价导致的。

③ 出售场地。同样的商品在不同的出售场地出售，消费者的价格判断是不同的。例如，同样一件衣服以相同的价格在精品店、超市和集市上出售，消费者会认为那件衣服在精品店卖得便宜，在超市的价格适中，而在集市上的价格太高。因为消费者一般认为集市上的都是地摊货，价格都是比较便宜的，而精品店的商品都是做工精、质量好的商品，价格应该是比较高的。

④ 消费者对商品需求的紧迫程度。当消费者急需某种商品而又无替代品时，即使价格高些，消费者也可以接受。例如，火车上流动售货车销售的商品、旅游景点处销售的食品饮料等。

6.3 商品的定价心理

制订商品价格不仅是一门科学，而且需要一套策略和技巧。企业应从定价目标出发，运用价格手段，使其适应市场的不同情况，实现企业的营销目标。

6.3.1 对新商品定价的心理策略

一种新产品初次上市，能否在市场上打开销路，并给企业带来预期的收益，价格因素起着重要的作用。常见的新产品定价策略有三种，即撇脂定价策略、渗透定价策略和满意定价策略。

1. 撇脂定价策略

撇脂定价策略是指在新产品上市初期，把价格定得高出成本很多，以便在短期内获得最大利润。这种策略如同把牛奶上面的那层奶油撇出一样，故称之为撇脂定价策略。

这种定价策略的优点在于新产品上市，需求弹性小，竞争者尚未进入市场，利用高价不仅可以满足消费者求新、求异和求炫耀的心理，而且可以获得丰厚利润；价格高，为今后降价留有空间，为降价策略排斥竞争者或扩大销售提供可能。其缺点是价格过高不利于开拓市场，甚至会遭受抵制；同时高价投放形成旺销，容易使众多竞争者涌入，从而造成价格急降。

从市场营销实践来看，在以下条件下企业可以采用这种定价策略。

① 市场有足够的购买者，他们的需求缺乏弹性，即使把价格定得很高，市场需求也不会大量减少。高价使需求减少一些，因而产量减少一些，单位成本增加一些，但这不至于抵消高价所带来的利益。

② 在高价情况下，仍然独家经营，没有竞争者，如受专利保护的产品。

③ 为了树立高档产品形象。

> **案例提示**
>
> 1945年，美国雷诺公司从阿根廷购进圆珠笔专利，迅速制成大批成品，并趁第一颗原子弹在日本爆炸的新闻热潮，将圆珠笔取名原子笔。由于圆珠笔确实使用方便，免去了使用钢笔的诸多不便和烦恼，短期内无竞争者能模仿，该公司每支笔制造成本才0.5美元，却以20美元的零售价投放市场。半年时间内，雷诺公司生产原子笔投入2.6万美元，竟然获得了15.6万美元的丰厚利润。之后竞争者见原子笔获利甚厚便蜂拥而至，原子笔价格不断下降，雷诺公司把每支笔价格降至0.7美元，给了竞争者有力一击。

2. 渗透定价策略

渗透定价策略和撇脂定价策略相反，是以低价为特征的，把新产品的价格定得较低，使新产品在短期内最大限度地渗入市场，打开销路，就像倒入泥土中的水一样，很快从缝隙里渗透到底。这一定价策略的优点在于能使产品凭价格优势顺利进入市场，并且能在一定程度上阻止竞争者进入该市场。其缺点是投资回收期较长，且价格变化余地小。

新产品采用这一定价策略应具备以下条件。

① 新产品的价格需求弹性大，目标市场对价格极敏感，一个相对低的价格能刺激更多的市场需求。

② 产品打开市场后，通过大量生产可以促使制造和销售成本大幅度下降，从而进一步做到薄利多销。

③ 低价打开市场后，企业在产品和成本方面占据了优势，能有效排斥竞争者的介入，长期控制市场。

3. 满意定价策略

这是介于前两种策略之间的一种新产品定价策略，即将产品的价格定在比较合理的水平，使顾客比较满意，企业又能获得适当利润。这是一种普遍使用、简便易行的定价策略，以其兼顾生产者、中间商、消费者等多方面利益而广受欢迎。但此种策略过于关注多方利益，反而缺乏开拓市场的勇气，仅适用于产销较为稳定的产品，而不适应需求多变、竞争激烈的市场环境。

> **案例提示**
>
> 1989 年夏季，由美国可口可乐公司与杭州茶厂合资组建的中华食品公司开始灌装供应"雪碧"，把许多国产饮料挤出了市场，甚至一些"正宗进口"的洋饮料也甘拜下风。是什么原因使"雪碧"获得了这样的成功呢？
>
> 为了占领杭州饮料市场，中华食品公司采取了多种策略，包括产品策略、分销策略、广告促销策略等，其中价格策略的成功是"雪碧"成功不可忽视的重要因素。针对大众消费水平，"雪碧"价格确定在 0.65 元/瓶，介于国产普通汽水和进口易拉罐之间。当时，国产汽水每瓶 0.45 元，但口味不及"雪碧"；而进口饮料如"粒粒橙"每罐 3.4 元，不是一般人所能问津的。因而口味较好、价格适中的"雪碧"就比较受欢迎。同时，中华食品公司给予各个销售点较高的销售利润，即让出一部分利润给零售商。在杭州各销售点每销一瓶"雪碧"可得利 0.12 元，而普通国产汽水每瓶的销售毛利只有 0.07 元，故各零售点均愿销售"雪碧"。同时，尽管"粒粒橙"的销售毛利更大，但是问津者毕竟少，在销量上远不敌"雪碧"，经销它们易造成积压，阻碍现金流动。

6.3.2 对一般商品定价的心理策略

企业对于市场中处于成长期、成熟期和衰退期的商品，也要考虑它们的价格在消费者心中的变化情况，运用适当的定价心理策略来组织这些商品的销售活动。

1. 非整数定价策略

非整数定价策略也称零头定价或尾数定价策略，即给商品定一个零头数结尾的非整数价格的定价策略。这是一种典型的心理定价策略。利用消费者对商品价格感觉、知觉的差异所造成的错觉来刺激他们的购买行为。大多数消费者在购买日用消费品时乐于接受尾数价格。非整数价格给消费者的心理感受有以下几个方面。

① 商品价格非常精确，让人信赖。例如，大米1.34元一斤、橘子2.99元一斤等。消费者会认为这种价格是经过精确计算的，购买不会吃亏，从而产生信任感。

② 零头价格给人价格偏低的感觉。例如，一支牙膏定价为2.98元，给人的感觉是2元多，使消费者产生比3元一支便宜不少的感觉，这种定价策略符合消费者求廉的心理愿望。

目前，非整数定价策略是国际上广为流传的一种零售商品的定价策略。但由于世界各地的消费者有着不同的风俗习惯和消费习惯，所以，不同国家和地区运用这种定价策略时存在一定差别，其关键在于零头部分的设计上。零头的设计应该考虑销售地区人们的风俗习惯和好恶。因受不同风俗习惯的影响，有些数字是人们乐于接受的，而有些数字却是人们忌讳的。为此，零头部分设计得好，会促进销售，反之就会抑制销售。一些商业心理学家的调查表明，美国市场上的价格尾数以奇数为多，以奇数为尾数的价格中又以9最多，一般是9美分、49美分、99美分等。在调查中还发现，49美分的商品的销售数量远远超过50美分和48美分的商品的销售数量。对5美元以下的商品，零头为9的最受欢迎；而5美元以上的商品，价格的零头部分为95的最受欢迎。在日本和我国港澳地区，人们喜欢偶数，认为偶数给人以稳定、安全的感觉，而且在偶数中8最受欢迎。因为8在日本被认为是吉祥如意的象征。在我国港澳地区，人们认为8与"发"谐音，有发财的寓意。西方人认为13是不吉利的数字，尽量避免使用这个数字。在我国大多数地区，4因为和"死"谐音而受到冷落，8、9被认为是吉利数，很受人们的欢迎。例如，把项链定价为999元一条，寓意长长久久，常被男性选为送给女友的定情信物。

2. 整数定价策略

整数定价策略是指企业把商品价格定在整数上的一种定价策略。整数定价与尾数定价正好相反，企业有意将产品价格定为整数。这种定价策略适用于名、优、特或高档耐用消费品的定价及单位价格较高的商品和方便商品的定价。整数价格给消费者的心理感受有以下几个方面。

① 商品质量好、价格高。对一些高档耐用消费品，价格若为一个数目较大的整数，可以显示购买者的高贵和富有，满足其炫耀心理。例如，一部相机定价19998元，不如定价20000元，对于购买者来讲，多付2元钱根本不在意，而感觉上价格2万元的相机要比价格1万多元的档次高。

② 方便消费者。整数定价不用找零钱，省去了找零的麻烦，整数价格又便于记忆。对于价格较低的方便商品也适合选择这种定价策略。例如，很多儿童食品售价为1元、5元，就有利于儿童购买和记忆，起到促进销售的作用。

3. 声望定价策略

声望定价策略是企业利用自己在长期的市场经营实践中，在消费者心目中确立起的声望，通过制订较高的价格来满足消费者的求名心理和炫耀心理的一种定价策略。消费者的求名心理通常表现为对名牌产品的追求、对某种特定服务的追求等。所以这种定价策略只适用于高档名牌商品、奢侈品及确有特色的服务。不少高级名牌产品和稀缺产品，如豪华汽车、高档手表、名牌时装等，在消费者心目中享有极高的声望价值。购买这些产品的人，往往不在乎产品价格，而最关心的是产品能否显示其身份和地位，价格越高，心理满足的程度也就越大。采用这种定价策略时，应注意以下几个方面。

① 经营的商品或服务必须保证高质量，以维护和巩固消费者对商品、服务和企业的信任，维护商品、服务和企业的声誉。

② 价格不是越高越好，应确定在消费者可以接受的水平上；否则，价格过高也会抑制消费。

4．习惯定价策略

习惯定价策略是根据消费者的价格习惯心理制订符合消费者习惯的商品价格。有些商品如日用品、生活便利品，企业定价时要充分考虑消费者的习惯倾向，采用"习惯成自然"的定价策略。对消费者已经习惯了的价格，不宜轻易变动，降低价格会使消费者怀疑产品质量，反而会降低销量；提高价格会使消费者产生不满情绪，去寻找其他替代品，导致销售量大幅下降。在不得不需要提价时，应采取升级产品、改换包装或减轻净含量等措施，减少抵触心理，并引导消费者逐步形成新的习惯价格。

5．招徕定价策略

这是适应消费者"求廉"心理，将产品价格定得低于一般市价，个别的甚至低于成本，以吸引顾客由此及彼购买其他商品，从而扩大销售、增加盈利的一种定价策略。这种定价策略利用了消费者从众、求廉的心理。对于自己习惯性消费的日用品，消费者普遍存在着求廉的心理，一旦某种商品价格低于市价，消费者就会蜂拥而至。企业在采取这种定价策略时，往往事先利用报纸、广播、海报等媒体做好广告宣传，决定以比平常或其他企业低得多的价格（有时甚至低于成本）出售某种或几种商品，有的限时出售，有的限量出售，消费者常存在占便宜心理，会前来购买这些"特价"商品，企业以此招徕大批顾客。因为这些企业经营的品种很多，顾客除购买特价商品外，有许多人还会购买其他商品，这样，企业虽然在某一种或几种商品上受到损失，但总的营业额却会增加。招徕的顾客有的还可能是新顾客，以此促进了新顾客对企业经营商品、经营环境的了解，起到了广告宣传的作用，有利于企业今后的发展。

6．折扣定价策略

长期以来，折扣一直被企业作为增加销售量的主要方法之一，是企业常用的定价策略。折扣定价策略一般有下列几种折扣方式。

① 现金折扣。这是企业给那些当场付清货款的顾客的一种奖励。采用这一策略，可以促使顾客提前付款，从而加速资金周转。这种折扣的大小一般根据提前付款期间的利

息和企业利用资金所能创造的效益来确定，如商品房销售常采用这种方式。

② 数量折扣。这种折扣是企业给那些大量购买产品的顾客的一种减价，以鼓励顾客购买更多的货物。数量折扣有两种：一种是累计数量折扣，即规定在一定时间内，购买总数超过一定数额时，按总量给予一定的折扣；另一种是非累计数量折扣，规定顾客每次购买达到一定数量或金额时给予一定的价格折扣。

③ 季节折扣。这种折扣是企业给那些购买过季商品或服务的顾客的价格优惠，鼓励消费者反季节消费，使企业的生产和销售在一年四季保持相对稳定。这样有利于减轻企业存货积压的压力，从而加速商品销售，使淡季也能均衡生产，旺季不必加班加点，有利于充分发挥生产能力。

7. 分级定价策略

分级定价策略是指在定价时把同类商品分为几个等级，不同等级的商品，其价格有所不同。这种定价策略能使消费者产生货真价实、按质论价的感觉，同时还能满足不同消费水平的消费者的需要，因而容易被消费者接受。

6.3.3 对系列产品定价的心理策略

系列产品是指企业生产的产品不是单一的，而是相关的一组产品。与单一产品销售不同，系列产品定价必须兼顾产品之间的关系，以使整个产品系列获得最大的经济利益。为此，企业在考虑制定或调整某一产品价格的时候，不仅要考虑调价对该产品本身利润和成本的影响，还要考虑由于这种产品价格的变化，对其他相关联产品的利润和成本的可能影响。

1. 产品线定价策略

企业通常开发出来的是产品线，而不是单一产品。当企业生产的系列产品存在需求和成本的内在关联性时，为了充分发挥这种内在关联性的积极效应，企业可采取产品线定价策略。

一般来说，产品线的两个终端价格比系列中的其他产品的价格更能引起消费者注意。低端价格一般是最常被人们记住的，所以常常被用来打开销路，降低消费门槛。高端价格意味着整个产品线质量最高的商品的价格，起到树立品牌、提升形象的作用，会对需求起指导、刺激作用。这两个终端价格水平能为潜在买主提供某种信息——便宜或高档，并影响整个产品系列中全部产品的价格印象，进而影响销售收入。

对产品线上介于终端价格之间的产品，企业首先要确立明显的质量差别，以突出价格上的差异。然后，用价格的差异来表现质量的差别，使这些产品在相应的市场上受到消费者的认同。

> **案例提示**
>
> 日本松下公司设计出 5 种不同色彩的立体声摄影机。从 4.6 磅简单摄影机到带有自动定焦距、有感光控制器和两种速度的变焦镜头的 6.3 磅复杂摄影机，每一款后继机都比前一款多了附加新功能，为价格差异提供了性能差异的证据。松下公司详细考虑了各产品成本之间、顾客对产品不同特点的评价之间、与竞争者的价格之间的差异，制订出相应的价格等级。另外，他们发现，如果两种等级摄影机之间的价格差异较小，购买者往往会选择质量较高级的那种，而且此时两款产品的成本差异小于价格差异，将提高企业的总利润；如果价格差异较大，购买者则多会选择较低档的那款产品。
>
> 与上述差异价格策略相反，统一定价是另外一种产品线定价策略。为吸引消费者，促进销售，有的企业针对顾客求廉心理，对其经营的同类商品用整齐划一的价格，实行薄利多销。统一定价的商品大多是大型商场所忽略的日用小商品，如"二元商品"、"均价商品"、"50 元专柜"等。企业通过不同商品的有赔有赚，给顾客以便宜、便于交易、好奇等刺激，吸引更多的消费者。

2. 替代产品定价策略

替代产品是能使消费者实现相同消费满足的不同产品，它们在功能、用途上可以互相替代。假设 Q_1、Q_2 是一组替代产品，提高 Q_1 的价格，Q_1 的需求量就会下降，对 Q_2 的需求却会相应地上升。企业可以利用这种效应来调整产品结构。

3. 互补品定价策略

互补品是在功能上互相补充，需要配套使用的产品。互补品广泛存在于日常消费中，如照相机与胶卷、录音机与磁带、钢笔与墨水等。我们把互补品中发挥主要功效、耐用性强的产品称为基础产品或互补产品中的主件，而发挥辅助功效、易耗的产品称为辅助产品或互补产品中的次件。互补产品的价格相关性表现在它们之间需求的同向变动上。假设 Q_1 产品与 Q_2 产品存在互补关系，那么，降低 Q_1 价格引起对 Q_1 产品的需求上升后，Q_2 产品的需求也会相应提高。企业利用这种互补效应及主次件的关系，可以降低某种产品，尤其是基础产品的价格来占领市场，再通过提高其互补产品的价格使总利润增加。

6.3.4 对商品价格调整的心理策略

企业在生产实践中，商品价格的变动与调整是经常发生的。调价的原因也是多方面的，除了生产经营者自身条件变化外，还受季节变化、市场供求状况、商品价值变动、商品的需求弹性、竞争对手的价格政策和消费变化趋势等多方面因素的影响。企业在调整商品价格时，既要考虑这些因素的影响，又要考虑消费者对商品调价的心理反应，科学地制订商品调价的心理策略，使调整后的价格既有利于企业，又能使消费者易于接受。

1. 消费者对商品价格变动的一般反应

商品价格变动必然会影响到消费者的切身利益，影响消费者心理和行为上的反应。一般情况下，当某种商品的价格发生变化时，消费者会改变他们原来购买商品的品种和数量。当某种商品价格下降时，消费者可能会增加该商品的购买量；当某种商品价格上涨时，消费者可能会减少该商品的购买量。有许多商场在节假日、店庆日对其商品进行打折销售，会吸引消费者蜂拥前来购物，足以证明绝大多数消费者对商品降价是很感兴趣的。

2. 商品降价

（1）企业降价的原因

① 企业生产能力过剩。当企业生产能力过剩，同时又不能通过产品改进来加强销售工作时，企业就必须考虑降价。

② 保持或扩大市场份额。在竞争者的强大压力之下，企业的市场占有率有所下降或有下降的趋势，企业不得不拿起降价的武器。

③ 企业的成本费用比竞争者低，想通过降价来抢占市场或提高市场占有率。

（2）消费者对商品降价的反应

有的消费者会觉得商品降价是购买的好时机，会大量购买降价商品。但有的消费者对商品降价可能会有以下理解。

① 企业可能有新产品问世，所以降价抛售老产品；老产品不久就会被淘汰，买了这种产品会很快落伍；可能企业不再生产该商品的零部件，零部件的维修更换无法保证。

② 降价商品可能是过期商品、残次品，功能少，质量不好。

③ 商品已经降价，可能还会继续降价，暂时耐心等待，期待新一轮降价来临，从而可以买到更便宜的商品。

（3）商品降价的心理策略

企业在实施降价销售时，应根据自身所经营商品种类的不同、目标顾客的状况，分别采取不同的价格调整策略。

① 降价次数宜少不宜多。商品降价的次数要尽量少，最好能一步到位。降价幅度应能引起顾客的注意。通常，商品降价幅度以 10%～30%为宜。降价幅度达到 50%时，消费者就会怀疑商品质量，反而抑制销售。

② 直接降价与间接降价策略应灵活运用。顾客容易感觉到直接降价，但也容易刺激竞争对手相继降价竞销。间接降价指维持原价格不变，只是采取增加折扣率和赠送赠品等来销售商品的方法。间接降价有一定的隐蔽性，可以暂时避免因刺激竞争对手而导致的全方位的降价竞销。但由于没有给用户带来直接的好处，可能难以达到应有的促销目的。

案例提示

信奉"价格竞争是最高层次的竞争"理念的格兰仕在短短 6 年时间内,连续对竞争对手发动了 7 次价格战,把微波炉行业的利润降到极低点,提高了行业进入门槛,使许多欲进入该行业的企业丧失兴趣,避免了强大潜在竞争对手的出现(表 6-1)。

表 6-1 格兰仕的 7 次价格战

序 号	时 间	降价品种及调价幅度	降价成果
1	1996 年 8 月	WP800S、WP750 等 3 个非烧烤型微波炉价格平均下调 24.6%	总体市场占有率上升 14%,达到 50.2%
2	1997 年 7 月	最小型号产品 17 升微波炉降价 40.6%	带动格兰仕整个品牌产品的畅销,占有率上升 12.6%,达到 56.4%
3	1997 年 10 月 18 日	5 大机型价格下调,13 个产品品种全面降价,平均降幅达 32.3%	市场份额再上升 11.6%,达到 58.7%
4	1998 年 7 月	两款 17 升型号降价,平均降幅 24.3%	总体产品市场占有率上升 4.8%,达 55.7%
5	2000 年 5 月	"新世纪"系列产品价格大幅度下调并实施疯狂的赠送行动	在全国引起强烈反响,6 月份市场占有率为 73.74%
6	2000 年 6 月初	中档改良型 750 "五朵金花"系列降幅达 40%,高档"黑金刚"系列买 1 送 15	
7	2000 年 10 月 20 日	所有产品(包括高档产品)全部锁定在 1000 元以内,市场降价平均幅度达到 40%	微波炉市场价格体系完全颠覆,市场占有率最高

3. 商品提价

(1)企业提价的原因

① 由于物价上涨,导致成本费用提高。

② 企业的产品供不应求,不能满足其所有顾客的需要。

提价方式包括取消价格折扣、在产品大类中增加价格较高的项目以及直接提价。

(2)消费者对商品提价的反应

企业提价通常会影响销售,但是购买者也可能会产生以下理解。

① 这种商品提价,说明商品的销售状况好或供应量少,应尽早购入,以防需要时买不到。

② 现在提价的商品,只是刚刚开始,今后还会继续提价,应尽早买进,以免以后再买时要支付更多的货币。

③ 特殊商品价格的上调,如古玩、玉器、字画等升值会刺激消费者购买,其原因是由于大众的保值心理,消费者认为该商品的价格以后还会上涨,买后一定不会吃亏。

（3）商品提价的心理策略

对于提价，为防止顾客不满，企业也要注意采用一些技巧。

① 避免全面涨价。例如，一个咖啡店具有代表性的商品是咖啡和红茶，其中一个涨价，另一个就要保持原价，以缓解顾客的不满，让顾客慢慢适应。

② 把明涨变为暗涨。例如，把包装里食品的分量减轻，价格不变。顾客一般将注意力集中在价格上，而对袋子里装多少东西则不大注意。需要特别注意的是袋子上要明明白白地标注商品的重量。

③ 总费用不涨。顾客虽然关心产品价格变动，但是通常更关心取得、使用和维修产品的总费用。因此，如果卖主能使顾客相信某种产品取得、使用和维修的总费用较低，那么，他就可以把这种产品的价格定得比竞争者高。

4. 各档商品的变价策略

① 高档商品变价策略。经营高档商品的店铺，其目标顾客群多是高收入阶层，他们的消费心理一般是把价格作为自身社会地位或经济地位的象征，关注的也是质量保证与地位显示。因此，对于高档商品如果降价，消费者会觉得购买该商品将达不到炫耀心理，会降低身价，从而不去购买；如果提价，提价的幅度要小，因为该商品的价格较高，如果价格上调幅度过大，则容易使人产生价格暴涨的感觉。例如，一台摄像机价格为 15000 元，价格上调 10%以内，即不超过 1500 元，消费者可以接受；如上调达 20%，即 3000 元，消费者多数难以接受。

② 中档商品变价策略。中档商品在多数店铺的经营中都是主角，因此商家应花大力气对其价格体系进行调整，以获得最大的整体利润。中档商品的消费者在购买之前会有一个比较过程，购买之后还会有一个使用和评价阶段，只要其服务质量过关，折扣期间的销量一定会很可观。

③ 低档商品变价策略。低档商品的消费者对价格非常敏感，即使微小的价格下调也会激发他们的购买欲望。同时，他们很容易受群体的暗示而购买一些认为实惠的商品。因此，商家对于经营的低档商品要经常进行适当的打折销售，以吸引消费者，配合卖场的布置和气氛的营造，刺激顾客的购买欲望。

5. 商品降价的时机选择

降价时机的选择非常重要，在很多情况下，商家会发现某种商品必须降价，但需要考虑时机的选择及如何贯彻执行。一般而言，须在保本期内把商品卖掉，可选择的降价方式有早降价、迟降价、交错降价、全店出清销售等。

① 早降价。存货周转率高的店铺多采用早降价的策略。早降价的好处有：当需求还相当活跃时，降价可促进商品的销售；同旺季过后相比，实行早降价策略的降价幅度会小；早降价可以为新商品腾出销售空间，并改善店铺的现金流动状况。

② 迟降价。迟降价可以使商品有更多的机会按原价出售，但上面列出的早降价的好

处恰是迟降价策略的不利之处。

③ 交错降价。交错降价就是在旺销期间逐次降价，这种降价策略多和"自动降价计划"结合运用。在自动降价计划中，降价的金额和时机选择是由商品库存时间的长短决定的，这样可以有效地保证库存商品的更新。

④ 全店出清销售。这是店铺定期降价的一种方式，可以有效避免频繁降价对正常商品销售的干扰，通常一年有两三次。在全店出清销售时，所有或绝大多数的存货都降价销售，这样可以吸引很多爱买便宜商品的顾客前来消费。全店出清销售比自动降价策略的优越之处在于：为商品按原价出售提供了较长的时间；减少频繁降价对店铺正常销售的影响，提升顾客对店铺正常定价策略的信任度。对有些店铺而言，全店出清销售不失为一种减少库存、加快资金周转的好办法。

> **案例提示**
>
> ### 最早的自动降价商店
>
> 在美国波士顿市中心区，有一个"爱德华·法林自动降价商店"，它以独特的定价方法和经营方式而闻名遐迩。商店的商品并非低劣品、处理品，但也没有什么高档商品，商店里陈列的每件商品不仅标有价格，而且标有每次陈列的日期，价格随着陈列时间的延续而自动降低。在商品开始陈列的头 12 天里，按标价出售；若这件商品未能卖出，则从第 13 天起自动降价 25%；再过 6 天仍未卖出，即主动降价 75%；再过最后 6 天，如果仍无人问津，这件商品就会被送到慈善机构处理。
>
> 自动降价商店里的每件商品都是限量供应的，衣服款式很多，可是每种款式的数量很少，如果你要等到最便宜的时候才买，那时候可能已经没有了，所以很多人要是真的喜欢就不会等到最后才买。
>
> 采用自动降价推销商品，关键在于抓住消费者购物的求廉心理。自动降价不但可以满足顾客的不同要求，而且对于处理滞销商品和过时商品有很大的作用，也有助于大型商店内部货物的流通。该商店利用自动降价法来招揽顾客，取得了极大的成功，受到美国人及外国游客的欢迎。各地的顾客都慕名而来，他们中有演员、运动员等，特别是家庭妇女格外喜欢这家商店，当地居民更是这家商店的常客。商店每天接待的顾客比波士顿其他任何商店都多，熙熙攘攘，门庭若市。

典型案例分析

涨价之道

在经济下滑之时，市场容易疲软，涨价尤为困难，即使面对成本上升的压力，许多企业还是选择降价，更别谈涨价了。所以无论是主动涨价还是被动涨价，要让消费者接受，首先必须给出一个让消费者可以理解并接受的正当理由。例如，家电业、家居建材业打了多年的价格战，成本上升压力增大，终于不得不全行业涨价。相对于全行业涨价,单一的企业涨价更为冒险,但也有一些方法可以消化涨价压力。下面就2008年的市场调查作一说明。

1. 利用品牌或产品升级支撑涨价

宝洁中国旗下有舒肤佳、潘婷、海飞丝、玉兰油、汰渍和碧浪等品牌。洗衣粉原本利润空间有限,最先受到原料涨价的冲击,于是最先涨价。到2008年6月,宝洁公司向消费者发布涨价通告,其洗衣粉涨价近5%,潘婷洗发水涨价5%,玉兰油涨价约6%。

为让消费者接受这样的涨价,企业往往会进行产品升级,比如在产品中添加某些新元素,宣扬某种新概念,再更换新包装。同时为了更好地控制顾客的价值感知,避免他们的感知发生混乱,老产品会被厂家淘汰,退出市场。这样消费者由于无从购买和比较,"涨价"的概念也就被淡化了,新的价值概念则得到加强。

2. 刺探价格敏感度

2008年厨卫家电市场也掀起涨价风。常规小家电,如榨汁机、料理机、搅拌机等,虽然调价的幅度比较高,但由于每台电器的价格只有几百元,所以上涨几十元,消费者似乎并不太在意。这个"不在意"反映了顾客对这种产品的价格敏感度。

在2008年6月份的涨价中,宝洁敢于将潘婷洗发水涨价5%,潘婷护发素涨价25%,是因为潘婷定位高端,消费者对潘婷的价格并不敏感;而飘柔、海飞丝定位于大众品牌,消费者对价格敏感,宝洁就没有对这两个产品进行涨价。

3. 提价,再递进,看跟进

小步提价,递进扩展,或将某些产品的价格通过小步快跑的方式最终累积成明显提升,或小批次地提升产品价格,最终实现全系产品涨价,这些都是刺探市场反应、降低涨价风险的方式。例如,宝洁在年初将洗衣粉、洗衣皂提价,6月份将洗衣粉、潘婷洗发水、护发素和玉兰油等产品提价,7月份又将旗下的护舒宝、帮宝适等产品提价。

在竞争品牌涨价时是否跟进?跟进的话又涨多少?企业反应各不同。

2008年10月,麦当劳在该年度第三次涨价,此前的2月和6月部分产品已经提价,每次上调幅度为0.5~1.5元。其对手肯德基在2008年3月和8月已进行了两轮涨价。随着麦当劳第三次涨价,肯德基要看市场能否接受麦当劳的一年三次涨价,如果能接受,肯德基就没有顾虑地跟进;如果不能接受,就按兵不动。跟进的好处就是因涨价风险造成的损失要比发起者小得多。

第 7 章 购物环境与消费者心理

7.1 购物环境的衬托对消费者心理的影响

消费者的购买行为通常是在一定的购物场所或环境中实现的,购物环境的优劣对消费者购买过程中的心理感受具有多方面的影响。因此,适应消费者的心理特点,提供良好的购物环境,是企业扩大商品销售必不可少的条件,也是消费者心理与行为研究的重要内容之一。需要说明的是,这里研究的购物环境是狭义的,主要是指零售业态及商店内外环境设施等硬件系统。广义的购物环境还应包括销售方式、售货人员的素质、服务态度和服务质量等软件系统。

从心理学角度来看,客观事物给人的第一印象是形象感,人们对事物的认识是由表及里、由感性到理性,逐步认识其本质的过程。在营销活动中,一个好的购物环境外部形象会给消费者留下美好的第一印象,引起消费者的购买欲望,进而影响购买行为。因此,研究购物环境外部形象及其对消费心理的影响,是一个重要的问题。

> **案例提示**
>
> **温馨的色彩——消费环境创设**
>
> 屈臣氏在购物环境上的不断革新也是其为消费者创造更满意的购物体验的表现。2005 年,屈臣氏推出为亚洲女性特别设计的全新面貌屈臣氏店。相对于以前的传统店铺,新的店铺格调更女性化,店铺更明亮,色彩更缤纷鲜艳。仅从购物环境外部看,就能引起消费者强烈的购买欲望。除此以外,店铺的设计更针对亚洲人相对娇小的体型,将货架的高度调低;同时为了让消费者购物时更加便利,又将走廊加宽。加上灯光的配合,消费者可以获得更加舒适的购物体验。因其宽松优美的购物环境,屈臣氏在多个城市都被评选为消费者最理想的购物场所。

7.1.1 销售企业类型与消费者心理需求

现代零售企业类型众多,按经营商品的种类可分为综合商店、专卖店,按经营方式可分为百货商场、超级市场、连锁商店、货仓式商店、便利商店,按经营商品及购物环境的档次可分为现代化的综合商场、高档精品店、中低档大众商店等。现代消费者的心理需求复杂多样,对商店类型的要求和选择也呈现出不同的心理趋向。

1. 大型百货商场与消费者心理

大型百货商场一般选址于繁华的商业中心，商场规模大，营业面积大多在 $5000m^2$ 以上，采取柜台销售与自选（开架）销售相结合的方式。大型百货商场经营门类广泛、品种齐全，商场设施一流、服务周到，拥有良好信誉，具有较强的综合功能，可以满足消费者的求全心理、选择心理、安全心理及享受心理等多方面的心理需要，同时适应各种职业、收入和社会阶层的消费者心理特性，因而对大多数消费者具有较大吸引力，是消费者集中选购多种商品、了解市场信息、享受购物乐趣的主要场所。一些知名度较高的大型百货商场，如北京王府井百货大楼、赛特购物中心、上海第一百货商店、巴黎春天商店和东京西武百货公司等，都成为当地消费者和旅游者购物的选择目标。

2. 专卖店与消费者心理

专卖店是指以专门经营某一品牌或某一大类商品为主，配有专业知识丰富的销售人员和适当的售后服务，满足消费者对某大类商品选择需求的零售业态。具体类型有品牌专营的专卖店，如"佐丹奴"专卖店、"耐克"专卖店和"皮尔·卡丹"专卖店；以产品链为经营特色的专卖店，如眼镜专卖店、皮鞋专卖店、饰品专卖店等。专卖店因其专业化程度高而见长，能更好地满足消费者对某种特定商品的深层需要，因而在选购单一商品，如汽车、电器、钟表、体育用品等时，经常成为消费者首选的商店类型。

近年来，专卖店发展很快，成为零售业的一种主要业态，尤其是品牌专卖店，与超市一起成为我国近年零售业态发展中的重要趋势。

品牌专卖店之所以被消费者认同，主要是因为以下几种消费心理。

① 专卖店中同一品牌的商品门类齐全、购买方便，并且有完善的售后服务。

② 专卖店中的商品正宗，杜绝了假冒伪劣，使消费者购买时有安全感。

③ 品牌专卖店，特别是一些高档品牌专卖店，其出售的商品及店内的环境本身就显示了一种消费层次，可以满足消费者自我定位和社会形象认同的需要。

3. 超级市场与消费者心理

超级市场是指采取自选的销售方式，以销售食品、生鲜食品、副食品和生活用品为主，满足顾客每日生活需求的零售业态。消费者心理的主要特点如下。

① 购物便利。超级市场经营商品的种类齐全，以食品和日用消费品为主，是消费者经常购买的种类，方便消费者的日常购物。另外，其选择的便利性大大节省了消费者的购物时间，适应了现代社会快节奏的生活方式。据一项调查表明，在超级市场购物要比到其他商店购物节省近30%的时间。

② 环境舒适。超级市场采用开架式销售、顾客自己挑选商品的经营形式，为消费者提供了更为宽松和自由的购物环境，减轻了像柜台式销售的购物压力，使购物成为了一种享受。

③ 为消费者提供自我满足感。超级市场采取消费者自选商品的方式，使其更多地参与购买过程，为消费者提供体现自身能力的更多机会，满足消费者在购买过程中的参与感，以及发挥主动性、创造性的心理需要。同时，超级市场采取的开架式销售，减少了顾客与售货人员产生人际摩擦的可能性，改善了商家与消费者之间的关系。

4. 连锁商店与消费者心理

连锁商店是零售企业扩张的一种重要形式，因其具有统一经营方式、统一品种、统一价格、统一服务、统一标识、分布广泛和接近消费者等特点，因而在众多商店类型中独具特色，受到消费者的青睐。在连锁商店购物，可以使消费者消除风险防御心理，减少比较选择时间，缩短购买过程。尤其是一些连锁快餐店、便利店，如麦当劳、肯德基和永和等，以其方便、快捷、舒适、便于识别等优势，充分适应了现代消费者求快、求便的心理需要。

5. 货仓式销售与消费者心理

货仓式销售是指将零售、批发和仓储各个环节组合的经营方式。货仓式销售的特点是批量销售、价格低廉，一反传统的销售方式，采用小批量的形式，如成盒、成打地出售商品，因而可最大限度地节约仓储、包装和运输流通费用，进而大幅度降低商品的零售价格。所以，尽管这类商场环境设计简单，服务设施较少，但因价格低廉的突出优势，迎合了中低收入阶层求廉、求实的心理需要，因此对多数消费者有强大的吸引力。

7.1.2 零售商店的区域位置与消费者心理

各种类型的商店在空间上处于特定的地理位置，并与相邻位置的商店相互影响和作用，共同构成一定类型的商业网络。概括地说，商业网络可以分为两类。

1. 全市性商业网点群

一般来说，全市性商业网点群位于城市中心和繁华地区。其交通便利，人口密集，客流量大，各种商品数量多而集中，类型齐全，功能配套，并以中高档商品为主。同时附有各种娱乐餐饮场所，因而对消费者有较强的吸引力，可同时满足人们购物、观光、娱乐和就餐等多方面的需要。选择繁华商业中心作为商店的设置地点，可以借助其显著的地理位置、浓厚的商业气氛、完备的综合功能，提高商店的地位和知名度，吸引更多的消费者光顾。同时激发消费者求名、求全的购买动机，促成对商品的连带式购买。像大型商场、专卖店、精品店等定位较高的商业企业一般都选择在商业中心定址。

> **案例提示**
>
> **闹市开家专卖店**
>
> 纵观中外著名的商业街，如美国纽约华尔街，以及中国北京王府井和西单商业街、天津和平路、上海南京路、深圳沙头角街、香港的名商街等，其长度几乎都在600m

左右。厂商在闹市区开设专卖店时,切不可盲目设点,如果有意识地按以下"黄金律"布阵,也许可达到事半功倍的效应。

商眼——街街都有黄金"旋涡点"。这个"商眼"是指人们在商业街上打旋儿的地方,即寸土寸金、最宝贵的地段。例如,北京西单的"商眼",在如今华威大厦南侧,堂子胡同与大木仓胡同相对的十字路口处;王府井的"商眼"则在百货大楼南侧,对着原东安商场西门一带;而前门大栅栏对着鲜鱼口处,是前门商业街的"商眼"。通常"商眼"都处于全街总长 2/3 处,即用街的总长乘以 0.618,所得数值正好是"商眼"位置所在地。

销位——沿着人们爱靠一边走处设店。一般来说,不管是西单,还是王府井,街道的客流量总是西侧比东侧大,南侧比北侧大。如行走在王府井大街上的人们,从南端向北走时,总是先在西侧走一段路,再穿越到对面去;或者一直从西侧走下去,直奔百货大楼,因此在路西侧或南侧设店,销位较有利。

卖点——让人多看一眼的地方。老商业街的有效区段,大多自然地与十字路口拉开一段距离。如西单,尽管南口的西侧有些商店,但多是小店面,100m 之后,规模才渐次扩展,到了几乎 1/2 的距离方出现中型商铺,而真正的热销区在街总长的 0.618 处,这里才出现大型商场,是人们逛商业街时停留率最高之处,故自然形成"卖点"。

2. 区域性商业网点群和居民小区的商业网点群

这类商业网点空间分布广泛,地理位置与所在区域的消费者十分接近,经营类型以超级市场、货仓销售、小型店和大众店为主,经营商品多为与消费者关系密切的日常生活用品。将商店设置在这类网点群中,可以借助深入居民、便利生活、物美价廉、综合服务的优势,激发消费者求廉、求便的心理需要和惠顾性购买动机,促成习惯性购买行为,以保持稳定的顾客群和销售量。像超级市场、货仓式商店和便利店一般就在这些网点群经营。

7.1.3 商场选址与消费者心理

适当的用地和合适的位置是购物环境开发的先决条件,这关系到未来商业经营的成败,用地的地理位置和周围地区的经济状况与人口状况决定了商场能否生存。

1. 商场选址的原则

(1)方便消费者购物

满足消费者需求是商场经营的宗旨,因此商场位置的确定,必须首先考虑方便消费者购物,为此商场选址要符合以下条件。

① 交通便利。车站附近是过往乘客的集中地段,人群流动性强,流动量大。若是几个车站的交汇点,则该地段的商业价值更高。商场开业之地如选择在这类地区就能给顾

客提供便利购物的条件。

② 靠近人群聚集的场所。这可方便消费者随机购物，如影剧院、商业街、公园名胜、娱乐和旅游地区等，这些地方可使消费者享受到购物、休闲、娱乐、旅游等多种服务的便利，是商场开业的最佳地点。但此种地段属经商的黄金之地，寸土寸金，地价高，费用大，竞争性也强，因而虽然商业效益好，但并不适合所有商场经营，一般只适合大型综合商场或有着鲜明个性的专卖店的发展。

③ 人口居住稠密区或机关单位集中的地区。由于这类地段人口密度大，且距离较近，消费者购物省时省力比较方便。如果商店位置选在这类地段，会对消费者有较大吸引力，很容易培养忠实的消费者群。

④ 符合客流规律和流向的人群集散地段。这类地段适应消费者的生活习惯，自然形成"市场"，所以能够进入商场购物的消费者人数多、客流量大。

（2）有利于商场开拓发展

商场选址的最终目的是要取得经营的成功，因此，要着重从以下几方面来考虑如何便利经营。

① 提高市场占有率和覆盖率，以利于企业的长期发展。商场选址时不仅要分析当前的市场形势，而且要从长远的角度考虑是否有利于扩充规模。商场选址应有利于提高市场占有率和覆盖率，并在不断增强自身实力的基础上开拓市场。

② 有利于形成综合服务功能，发挥特色。不同行业的商业网点设置，对地域的要求也有所不同。商场在选址时，必须综合考虑行业特点、消费心理及消费者行为等因素，谨慎地确定网点所在地点。尤其是大型百货类综合商场更应综合、全面地考虑该区域和各种商业服务的功能，以求得多功能综合配套设施，从而创立本企业的特色和优势，树立本企业的形象。

③ 有利于合理组织商品运送。商场选址不仅要注意规模，而且要追求规模效益。发展现代商业，要求集中进货、集中供货、统一运送，有利于降低采购成本和运输成本，合理规划运输路线。因此，在商场位置的选择上应尽可能地靠近运输路线，这样既能节约成本，又能及时组织货物的采购与供应，确保经营活动的正常进行。

（3）有利于获取最大的经济效益

衡量商场位置选择优劣的最重要的标准是企业经营能否取得好的经济效益。因此，网点地理位置的选择一定要有利于经营，才能保证最佳经济效益的获取。

对设店地点，可以用不同的方法进行评估。

统计交通流量，分析消费者是否容易到达开店地点，分析附近是否有公交车站、停车场等。调查消费者购物习惯，分析开店地点的客流类型，是专门来店购物，还是附近商店形成的客流或是顺路过来看看。考虑商店的相对集中程度，是避开竞争对手还是利用竞争对手。选择能见度高的地点开店。了解开店地区的城市规划，考虑开店地点的发展前景。此外，零售商可以通过 4 个指标来评估某个商店的销售效益：平均每天经过的人数,来店光顾的人数比例,光顾的人中购货消费者的比例,每次购买的平均金额。

在购物环境的选址上,除了上述方法之外,在实际操作中还需要考虑更多情况。这方面,沃尔玛的成功经验值得思考和借鉴。

> **案例提示**
>
> 沃尔玛的成功经验
>
> 沃尔玛在开店位置选择的竞赛中是毋庸置疑的赢家,它是第一个进入小型市场和农村市场的折扣零售商。这一战略使得它成为美国国内的头号零售商。现在的一些零售商,如麦当劳公司、卡玛特公司纷纷效仿沃尔玛公司的战略,将新商店设在小城镇而不是大城镇的繁华地带。然而,许多零售商并没有像他们所想象的那样受到热烈欢迎,尤其是在美国东北部的小城镇,因为那里有很多商人和居民都担心大零售商会削弱当地小零售商的基础、制造出交通问题以及破坏城市的历史特征。沃尔玛也曾遇到过类似的麻烦,但是它通过提供美发沙龙、旅游代理、药品和食品店,把原来一般小城镇都有的零售店转变成了一个单一的零售点,成功地实现了其经营战略。

2. 商场选址的程序

选择商场位置,一般可按以下步骤依次进行。

① 选择区域、方位。一方面,选择商场店址,先要找出目标市场、找准服务对象,然后根据目标市场、服务对象选择店址设置的区域;另一方面,要根据企业的经营规模和档次,测算企业投资回收率,在此基础上认真地加以选择,确定方位。

② 制图——找出最佳位置。在确定店址后,应绘制出该区域的简图,并标出该地区现有的商业网点,包括竞争对手和互补商场,还应标出现有商场的结构、客流集中地段、客流量和客流走向、交通路线等,以保证店址决策的正确性。

③ 市场调查。在商场店址基本区域方位确定后,必须进行周密的市场调查,论证选址决策的准确性。在市场调查过程中,应注意将调查对象分类统计,并对调查时间和内容进行必要的抽样调查,以保证调查资料的可靠性。

④ 具体实施方案的制订和落实。确定店址的具体位置后,需要抓紧时机投资兴建商场。如何启动则需要拟订切实可行的实施方案并加以贯彻落实。

7.1.4 购物建筑物的风格造型与消费者心理

消费者选购住房时,在价钱档次、房屋布局不错的小区中,也许会偏爱环境整洁、幽雅安静、外观色彩明快与看起来赏心悦目的小区,其实这是因为开发商在小区及房屋的外观设计上下了一番苦功。有特色的建筑物总是能够吸引更多的消费者。

对于大型的营业环境,设计者总是想方设法使建筑物具有独到的特点。上海的大剧院外观雅致秀丽,具有中国园林建筑那样的轮廓又不失现代化的建筑风格,功能厅之间的连接具有明亮宽敞的特点,且有良好的气度感,它既是文化娱乐的好场所,也是人们游览参观的标志性建筑。

> **案例提示**
>
> **独特的建筑**
>
> 对于小型的零售购物场所，人们也会尽量装饰得别出心裁、风格独特。比如，世界各地经常见到"大桶"可口可乐，实际上是外形设计得像可口可乐那样的小型售货亭。法国巴黎开设了一家水果营业场所，整个外形是一个剥开了的巨大橘子，开口处是营业场所的门，十分诱人，消费者好像走进橘子里去一样。广州市有一个售货亭，外形好像一个牛奶瓶。国外有家儿童用品商店，外形设计成一个火车站，店内相应设计为一节节的车厢，设计新奇、颇具匠心，迎合了儿童的好奇心理，深受小朋友的青睐。

购物环境的建筑是消费者首先接触的外在形象，其建筑风格直接影响消费者的心理，在招徕消费者方面起着非常重要的作用。具有形式美和艺术美的建筑物不仅能给消费者以美的享受，而且有促使消费者产生购买欲望的作用，经营者必须高度重视。

1. 建筑风格对消费者的心理诱导

购物环境建筑的造型和结构所显示的建筑风格，根据时代气息通常可以分为现代和传统两种风格。不同的建筑风格对消费者的心理影响是不同的。现代风格的建筑具有现代气息，对追求时髦、追逐潮流和有时代感的消费者有激励作用，可以激励他们走入商店，进而产生购买的欲望。而传统风格的建筑，会使消费者产生古朴、真实的感觉，能让消费者从中领略乡土气息和民族风情，从而促使有求实心理以及希望返璞归真的消费者走入商店。同时，建筑风格设计中应当考虑经营商品的特点，以形成内外统一的整体感，从而对消费者的选购心理起到引导作用。

建筑风格还会使消费者产生联想。例如，现代化的建筑内必定经营现代商品，而民族特色的建筑内则可能出售中国的传统商品如书画、瓷器、工艺品等。由于消费者的这种心理定式，在考虑商店的建筑风格时，要适当地考虑本店将主要经营的商品，更何况特定的建筑本身也是商店广告性宣传物，它可以在消费者心目中留下特定的印象。

一般来说，老字号商店假如不是需要彻底改建，仅仅是装饰一下，就应该尽量保持原有的建筑风格，因为消费者对它已熟悉，如果改建就会失去一部分消费者。

> **"红房子"餐馆**
>
> 上海有个"红房子"餐馆，其特点是建筑物外观都是红色的，且因供应精美的法国式餐点而闻名上海。然而该餐馆因多年未经修缮给人以陈旧感，后来，店方决定重新装修。有人主张搞现代化的，有人主张尽量维持原样。最后，店家采用了保持原样的装修，这样"红房子"在老上海许许多多的消费者心目中依然保留着原来的形象，一提起就知道"红房子"在何处。

至于新建的商店，可视其经营品种的特点而采取有特色的建筑风格——传统民族风格或现代风格，或两者的结合，但一般来说大都以现代风格为主。

2. 建筑外观设计应考虑的因素

① 建筑外观设计要考虑自身经营品种和服务特色，要使内外风格相一致。

② 建筑风格要考虑当地的民族风情，与当地的传统相统一。

③ 建筑风格要考虑周围的建筑特点，与周边环境相协调。

④ 建筑外观设计要充分考虑自身的特点，突出其与众不同的地方，从而吸引消费者的注意。

⑤ 建筑风格要体现时代的特色，从材料选择到造型设计以及色彩搭配都要体现现代经营的气息。

总之，建筑设计要从自身的实际情况出发，因地制宜，结合当地的消费传统，注重造型和色调新颖独特，给人以美感与好感，给消费者留下良好的第一印象，从而起到促销的作用。

3. 建筑的使用功能和辅助设施

建筑的使用功能和辅助设施包括如下方面。

① 空间设计。商店的室内高度要与面积相适应，要保证通风和采光。多层商店中，底层高度不宜过低，以免使消费者产生压抑感。空间结构可采用丰富多变的设计手法。例如，各层中央留有垂直空间，使消费者从每一层都可以看到商店全貌，给人以宏大感。

② 楼梯。合理的楼梯设计应以方便消费者上下行走为原则，要尽可能扩大客流量。现代大型多层商店中，利用自动滚梯可将高层商场的客流量提高1~3倍。

③ 辅助设施。辅助设施是指商店内为消费者提供的非商品销售的服务性设施，如临时幼儿寄托室、休息室和问询处等。这些设施可为消费者提供托儿、休息和咨询指导等多方面的服务，使消费者在购买过程中获得极大便利感，并对商店的环境产生良好的印象。

购物环境的要求

不同消费者会有各种购物行为，但对环境的要求大致相同。

① 购物环境的舒适性和美观性。购物环境的舒适性和美观性，能提高消费者光顾次数和停留时间，也就为接触商品提供了机会。创造美观舒适的购物环境主要体现在视觉的愉悦感、身体触觉的舒适感和优雅的声学效果等方面。

② 购物环境的安全性。商业空间在设计上追求舒适性的前提是保证商业空间在使用上的安全性，国家对公共建筑的室内环境有明确的规范和要求，达不到规范就一票否决。首先，要考虑设备安装设计的安全性；其次，空间设计要尽量避免可能对消费者造成伤害的系列问题；最后，设计时应避免消费者心理恐惧和不安全的因素。

③ 购物环境的方便性。就近购物、方便快捷、省时省钱，这是消费者的最佳选择。因此，交通便利和人口密集的区域往往是商场业主"选址"的首要目标。此外，商

业空间内部交通线路设计的合理性也决定了购物环境的方便性。

④ 购物环境的可选择性。"货比三家"是众所周知的道理，也说明了消费者在消费过程中的满足能促进消费的形成，同时说明了购物环境中存在着比较、选择可能的重要性。所以大型的购物环境中应具备多家商店、多方面信息等，以便产生商业聚集效应。

⑤ 购物环境的标识性。在同一个区域，经营同一种商品的商店，只有设计出独特的商店标识和门面、富有创意的橱窗和广告、富于新意的购物环境，才会给消费者留下深刻的记忆。同时，正因为每个商店的独特性、新颖感和可识别性，才形成了商业街丰富的商业氛围。

7.2 店容店貌与消费心理

商店的外观就是商店的外貌，俗称门面。商店的外观大致包括门面建筑、门口的开放度、招牌、对联、橱窗和霓虹灯等。要使商店的外观成为消费者的第一吸引力，需要在以下方面进行精心设计，系统配套。

7.2.1 商店店门装潢与消费者心理

显而易见，店门的作用是诱导人们的视线，并引发兴趣，激发人们想进去看一看的参与意识。怎么进去，从哪里进去，就需要正确的引导，使消费者一目了然。

在店面设计中，消费者进出门的设计是重要一环。将店门安放在店中央，还是左边或右边，这要根据具体的人流情况而定。一般大型商场的大门可安置在中央。小型商店的进出部位安置在中央是不妥当的，因为店堂狭小，这直接影响了店内实际使用面积和消费者的自由流通。小店的进出部位，应设在左侧或右侧，这样比较合理。

从商业观点来看，店门应当是开放性的，所以设计时应当考虑到不要让消费者产生"幽闭"、"阴暗"等不良心理，否则会拒客于门外。因此，明快、通畅和具有呼应效果的门廊才是好的设计。店门怎么开表面上看没有什么学问，其实不然。店门怎么开涉及是否方便消费者进出的问题，一个小小的门两个人都不能一起进去，给人的感觉就是不方便、小家子气。消费者都有一种追求便利的心理需求，许多人一看见小小的门就会望而却步，于是店家无形中失掉了一批潜在消费者。当然也不是店门一定要很大才有气派、才方便消费者，这也要视具体情况而定。具体来说，有以下几种店门形式。

1. 封闭型

封闭型不是说不设门，不让消费者进店，而是故意将店门开设得很小，只能一两个人进去，从而阻止了一些消费者的进入。例如，一些专业性较强的特色商店，这些商店大多经营珠宝、金银首饰、字画、古董文物和工艺品等，这些商品的购买者一般不多，而且凡意欲选购此类贵重商品的消费者都需要有一个安静的环境，认真地看，仔细地挑选。人若一多，就会影响他们的购物情绪；而且由于是购买贵重物品，消费者往往也不愿大肆声张或被许多人看见，怕露富。

2. 半开型

半开型是指店门比较小，但对于客流来说尚能满足需求。这类商店在现代社会很多，像一些连锁自选商场、餐厅、酒店、各类食品商店、钟表店和布店等。这些商店往往采用空调设备、隔音设备等，使店内环境清新、温度适宜，给人以舒适的感觉。在夏天，人们都愿意到有空调的商店购物，而不是到那些令人热得汗如雨下的地方采购。

3. 全开型

全开型是指商店的门面有多大，其门就有多大，消费者在街上就能对店内陈列的商品一览无余，且消费者进出极为方便。在这种情况下，消费者就可能很方便地入店转一转，这么一转有时就导致了最终的购买。在我国香港的弥敦道上就有许多这样的商店，很能吸引消费者。至于一些大型商场，其进出通道非常多，消费者进出很方便。

店面装潢的注意事项

店门装潢，还应考虑店门前路面是否平坦，是水平还是斜坡；前面是否有隔挡及影响门面形象的物体或建筑；采光条件、噪声影响及太阳光照射方位等是否合理。店门大多采用较硬的木材，也可以在木质外部包铁皮或铝皮，制作较简便。近年来我国也开始使用铝合金材料制作商店门，由于它轻盈、耐用、美观、安全、富有现代感，所以有普及的趋势。无边框的整体玻璃门属于豪华型门廊，由于这种门透光性好，造型华丽，所以常用于高档的首饰店、电器店、时装店、化妆品店等。

7.2.2 商店的招牌与消费者心理

招牌是商店的名字，是用以识别商店、招揽生意的牌号。设计精美、具有高度概括力和吸引力的商店招牌，不仅便于消费者识别，而且可形成鲜明的视觉刺激，对消费者的购买心理产生重要影响。一般店面上都可设置一个条形商店招牌，醒目地显示店名及销售商品。在繁华的商业区里，消费者首先浏览的往往是大大小小、各式各样的商店招牌，通过它们寻找实现自己购买目标或值得逛游的商业服务场所。因此，具有高度概括力和强烈吸引力的商店招牌，对消费者的视觉刺激和心理影响是很重要的。

1. 招牌设计的注意事项

招牌是商店的牌号，也就是商店的名称。它既是一种与其他商店相区别的标记，也是一种吸引消费者的手段。街上的消费者首先会观察到那些大大的商店招牌，一个好的招牌此时就会引起消费者的注意。至于那些老字号商店，往往能使人慕名而来，其魅力不是那些刚创办或无特色的商店所能比拟的。商店的招牌若能对该店的经营内容做出高度概括，并具有良好的艺术性，那么将对消费者的心理产生良好的影响。具体来说表现在以下几个方面。

① 引导和方便消费者。一般的招牌都要标明商店的行业属性、供应范围或服务项目等内容，以使消费者见到招牌就能大致判断出该商店经营什么商品，从而能容易地到达该购物场所或劳务场所。这样，招牌就起到了引导消费者的作用，即将那些心里想购买某商品或寻求某服务的消费者引导到可提供此类商品或服务的店家。这类招牌在街上很多，如"文化用品商店"、"鞋帽商店"、"电器商店"和"文物商店"等，虽然没什么特色，却也令人一目了然。

② 引起消费者的注意和兴趣。新颖别致、富有艺术魅力的招牌，往往能够迅速抓住消费者的视线，引起消费者的注意，给人以美的享受，激发起人的丰富联想。例如，夜间，那些装有霓虹灯和其他装饰灯而大放光明的商店，就要比没有相应装置的店更能引人注目。至于招牌的命名也会影响到消费者的心理，如"天然照相馆"，令人感觉照出来的照片可能更逼真；而像"快活林酒家"、"杏花村酒店"等招牌名，可给消费者一种享受快乐的感觉。

③ 提示经营特色和服务传统。一些老店往往用传统的名称、古朴典雅的匾额，使人感到历史悠久、别具特色，并产生一种信任感。如"全聚德烤鸭店"、"老正兴餐馆"、"童涵春药店"、"豫园商场"等，以其古老的招牌，反映了其历史传统和经营特色，从而提示消费者和引导消费者。

④ 便于记忆和传播。商店招牌的设计还要考虑它是否便于消费者记忆，便于消费者将其与其他商店的招牌名称相区分。只有给消费者留下深刻印象，才能被消费者津津乐道，才能在消费者之间迅速传播。一个好的招牌往往是一个很好的广告，一个不花钱的广告。

2. 商店招牌的消费者心理功能

商店招牌文字设计日益为经商者所重视，一些以标语口号、隶属关系和数字组合而成的艺术化、立体化和广告化的商店招牌不断涌现。商店招牌文字设计应注意以下几点。

① 店名的字形、大小、凸凹、色彩、位置应有助于门的正常使用。

② 招牌命名的心理要求。招牌的首要问题是命名。好的名称要便于消费者识别、注意，要上口易记，要适应和满足消费者方便、信赖、好奇、慕名、吉利等心理需要，以便吸引众多的消费者。

招牌命名的具体做法

① 以商店主营商品命名，使消费者产生直观方便感。这种命名方式，通常能从招牌上直接反映出商店经营商品的类别，如"大明眼镜店"、"亨得利钟表店"、"廖记棒棒鸡"等。

②以商店经营特点命名,唤起消费者的信赖感。例如,北京老字号"六必居酱菜园"突出了该店商品用料必精、加工必细等特点;"精时钟表店"可以使人联想到钟表的精确性和准时性。

③以名人、名牌商标或象征高贵事物的词语命名,满足消费者的求名、求奢心理。随着收入水平的提高,现代消费者不仅追求"名牌商品",同时也追求"名牌商店"。同一种商品,在东京银座的西武公司、香港先施公司等高档商场的价格,尽管比普通商店高出许多,但仍有众多消费者趋之若鹜。而"希尔顿"、"王府"、"贵宾楼"等高档饭店更成为显示身份、地位和财富的标志。

④以新颖、奇特的表现方式命名,引起消费者的好奇心理。日本一家专售妇女内衣的商店,招牌上写着"芳迪挑选顾客"。这在奉行"顾客就是上帝"的日本商界,自然耸人听闻,因而引起了人们的好奇心。尽管店内有各种苛刻规定,如消费者挑选商品时不准乱翻,试穿后的衣服必须叠好放回原处等,但人们仍然受好奇心驱使,纷纷光顾。

⑤以寓意美好的词语和事物命名,迎合消费者的喜庆吉祥心理。受民族文化传统影响,我国消费者历来把吉祥喜庆作为一种重要的心理需求。以寓意美好的词语、数字或事物命名,可以给消费者吉祥如意的心理感受,平添一分对商店的好感。例如,"咸亨酒店"的"咸亨"二字含义是大家都时运通达;"康宁药房"给患者一种药到病除的祥兆;而北京的"全聚德"、"同仁堂"、"盛锡福"、"祥泰义"、"稻香村"等老字号,因其美好的命名而给几代消费者留下了美好的印象,且历久不衰。

③文字尽可能精练,内容立意既要深刻,又要顺口,易记易认,使消费者一目了然。

④美术字和书写字要注意大众化,中文和外文美术字的变形不要太花太乱太做作,书写字不要太潦草;否则,不仅不易辨认,而且又会在制作上造成麻烦。

7.2.3 商品展示橱窗与消费者心理

"橱窗妙,生意到"。橱窗是商店对外展示商品的场所,其精妙的设计能给马路上的行人以极大的视觉冲击。所以,商场的橱窗设计要做到商品、技术和艺术三者的完美结合,以配合商场对商品进行展示、宣传、介绍。

橱窗广告的魅力主要通过橱窗设计的鲜明美、真实美、功能美、个性美、陪衬美、立体美和动态美等来显示。例如,日本一家出售女鞋的商店,整个橱窗的背景是暗色的,占据大半个橱窗的是用灯光打出的一只巨型的女式高跟鞋。在这巨型灯鞋内,陈列了数十种不同样式的女鞋。在橱窗的左上顶端,又陈设了用束光照射着的一位女子纤细的腿和她脚上穿着的一双红色高跟皮鞋(局部人体模特儿的道具)。这个橱窗广告的特写陈设,运用光亮的强烈对比,突出产品本身具有的线条,图案新奇,色彩和谐,造型别致,格调清新,创意独特,体现了鲜明的美感。

产品广告的魅力使消费者的购买欲望油然而生，而橱窗广告的魅力使橱窗前的看客变成进店购买产品的消费者。

1．橱窗设计对消费者心理的影响

从心理学的角度来说，商场橱窗把经营的重要商品巧妙地排列成富有装饰性与整体性的货样群，对消费者购买过程的心理活动往往可以产生以下影响。

① 激发消费者的购买兴趣。商场根据消费者的兴趣，将流行的商品或新推广的商品摆在显眼的位置上，这不但能使消费者对商场所经营的商品产生一个整体的印象，还能给消费者以新鲜感和亲切感，从而引起消费者对商场的注意和对商品的兴趣。

② 促进消费者的购买欲望。橱窗的设计做到了商品、技术、艺术三者的完美结合，体现出商场的特色，这不但会给消费者一个良好的直观印象，还会引起消费者的联想，诱发消费者的情感需求。

2．橱窗设计的注意事项

橱窗是商业建筑形象的重要标志，商店通过橱窗展示商品，体现经营特色，橱窗又能起到室内外视觉环境沟通的"窗口"作用。一般来讲，橱窗设计应注意以下方面。

① 橱窗横向中心线最好能与顾客的视平线等高，以确保整个橱窗内所陈列的商品都在消费者的视野中。

② 在橱窗设计中，必须考虑防尘、防热、防淋、防晒、防风、防盗等，要采取相关的措施。

③ 不能影响店面外观的造型，橱窗建筑设计规模应与商店整体规模相适应。

④ 橱窗陈列的商品必须是本商店出售的，而且是最畅销的商品。

⑤ 季节性商品必须在季节到来前一个月预先在橱窗中陈列出来，向消费者介绍，这样才能起到应季宣传的作用。

⑥ 陈列商品时，应先确定主题，无论是多种多类或是同种不同类的商品，均应系统地分种分类依主题陈列，使人一目了然地看到所宣传介绍的商品内容，千万不可乱堆乱摆，分散消费者的视线。

⑦ 橱窗布置应尽量少用商品做衬托、装潢或铺底，除根据橱窗面积注意色彩调和、高低疏密均匀外，商品数量不宜过多或过少。要做到使顾客从远处和近处、正面和侧面都能看到商品的全貌。富有经营特色的商品应陈列在最引入注目的橱窗里。

⑧ 容易液化变质的商品如糖果之类，以及在日光照射下容易损坏的商品，最好用其模型代替或加以适当的包装。

⑨ 橱窗应当经常打扫，保持清洁，特别是食品橱窗。肮脏的橱窗玻璃，橱窗里面布满灰尘，会给消费者不好的印象，引起消费者对商品的怀疑或反感而失去购买的兴趣。

⑩ 橱窗陈列须勤加更换，有时间性的宣传以及陈列容易变质的商品尤应注意。每个橱窗在更换或布置时，要停止对外宣传，一般必须在当天内完成。

3. 橱窗设计的常用手法

橱窗设计常用的手法有以下几种。

① 外凸或内凹的空间变化。在商店空间允许的前提下，橱窗可向外凸，并可将橱窗塑造成具有一定的外形特色。当商店的人口后退时，常可将橱窗连同人口一起内凹，这种适当让出空间"以退为进"的手法，常常能起到引导消费者进店的效果。

② 地下室或楼层连通展示。有地下室或楼层的商店，可适当调整地板的位置，使一层商场的橱窗与地下室或楼层的橱窗连成整体，从而起到具有特色的商品展示的作用。

③ 封闭或开放的内壁处理。根据商店对商品展示的需要，可以把橱窗后部的内壁做成封闭的（仅设置可进入布置商品展示的小门），也可以做成敞开的或半敞开的，这时整个店内铺面陈列的商品能够通过橱窗展现在行人面前。

④ 橱窗与标志及店面小品的结合。结合店面设计构思，橱窗可以与商店店面的标志文字和反映商店经营特色的小品相结合，以显示商店的个性。为使橱窗内的展品有足够的吸引力，并在白天或晚上因日光或街道环境照明形成橱窗玻璃面的反射景象，不致影响展品的视觉感受，橱窗内的照明需要有足够的照度值。橱窗内的一般照明可使用节能型荧光灯，局部照明仍以白炽灯为主。

4. 橱窗设计的心理方法

商店橱窗布置一般采用以下几种心理方法。

① 突出主体，常看常新。橱窗作为向消费者展示商店的一个窗口，自然应尽可能多地向消费者传播有关展示商品的信息，然而这又受到了橱窗空间大小的限制，因此，橱窗的布置不能什么都摆上，而应该挑选出本店主要经营的商品作为主体，既能使消费者在所展示的商品中首先注意主要商品，又能使消费者清楚地了解该商店的主营商品及该商品的一些主要特征。然而突出主体，把主营商品放在橱窗里只是一个方面，为了吸引消费者，还要让这一商品具有新奇性，因为消费者一般都具有好奇心。

> **案例提示**
>
> **摄像机的神奇**
>
> 上海华联商厦的一个橱窗里放着一台大屏幕彩电，并一直开启着。这台彩电连接着一台摄像机，此机镜头对着窗外的消费者，也一直开启着。于是端详摄像机或路过该机镜头的人便有形象在彩电屏幕中出现，使许多没有玩过或见过摄像机的人感到新奇，纷纷前来一看，殊不知这样一看，摄像机的消费欲望就产生了。

② 艺术创新，美不胜收。橱窗中商品的布置与陈列并非只是普通的放东西，而是一项具有艺术性的工作。因为橱窗中商品的放置位置、灯光照明、背景及其辅助摆设若设置得好，则会令消费者产生美的感觉，吸引消费者多看几眼，或停留下来仔细地看一看。艺术性高的橱窗一般都能给消费者以强烈的艺术感染力，从而使消费者对其中的商

品产生兴趣,产生购买欲望。橱窗的艺术性,通常通过构图、色彩、灯光、动感、商品本身及其位置等的协调来表现,在进入电子时代后还可采用音响、电动设备、光电器材等手段来使橱窗中的艺术形象更加生动和引人入胜。

橱窗布置

一般情况下可采用对称均衡、不对称均衡、重复均衡、主次对比、大小对比、远近对比和虚实对比的手法,把整个橱窗中的各种物件有机地联系起来,使它们组成一个稳定而不呆板、和谐而不单调、主次分明、相辅相成的整体形象。在色彩运用上需要根据商品本身的色彩、题材以及季节的变化来安排,采用单一色、邻近色、对比色和互补色等原理,处理好对比、调和以及冷暖的变化关系,给消费者以明快、舒适的感觉。

---

③ 景物渲染,丰富联想。如果仅仅把商品放在橱窗中,则只能给人以这个商品的印象,很难使人产生良好的联想,更大限度地激发消费者的心理需求。反之,若能利用景物来烘托商品,则有可能产生良好的效果。例如,宣传床上用品的橱窗,可以利用景物布置一个优雅、舒适的卧室,使消费者有身临其境的感觉,就会产生如果自己也买上这么一些商品,家中也可能布置得如此漂亮的想法。一件挂在衣架上展示的服装虽然很漂亮,但并不是立体的,而让其穿在模特儿身上,就会显现出服装的线条与风韵,给人的感受就会不一样。

温馨空间设计

香港沙田新城市广场内有一家书店,一排排开架放置书架排放得错落有致,柔和的灯光照在装帧漂亮的一本本书上十分美观,店堂内用淡淡的米黄色作为基色,店里的音响设备虽然看不见,但一直轻轻地播放着古典钢琴曲,既优雅又舒服,使书店里的人感觉就像在家中一般。书店就好像繁华商业闹市中的一片绿洲,吸引着众多的读者与买者在里面流连忘返。

7.3 商店内部商品的陈设与消费者心理

内部环境是商店内部建筑、设施、柜台摆放、商品陈列、装饰风格、色彩、照明、音响、空气等状况的综合体现。就消费者心理而言,内部环境在整体购物环境中起着主导的决定性作用。

7.3.1 商店内部装修风格与消费者心理

在现代商业社会中,店堂内的布置也是吸引消费者、抓住消费者的重要手段之一。因为理想的店堂内部布置具有促进购买和提高销售量的明显效果。试想,一个商店内部阴暗、潮湿、灰尘滚滚、气味难闻,哪个消费者愿意在里面多呆呢?即使是售货员,在这样的环境中工作心情也不会很好。商店内部布置的心理效能主要是通过内部结构布置、照明、色彩、音响和温度等诸多方面的合理考虑，使消费者一进门就产生一种愉快的情绪，并把这种情绪保持在购物过程的始终，离开之后还会留下对商店的美好记忆。消费者的心境如果比较好，就容易完成购买行为。

1. 店内美化

店内美化是店堂布置的重要方面，可根据不同的店堂及其销售的主要商品确定美化风格。但目前国际上比较流行的布置与美化方式是公园式布置，即越来越多地将绿色植物引入店堂内，创造一种富有自然气息的田园般的环境。例如，店中央开辟小型喷水池、小瀑布，放置大鱼缸，放置一些常绿植物、小盆景等，使消费者入店除了可以满足看一看或买一买的消费心理，还可感到逛商场犹如在观赏风景，心情舒畅。

案例提示

新城市广场

香港沙田的新城市广场，正门入内是一个很大的罗马式大厅，漂亮豪华，两边自动扶梯直上二楼商场及三楼商场。在三楼的一个大厅中，设有很大的椭圆形音乐喷泉池，当音乐响起时，喷泉随着音乐节奏婆娑起舞，十分壮观与漂亮，非常吸引人。一到周末，许多香港人就扶老携幼纷至沓来，有时并非为了购物，就是散散心，看一看，当然最终未必不会不掏点腰包。

店内的布置还与店内的墙壁、地板、天花板、柱子和货柜等的设计有关。墙壁是用墙纸还是喷塑，上面挂广告画还是挂抽象画，地面是用地板还是磨光水泥或用地毯，天花板怎么装，柱子怎么弄，货柜怎么放都构成了店堂的布置要素，需要精心设计、认真构思，使店堂内这些要素在整体上风格统一、组合和谐、美观大方，与前面所引入的公园式环境布置相结合，使人感到赏心悦目，引导购买行为完成。

2. 照明布置

照明对人的心理情绪有一定的影响，亮堂堂的灯光往往使人感觉心胸开阔，而阴暗的灯光则使人感觉压抑。对商店来说，若店里灯光明亮、柔和，不仅可以使消费者尽快找到所要选购的商品，缩短购买时间，还可以给消费者一种良好的心理感觉。照明可分为基本照明、特别照明和装饰照明。

① 基本照明是指商店内的一般照明，也是主要的照明。
② 特别照明是采用定向照射的聚光灯直射商品。
③ 装饰照明则通常指用于美化商店、渲染店内气氛的彩灯、壁灯、吊灯和霓虹灯等。

基本照明的亮度通常取决于经营的商品和主要销售对象。例如，在日用品商店，基本照明的亮度就应该大一些，而中老年人用品以及妇女用品商店照明也要强些，因为这些商品往往需要消费者仔细看了才会买；家具商店、家电用品商店里的灯光要比较柔和,因为柔和的灯光可以对家具的视觉效果和家电产品的视听效果起烘托的作用。至于一些贵重商品,如珠宝玉器、金银首饰、工艺品和高档手表等,需要在一般照明下加一些特别照明,使这些商品光彩夺目,使消费者感觉名贵华丽,增强他们购买的欲望。

3. 色彩运用

不同的色彩对人的情绪有不同的影响。有人通过试验发现,深红色会使人的心理活动活跃、情绪高涨,或导致兴奋与焦躁;浅蓝色会使人的心境平静、安宁,稳定情绪;粉红色则会使人情绪安定、心情愉快,而且容易入睡;浅绿色则会令人心旷神怡,有春意之感;金色则给人以富丽堂皇之感。根据色彩对人心理的影响,店堂内的色彩运用就应该充分考虑。

> **案例提示**
>
> **色彩选择与运用**
>
> 法国一家饭店的老板,虽然知道色彩对消费者心理有很大的影响,却不知如何运用。于是在饭店内部装饰时,他将店内的墙壁全部粉刷成淡绿色,给人幽雅、舒适之感,结果吸引了大量的消费者,但这些消费者吃饱喝足之后却迟迟不愿离开,而愿意多坐一会儿、享受一会儿。这样一来,使得餐桌利用率大大下降,反而使销售额下降。老板对此十分迷惑,请教了专家之后,才发觉颜色选择上有问题。后来老板将墙壁的颜色改涂成红色和橘黄色相间,这一招下来果然有效果,因为热烈的颜色虽然能增进食欲,但顾客却不愿意在刺激性强的气氛中久留,故一吃饱,就要立即离开。这样餐桌利用率大大提高,老板收入得到了增加。这个故事说明一个道理,这就是色彩运用有时是很重要的。

4. 音响播放

商店里人头济济,交谈声、取货开箱声嘈杂得很,长时间呆在里面会使人感到很烦躁。为克服这一缺陷,并为消费者创造一个良好的购物环境,现代化的大商场往往在音响方面做了充分的考虑,这就是不断地播放一些轻松柔和、优美悠扬的乐曲,音量不大,它既可以掩盖一些噪声,又可以给消费者和售货员一种轻松舒适的感觉,忘掉烦躁。

> **音响播放的妙处**
>
> 香港的一些著名大百货商场如先施公司、永安公司、八佰伴、SOGO 等店堂内都一直播放轻松愉快的古典音乐,使人感觉舒适。先施公司最近在上海南京路上开设了分店,其店内布置港味十足,同样也播放动听的音乐。相反,有些大商场则没有音响系统,进去的人多半会感到闹哄哄,挤来挤去很烦躁。

5. 商品摆放

商店内货品的摆放也是抓住消费者的一个重要手段,货品摆放得美观、整齐、色彩协调,就可能吸引消费者;反之,则可能令人不舒服。同样是个体蔬菜摊贩,有的个体摊贩就会把各色新鲜蔬菜摆放得整整齐齐,颜色搭配美观,视觉效果好;而有的个体摊贩则随便把蔬菜堆放在箩筐或篮子里,也不注意什么视觉效果。在吸引消费者方面,两者的差距是明显的。

7.3.2 商店商品陈列与消费者心理

商品陈列是指柜台及货架上商品摆放的位置、搭配及整体表现形式。根据国外的成功经验,通过调查消费者购买行为,按照需求取向灵活配置商品布局比例,是目前最有效的办法。应根据消费者的心理特性讲求商品陈列艺术,使商品陈列做到醒目、便利、美观、实用。

1. 商品陈列的一般心理要求

① 醒目化。醒目化就是要求商品在陈列中形象突出,使消费者可随意看到商品,并引起消费者的注意。

② 丰富感。丰富感就是在橱窗、柜台、货架中,陈列的商品要丰富、整齐有序,使消费者感到选择的余地较大。

③ 吸引力。吸引力就是陈列的商品能充分展示自身特点,使消费者对商品有直观感受。商品陈列的艺术手法应新颖独特和构思巧妙,对消费者有一种挡不住的诱惑。

④ 说明性。说明性就是商品陈列应附有各种说明,如价格、性能、规格、质量等级和使用方法等,便于消费者全面了解商品。

2. 商品陈列原则

(1) 安全性原则

排除非安全性商品(超过保质期的、鲜度低劣的、有伤疤的、味道恶化的),保证陈列的稳定性,保证商品不易掉落,适当地使用盛装器皿、备品。进行彻底的卫生管理,给消费者一种清洁感。

(2) 易见易取原则

易见就是使陈列的商品容易让消费者看见,一般以水平视线下方 20° 为中心的上 10°至下 20° 范围为容易看见的范围;易取就是使陈列的商品容易让顾客触摸、拿取和挑选。

与此关系最密切的是陈列的高度及远近。依陈列的高度,可将货架分为三段。

中段为手最容易拿到的高度,男性为 160~170cm,女性为 150~160cm,有人称这个高度为黄金位置,一般用于陈列主力商品或公司有意推广的商品。

次上、下端为手可以拿到的高度，次上端男性为 160~180cm，女性为 150~170cm；次下端男性为 40~70cm，女性为 30~60cm。这个位置一般用于陈列次主力商品，其中顾客须曲膝弯腰才能拿到次下端商品，所以较为不利。

上、下端为手不易拿到的高度，上端男性为 180cm 以上，女性为 170cm 以上；下端男性为 40cm 以下，女性为 30cm 以下。这个位置一般用于陈列低毛利、补充性和体现量感的商品，上端还有一些色彩调节和装饰陈列。

有关远近的问题，一般是放在前面的东西要比放在后面或里面的东西容易拿到手，为使里面的商品容易拿取，常用的办法是架设阶层式的棚架，但要考虑到其安全性，以免堆高的商品掉落下来。

（3）区分定位原则

区分定位就是要求每一类、每一项商品都必须有一个相对固定的陈列位置。

商品一经配置，商品陈列的位置和陈列面就很少变动，除非因某种营销目的而修正配置图表，这既是为了商品陈列标准化，也是为了便于消费者选购商品。区分定位原则应注意以下 5 方面。

① 应按商品大类或商品群的大概位置向消费者公布货位布置图。我国目前大部分超市和便利商店的标示牌一般都是平面式的，如果能改为斜面式的，则更能让消费者一目了然；同时，标示牌的形式也可灵活多样。还可依商品类别与陈列位置的不同而设立便民服务柜，实施面对面销售。

② 相关商品货位布置邻近或对面布置，以便消费者相互比较，促进连带购买，如 DVD 机与影碟，录音机与录音带，照相机与胶卷，蔬菜、肉禽蛋、调味品与肉制品等可存放在邻近区域。

③ 要把相互影响大的商品货位适当隔开，如串味食品、熟食制品与生鲜食品，化妆品与烟酒、茶叶、糖果、饼干等。

④ 要把不同类的商品纵向陈列，即从上向下垂直陈列，使同类商品平均享受到货架上各段位的销售利益。

⑤ 勤调整商品货位。分区定位并不是一成不变的，要根据时间、商品流行期的变化，随时调整，但调整幅度不宜过大，除了根据季节以及重大的促销活动而进行整体布局调整外，大多数情况不做大的变动，以便消费者能凭印象找到商品的位置。

（4）前进梯状原则

前进梯状原则包括前进陈列和梯状陈列，前进陈列就是按照先进先出的原则补货。

营业高峰过后，货架陈列的外层商品被买走，会使商品凹进货架的里层，这时超市管理人员就必须把凹进里层的商品往外移，从后面开始补充货源，以保持陈列丰满，保证商品不过期积压。

在做前进陈列时应注意，要做好商品的收集、整理及清洁工作，商品要干干净净地呈现在消费者面前。

梯状陈列就是要求陈列商品的排列前低后高，呈阶梯状，使商品陈列既有立体感和丰满感，又不会使消费者产生被商品压迫的感觉。

一般说来，过分强调丰满陈列和连续性，被商品压迫的感觉就会增强，所以采取倾斜、阶梯、凸出、凹进、悬挂和吊篮等多种方法，适当地破坏商品陈列的连续性，反而能使消费者产生舒适感和亲切感。

3．商品陈列方法

商品陈列方法要与消费者的选择心理、习惯心理相适应。不同的零售业因为其经营特点、出售商品和服务对象的不同，在商品陈列上也表现出不同的形式。总的来说，商品的陈列可采用如下方法。

（1）醒目陈列法

商品摆放应力求醒目突出，以便迅速引起消费者的注意。醒目陈列法具体有以下几个方面。

① 陈列高度。商品摆放位置的高低会直接影响消费者的视觉范围及清晰度。心理学研究表明：人眼的视场与距离成正比，而视觉清晰度与距离成反比。通常，消费者在店内无意注意的展望高度是 0.7～1.7m。同视线轴呈大约 30°角上的商品最容易被人们清晰感知。在 1m 的距离内，视场的平均宽度为 1.64m；在 2m 的距离内，视场宽度达 3.3m；在 5m 的距离内，视场宽度达 8.2m；在 8m 的距离内，视场宽度就扩大到 16.4m。商品摆放高度要根据商品的大小和消费者的视线、视角综合考虑。一般来说，摆放高度应以 1～1.7m 为宜，与消费者的距离应为 2～5m，视场宽度应保持在 3.3～8.2m。

② 商品的量感。量感是指陈列商品的数量要充足，给消费者以丰满、丰富的印象。量感可使消费者产生有充分挑选余地的心理感受，进而激发购买欲望。据一项市场调查显示，有明确购买目标的消费者只占总消费者的 25%，而 75%的消费者属于随机购买和冲动型购买。因此，如何增强商品的存在感，使店内商品最大程度地变得让顾客目之可及、伸手可得，进而吸引消费者停留更长时间，最终实现冲动购买，便成为一个关键性的问题。

③ 突出商品特点。商品的功能和特点是消费者关注并产生兴趣的集中点。将商品独有的优良性能、质量、款式、造型和包装等在陈列中突显出来，可以有效地刺激消费者的购买欲望。例如，把气味芬芳的商品摆放在最能引起消费者嗅觉感受的位置，把款式新颖的商品摆放在最能吸引消费者视线的位置，把名牌和流行性商品摆放在显要位置，都可以起到促进消费者购买的心理效应。

（2）重点陈列法

现代商店经营商品种类繁多，少则几千种，多则几十万种。要使全部商品都引入注目是非常困难的。为此，可选择消费者大量需要的商品作为陈列重点，同时附带陈列一些次要的、周转缓慢的商品，使消费者在对重点商品产生注意后，附带关注其他商品。对重点陈列，业内有一种商品布局中的磁石理论。磁石即卖场中最能吸引消费者眼光、最能引起购买冲动的地方,而要发挥这些磁石的作用,必须采用一些布局技巧。在商品布局中运用磁石理论,具体而言就是在卖场中最优越的位置陈列最合适的商品促进销售,并且以此引导顾客顺畅地逛遍整个卖场,达到增加顾客随机消费和冲动性购买的目的。

（3）裸露陈列法

好的商品摆放,应为消费者观察、触摸及选购商品提供最大便利。为此,多数商品应采取裸露陈列,应允许消费者自由接触、选择、试穿、试用、亲口品尝商品,以便减少消费者的心理疑虑,降低购买风险,坚定购买信心。

（4）连带陈列法

许多商品在使用上具有连带性,如牙膏和牙刷、照相机和胶卷等。为引起消费者潜在的购买意识,方便其购买相关商品,可采用连带陈列的方式,把具有连带关系的商品相邻摆放。此外,还应注意到消费者的无意注意。无意注意是指消费者没有目标或目的,在市场上因受到外在刺激物的影响而不由自主地对某些商品产生的注意。如果在售货现场的布局方面考虑到这一特点,有意识地将有关商品柜组设置在一起,如妇女用品柜与儿童用品柜、儿童玩具柜邻近设置,向消费者发出暗示,引起消费者的无意注意,诱导其产生购买冲动,会获得较好的效果。

（5）季节陈列法

季节性强的商品,应随着季节的变化不断调整陈列方式和色调,尽量减少店内环境与自然环境变化的反差。这样不仅可以促进应季商品的销售,而且可使消费者产生与自然环境和谐一致、愉悦顺畅的心理感受。

（6）艺术陈列法

这是通过商品组合的艺术造型进行摆放的方法。各种商品都有其独特的审美性,在陈列中,应在保持商品独立美感的前提下,通过艺术造型使各种商品巧妙地布局,相映生辉,达到整体美的艺术效果。

（7）专题陈列法

专题陈列法是指结合某一特定事件、时期或节日,集中陈列应时适销的连带性商品的方法,中秋节之际食品店中的月饼专柜。

在实践中,上述方法可灵活组合、综合运用。同时要适应环境和需求的变化,不断调整,大胆创新,使静态的商品摆放充满生机和活力。

4. 店内通道设计的心理艺术

在现代零售企业中,通道设计也成为改善店内环境,为消费者提供一个舒适购物环境的重要因素。良好、高效的通道设计,要求能引导消费者按设计的自然走向,步入卖场的每一个角落,能够接触尽可能多的商品,消灭死角和盲点,使入店时间和卖场空间得到最高效的利用。售货现场的通道设计要考虑便于消费者行走、参观浏览和选购商品,更要考虑为消费者之间传递信息、相互影响创造条件。

合理的通道设计还可起到诱导和刺激消费者购买的作用。进入商店的人群大体可分为三类，即有明确购买动机的消费者、无明确购买动机的消费者和无购买动机的消费者。引起后两类消费者的购买欲望是零售企业营销管理的重要内容之一。而这种欲望、动机的产生，在很大程度上是消费者在商店进进出出、在卖场通道之间穿行时相互影响的结果。因此，在售货现场的通道设计方面，要注意柜台之间形成的通道应该保持一定的距离。中央通道要宽敞些，使消费者乐于进出商店，并能够顺利地浏览商品，为消费者彼此之间无意识的信息传递创造条件，扩大消费者彼此之间的相互影响，增加商品对消费者的诱导机会，从而引起消费者的购买欲望，使其产生购买动机。

5. 柜台设置的心理艺术

柜台是陈列商品的载体。柜台设置方式直接影响消费者的购买心理。

（1）按照售货方式不同，可选择开放式柜台和封闭式柜台。

开放式柜台采取由消费者直接挑选商品的方式。消费者可以根据自己的需要和意愿，任意从货架上拿取、选择和比较商品，从而最大限度地缩短与商品的距离，增强亲身体验和感受；消费者可获得较大的行为自由度，产生自主感和成就感；消费者可减少心理压力和其他干扰因素，在自由接触商品中形成轻松愉悦的情绪感受；还可使消费者感受到商店对自己的尊重和信任。这些都会进一步激发消费者的购买欲望，促成购买行为。书店、鲜花商店、家具商店、超级市场、专卖店等大多采用开放式柜台。现在，一些大商场也开始采用开放式柜台陈列，如服装区、儿童玩具区等。

封闭式柜台是依靠售货员向消费者递拿、出售商品的设置形式。这种形式增加了消费者与商品联系的中间环节，扩大了距离感，降低了个人的行为自主性，同时增加了消费者与售货员产生人际摩擦的可能性，对消费者心理的负面影响较大。但在诸如珠宝首饰、钟表、化妆品、电器和副食等不宜或无法直接挑选的商品销售中，封闭式柜台是较为妥当的形式。

（2）按照排列方式不同，可以采用岛屿式柜台和直线式柜台。

直线式柜台是将若干个柜台呈直线排列。这种方式便于消费者通行，视野较开阔和深远，但不利于迅速寻找和发现目标。一般常用于小型商店的柜台设置。

岛屿式柜台是将一组柜台呈环状排列，形成一个"售货岛屿"。这种排列方式可以增加柜台的总长度，扩大商品陈列面积，还可以按经营大类划分和集中陈列商品，以便于消费者迅速查找和发现所要购买的商品。这种方式还有利于营业现场的装饰和美化，通常被大型商场采用。

（3）按照经营商品的特点及消费者的购买特点，可以选择不同的设置区位

在柜台的摆放地点或区位设计中，应以经营商品的性质及消费者的需求和购买特点作为主要依据。对于人们日常生活必需、价格较低、供求弹性小、交易次数多和无售后服务的便利商品，如香烟、糖果、电池、饮料等，其柜台应摆放在出入口附近，以满足消费者求方便、求快捷的心理。对于一些价格较高、供求弹性较大、交易次数少、挑选性强、使用期较长的商品，如时装、家具等，应相对集中摆放在宽敞明亮的位置，以便

消费者观看、接近、触摸商品,从而满足消费者的选择心理。对于一些高档、稀有、名贵、价格昂贵的特殊商品,如彩电、照相机、工艺品、珠宝首饰、古董等,其柜台可摆放在距出入口和便利品柜台较远、环境优雅的地方,以满足消费者求名、自尊、私密等特殊需求。

典型案例分析

大卖场如何吸引年轻的女性消费者

经济多元化的今天,人们有太多的购物方式和地点可以选择。在选择的时候,人们总是从自身的需要和现有可供选择的资源中找到自己喜欢的方式来实现自己的购物意愿。根据国际调查公司 AC 尼尔森的调查显示,大卖场以其便利、一站式服务、环境舒适、价格公平等众多优点成为了大众购物的首选。

AC 尼尔森同时也告诉我们一个实际的情况,就是在大卖场购物的消费者中女性以 84%的比例占据绝对主流,而且年龄在 35~49 岁,这就说明了大卖场目前的消费者层次定位是以中年的家庭妇女为主,如图 7-1 所示。

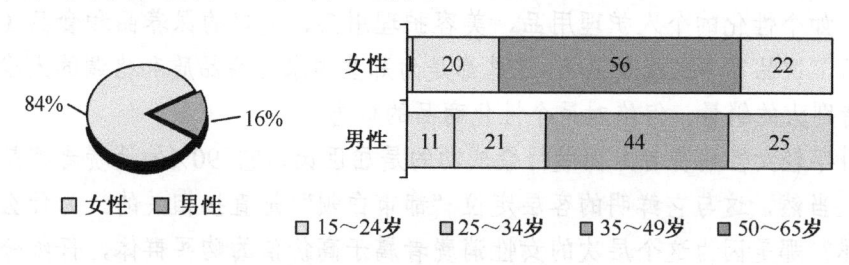

图 7-1 大卖场消费者层次定位

这一阶段的消费者一般呈现出的特点是家庭稳定、收入稳定,但大都不是高收入,工作压力不是特别大,当然这个年龄段也有不少的下岗工人,因此,居家过日子是这个阶段的突出特点,所以才会对价格有特别高的敏感度。

以上是大卖场目前主要消费者状况的分析说明,这只是一般状况,各个大卖场根据自身的特点也有一定的差异(图 7-2)。

由图 7-2 可以看到,家乐福有 13%的客人无论它开在哪里都会去购物。同时经过比较可发现,家乐福的消费者年龄层次也比其他大卖场要年轻一些,其 20~35 岁年龄段的消费者有 18%的比例,要远远高于这一数据平均值的 10%,可见家乐福更能吸引年轻的消费者光顾。为什么会这样呢?比较分析之后我们可以发现其中两个主要的差异点。

① 家乐福营造的文化是"开心购物家乐福",因此,它在购物环境上追求的是轻松舒适,特别注重细节部分的修饰,像在红酒区、内衣区、Baby 区和进口食品区,都可以感受到百货公司的精雕细琢,这正是年轻的女性购物者所看重的,迎合了她们追求生活品质和浪漫氛围的心理。

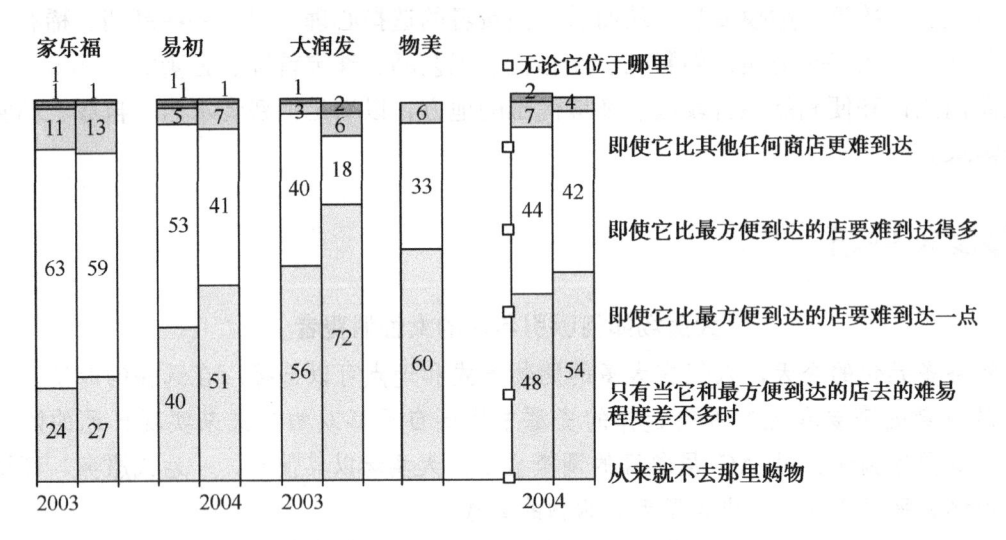

图 7-2 各大卖场消费者状况分析

② 商品组合的多样化和精致化。在家乐福卖场，我们会更多地发现一些其他卖场没有的商品，如个性化的个人护理用品、美容护理用具、进口的保养品和食品（特别是红酒、调味品、饮品等非主流食品），这些都是为那些追求生活品质和格调的人准备的，虽然不会有特别大的销量，但绝对是个性化商品的标志。

在吸引年轻女性消费者方面做得最成功的是屈臣氏，它 90%的消费者都是年轻的女性消费者。当然，这与它鲜明的客层定位"都市白领"是直接相关的。为什么它要做这样的定位呢？那是因为这个层次的女性消费者属于高价值的购买群体，仔细分析之后我们可以总结出这个群体的消费行为特点。

① 因为年轻化，所以对商品的时尚性和个性化比较重视。我们可以从屈臣氏的商品结构中发现这个特点，个人护理用品占 50%，保健药品占 20%，食品占 20%（以休闲零食为主），10%是配件和装饰品，这样组合商品的目的就是要满足年轻女性对自己全面的呵护关爱和追求时尚、个性化的心理。

② 因为收入相对比较高，所以对价格并不是最在意，只要是自己喜欢的价格倒是其次的，这就表示单价高、品质好、能满足其消费需求的中高档商品会比较受她们的欢迎，她们的购物总价值通常会高于其他年龄段的消费者。

③ 因为身份和社会地位的修饰需要，她们会更在意购物环境的舒适度和精致化，那种嘈杂混乱、气味难闻、粗糙陈旧、没什么特色的商场绝对不是她们会去的地方，这可以从百货公司和专卖店里涌动的年轻面孔上找到答案。

④ 我们还发现，屈臣氏都开在繁华热闹的城市中心，交通便利，附近通常会有餐馆、快餐店、银行、邮局等齐全的服务设施，为什么呢？那是因为白领们工作节奏紧张，通常希望在最短的时间内处理尽可能多的事情，于是多功能、方便性也成为她们选择购物场所的一个重要因素。

可能有人会说屈臣氏属于专业超市的范畴,与大卖场的经营业态有明显的区别,有这些差异很正常。但是,我们依然可以通过对它的研究找出可以为大卖场借鉴的地方。毕竟,拓宽自己的顾客群体,提高购物的价值是提高业绩的有效方法,这也是所有销售终端所追求的,不管它是百货公司、超市、专卖店还是大卖场。

虽然目前大卖场的主要客人是中年的家庭妇女,但是,随着竞争的加剧,开发、吸引并留住年轻的女性消费者是大卖场要认真思考的一个问题,其意义不仅在于业绩的提升,同时对提高整个店的形象和服务功能也有积极的意义。结合大卖场的实际情况和业态特点,我们可以考虑一些有实际操作意义的方法来推动这一目的的达成。

1. 店面定位和经营思路的调整

大卖场的基本定位是满足人们日常生活的需求,像有家大卖场的定位"生活的好芳邻",其核心就是强调便利、齐全和亲切的服务,这也是比较有代表性的大卖场定位。但是,消费者的成熟度在提高,购买行为也日趋理性,单纯的便宜价格、方便齐全已不能全面满足他们的需求,特别是针对年轻的女性消费者,这个定位和功能显然不能很好地满足她们的愿望。如果要更广泛地开发客人层次,零售商的自身定位不应仅仅局限于一个基本的产品提供者,而应是一个能满足购物者达到其期望生活方式的问题解决者。比如,大卖场把"生活的好芳邻"重新定位为"便利/丰富生活的提供者",兼顾满足多元化的消费者需求,而不仅仅是强调便利的功能,那将有更多的空间吸引年轻女性。定位清楚了,才有可能在经营行动、商品组合和服务管理上做相应调整,将思路落实到具体细节上。

2. 购物环境的营造

前面分析过家乐福的年轻女性比例比其他大卖场高的原因之一就是购物环境和细节营造的用心。不要因为大卖场是日常生活用品的提供者就不重视营造环境和细节。其实,这也是提高商品附加值的一个方法,让人感觉虽然便宜却不是卖低等货。年轻女性更在意环境的美好舒适和情调,特别是在她们重点购物的区域,如护理用品区、休闲食品区、服饰区等,给她们期望的百货公司的感觉,让她们觉得在这里买东西有百货公司的感受,而且更为便利和快捷,价格还更合理,有这么多优点,你还担心她们不来吗?实际上,只要管理人员重视,美工人员勤奋,大卖场也可以设计布置得很漂亮,家乐福、乐购、大润发这些大卖场有些地方做得就很不错,值得其他大卖场学习。

3. 商品组合的改变

不同的消费者会有不同的购买重点和需求,作为大卖场而言,其本质是一个购物场所,核心就是要满足消费者购买商品的要求,所以,一切都要落实到商品上来。要开发和留住年轻的女性消费者,就必须有吸引她们购买的商品。除了基本的常规商品之外,还要针对她们的爱好、特点,有针对性地调整商品结构,引进一些适合她们购买的商品,建议在护理、保养、家居装饰、小配件、功能性食品、进口食品、时尚用品、Baby用品等分类上着力改善,别人那里没有但在你这里可以买到,这个就是吸引力的来源。

可以借鉴的对象就是屈臣氏。当然，不同的地域会有不同的特色，这个可以在对有效商圈深入调查的基础上解决。

4. 附加服务功能的提升

购物者的生活方式正向着越来越健康、舒适和便利的方向发展，他们在决定去哪家门店购物时，卫生间、餐馆和银行取款等服务设施的完善与否起了重要的作用。而且未来的大卖场会向着社区服务中心的功能演变，也就是说，大卖场会具有更多的服务功能，从生活必需品的购买到火车票、机票预订、银行、邮局、文化书籍、健身美容等附加服务发展，满足社区居民生活多方面的需求，真正做到便利的中心、服务的中心，在他们的生活中占据重要的地位，一有需求首要想到的就是这个大卖场，这就赢了。当然要满足所有需求是不可能的，那就要向着尽量多的目标努力。在服务功能方面，可以借助招商专柜来实现，既可以增加服务特色，还不增加大卖场的投资管理压力，一举多得。针对大卖场自身而言，也有可以改善和挖掘的地方。比如，可以设计多功能会员卡，联合健身会所、美容院、宠物中心、发型设计中心等机构，大卖场的购物卡也可以充当贵宾卡，持卡人可享受折扣，而且购物金额越多，折扣越大，借此锁住顾客。还可以与相关组织成立各种类型的俱乐部，举办各种主题的知识讲座。比如，结合手工艺品可以开设"手工吧"，与奶粉和 Baby 商品联袂举行"孕产期健康讲座"，与家庭装修类商品结合可以开设"家装课堂"，这些都立足于社区文化，又超越了顾客对大卖场的一般期望，在很大程度上将大卖场的功能细致地渗透到顾客的生活中，培养了一种习惯、喜欢和依赖，这些比单纯的商品特色更深刻，脱离简单的可被复制的商品、价格面，建立有文化和精神内核的东西，才是真正的竞争力所在。

第 8 章　商品广告与消费心理

8.1　商品广告及心理功能

8.1.1　广告的概念和特征

1. 广告的概念

广告（Advertisement）的英文原意是"一个人注意到某件事"，后来又进一步引申为"引起别人的注意，通知别人某件事"。17 世纪末，英国开始了大规模的商业活动，"广告"一词开始广泛使用。

广告有广义和狭义之分。广义广告的对象、内容都较广泛，包括经济广告和非经济广告。其中，经济广告是为了推销商品和服务，获取利润，属于营利性广告；非经济广告则是为了达到某种宣传目的，属于非营利性广告，如我国中央电视台播出的以宣传法律、倡导社会公德等为主题的公益性广告。狭义的广告就是人们所熟知的商品广告，是指广告主以付费的方式，通过公众媒介对其商品或服务进行公开宣传，借以向消费者有计划地传递商品和服务信息，影响人们对其广告的产品或服务的态度，进而诱发他们的消费行为而使广告主得到利益的活动。

2. 广告的特征

（1）广告是付出费用的信息和活动

① 广告作为经济活动，具有一切经济活动所具有的投入产出特点。

② 广告作为信息传播活动，广告信息必然是经过提炼加工而来的，这必然需要对信息进行研究和加工，其研究和制作是以一定的费用支付进行保证的。

③ 广告主和广告经营者都需要盈利才能维持组织生存和保证组织发展。

（2）广告必须有明确的广告主

明确广告主，一是可以使广告信息接受者认知、熟悉、牢记广告主的组织形象，使广告信息具有较多的附加价值；二是可以通过告知广告信息接受者谁是广告主，使广告主自我约束、自我提高，从而公开正视广告主自身的责任和义务，从法律上保证信息接受者的合法权益。

（3）广告是经过"艺术处理"的信息

广告要经过艺术处理才具有较强的影响力、感染力和诱导力。现代广告追求集艺术与技术于一身，集抽象与具象于一体，其形象塑造、形式表现都为高度表现的信息符号。广告是一种艺术形式，但广告不等同于纯艺术，它是与产业化、社会化紧密结合的艺术。

（4）广告通过大众传播媒介进行传播

广告传播属于非人员的传播行为，要通过大众传播媒介来进行。这是广告与其他传播活动的本质区别之一。广告不同于面对面的个人对个人、小组对小组进行游说的促销活动。广告必须是借助于某种大众传播工具向非特定的大众广泛传达信息的活动形式。

（5）广告是对被管理的信息进行定位并向目标市场传播的活动

广告主以自己所拥有的经营管理目标构成自己的信息系统，并且把这些特定信息通过整合而定位，向自己所针对的目标市场进行传播。

（6）广告传播信息的范围十分广泛

广告传播的信息包括产品、劳务或某项行动的意见和想法，即实在的物质产品和非实在的思想观念与倾向。

（7）广告以说服方式达到改变或强化观念和行为的目的

广告以说服社会公众接受自己的建议和观点为目标。广告突出自己的鲜明特征，表明自己的独特优点，显示自己与众不同的功效，其目的就是影响信息受众。不同时期广告的定位、创意、传媒选择及策略运用，都是为了形成独具特色的说服力和影响力。

8.1.2 商品广告的类别

根据不同的需要和标准，可以将广告划分为不同的类别。

1. 按照广告目的分类

制订广告计划必须明确广告目的，才能做到有的放矢。根据广告目的确定广告的内容和广告投放时机、广告所要采用的形式和媒介，可以将广告分为产品广告、企业广告、品牌广告、观念广告等类别。

① 产品广告又称商品广告，以促进产品的销售为目的，通过向目标受众介绍有关商品信息，突出商品的特性，以引起目标受众和潜在消费者的关注，力求产生直接和即时的广告效果，在他们的心目中留下美好的产品形象，从而为提高产品的市场占有率，最终实现企业的目标埋下伏笔。

② 企业广告又称企业形象广告，是以树立企业形象，宣传企业理念，提高企业知名度为直接目的的广告。虽然企业广告的最终目的是实现利润，但它一般着眼于长远的营销目标和效果，侧重于传播企业的信念、宗旨或企业的历史、发展状况、经营情况等信息，以改善和促进企业与公众的关系，提高企业的知名度和美誉度。它对产品的销售可

能不会有立竿见影的效果，但由于企业声望的提高，使企业在公众心目中留下较美好的印象，对加速企业的发展具有其他类别广告所不可具备的优势，是一种战略意义上的广告。企业广告具体还可以分为企业声誉广告、售后服务广告等。

③ 品牌广告以树立产品的品牌形象，提高品牌的市场占有率为直接目的，突出传播品牌的个性以塑造品牌的良好形象。品牌广告不直接介绍产品，而是以品牌作为传播的重心，从而为铺设经销渠道、促进该品牌下的产品的销售起到很好的配合作用。

④ 观念广告，即企业对影响到自身生存与发展，并且也与公众的根本利益息息相关的问题发表看法，以引起公众和舆论的关注，最终达到影响政府立法或制定有利于本行业发展的政策与法规。观念广告也指以建立、改变某种消费观念和消费习惯为目的的广告。观念广告有助于企业获得长远利益。

2. 按照广告诉求方式分类

广告的诉求方式就是广告的表现策略，即解决"怎么说"的问题。它是广告所要传达的重点，包含着"对谁说"和"说什么"两个方面的内容。通过借用适当的广告表达方式来激发消费者的潜在需要，促使其产生相应的行为，以取得广告者所预期的效果。按照广告诉求方式，可以将广告分为理性诉求广告和感性诉求广告两大类。

① 理性诉求广告通常采用摆事实、讲道理的方式，通过向广告受众提供信息，展示或介绍有关的广告物，有理有据地论证接受该广告信息能带给他们的好处，使受众理性思考、权衡利弊后能被说服而最终采取行动。例如，家庭耐用品广告、房地产广告较多采用理性诉求方式。

② 感性诉求广告采用感性的表现形式，以人们的喜怒哀乐等情绪、亲情、友情、爱情以及道德感、群体感等情感为基础，对受众诉之以情、动之以情，激发人们对真善美的向往并使之移情于广告物，从而在受众的心里占有一席之地，使受众对广告物产生好感，最终发生相应的行为变化。例如，日用品广告、食品广告、公益广告等常采用这种感性诉求的方法。

3. 按照广告媒介分类

按广告媒介的物理性质进行分类是较常使用的一种广告分类方法。使用不同的媒介，广告就具有不同的特点。在实践中，选用何种媒介作为广告载体是制订广告媒介策略所要考虑的一个核心内容。传统的媒介划分是将传播性质、传播方式较接近的广告媒介归为一类。因此，一般有以下7类广告。

① 印刷媒介广告，也称平面媒体广告，即刊登于报纸、杂志、招贴、海报、宣传单、包装等媒介上的广告。

② 电子媒介广告，是以电子媒介如广播、电视、电影等为传播载体的广告。

③ 户外媒介广告，是利用路牌、交通工具、霓虹灯等户外媒介所做的广告，还有利用热气球、飞艇甚至云层等作为媒介的空中广告。

④ 直邮广告，即通过邮寄途径将传单、商品目录、订购单等形式的广告直接传递给特定的组织或个人。

⑤ 销售现场广告，又称售点广告或POP（Point of Purchase）广告，就是在商场或展销会等场所，通过实物展示、演示等方式进行广告信息的传播，主要有橱窗展示、商品陈列、模特表演、彩旗、条幅、展板等表现形式。

⑥ 数字互联媒介广告，是利用互联网作为传播载体的新兴广告形式之一，具有针对性、互动性强，传播范围广，反馈迅捷等特点，发展前景广阔。

⑦ 其他媒介广告，即利用新闻发布会、体育活动、年历、各种文娱活动等形式开展的广告。

8.1.3 商品广告的消费者心理分析

广告引发消费者心理反应的过程一般有以下4个环节。

1. 引起注意

注意是心理活动对某特定对象的指向和集中。它表现了人的意识对客观事物的警觉性和选择性。引起消费者注意的因素主要有两类：一是刺激的强弱；二是消费者自身的意向，例如由于生活需要、个人兴趣而自觉地把注意力集中于某些特定的对象。

由于引起注意的因素不同，导致消费者对商品的注意方式也有所不同，从而形成两种不同的注意方式，即无意注意与有意注意。无意注意是一种事先没有任何预定目标，也不必做任何意志努力的注意。它往往是由外界突然出现的某种新奇刺激或危险刺激引起的。有意注意则是一种自觉的、有目的的、必要时还需要做出一定的意志努力的注意。在消费活动中，有意注意是消费者根据主观上的某种需要而把心理活动集中在某种特定对象上的一种心理现象。

吸引注意不仅要引起人们的无意注意，还要引起人们的有意注意。吸引消费者注意的方法很多，如提高刺激的强度和频率、加大刺激的对比和差别、力求刺激的新奇等。

2. 增强记忆

对广告信息的记忆是消费者认知、判断、评价商品以及做出购买决策的重要条件，所以在广告设计中增强消费者记忆是非常有必要的。经常采用的增强消费者记忆的策略主要有：广告用语简洁易懂，适当加以重复，用形象直观的方式传递商品信息。

案例提示

脑白金广告招式揭秘

脑白金畅销数年，在广告宣传上做足了文章。但是，受众对脑白金广告却褒贬不一。业内广告人做出这样的评价：没有创意，恶俗，画面缺乏美感。媒介人士评价：影视广告太俗气,缺乏品位,平面广告虚夸严重。老百姓评价:搞笑,自卖自夸,实际效果一般。

这些评价都在意料之中,但从客观角度讲,脑白金的广告阵势和效果是许多医药保健品企业和厂商无法比拟的。

在众多保健品广告中,脑白金广告的影响力和覆盖力可谓首屈一指,尽管在一定程度上,其缺乏创意和枯燥反复的传播方式引起了消费者的反感情绪,但是,在这种情绪之后,脑白金在消费者脑海中留下了深刻的印象。

透过现象看本质,脑白金广告虽然强势,但也受到了不少指责。但是,归根到底,它实现了提高产品销量的目的,可见,其广告运作模式仍有可取之处。

脑白金送礼广告中那些可爱的老头和老太太边舞边唱,一次一次出现在电视的各个频道,毫无美感,甚至还有些滑稽。但观众就在怒气冲冲的情绪状态中记住了这个产品的名字:脑白金。随着时间一天天过去,记忆渐渐淡化,留在脑海中的也就只有产品的印象,而由广告引起的不愉快情绪早就被忘记了。

脑白金广告的策略之一就是反复传播,其实它的广告内容十分单调,简短的广告词,没有深意的画面。但就是这样一个简单的创意反复出现,却能让受众在感到枯燥乏味甚至反感的同时,记住"脑白金"这三个字。

3. 产生联想

所谓联想,就是人们由当时感觉到的事物想起相关的另一事物。许多事物之间存在着相同或相似的特征,人们对事物之间存在某种认识上的关联性,这些构成了联想的客观基础。联想有对比联想、接近联想、相似联想、因果联想等。在广告宣传中,利用商品信息的各种联系来引发消费者的美好联想,是增强广告效果的重要手段,如雪碧汽水的广告词"晶晶亮,透心凉"。

4. 诱发情感

消费者在购买商品时,情感因素对最终的购买决策起着至关重要的作用。情感有多种表现形式,如美与丑、喜欢与厌恶、轻松与紧张、愉快与愤怒等。积极的情感体验能够刺激消费者的消费欲望,促进其做出购买决策;消极的情感体验则会抑制消费者的购买行为。因此,广告要注重艺术感染力,讲究人情味,才能诱发消费者的积极情感,抑制消极情感。例如,劲酒的广告就采取了这种方式:过年了,朋友相聚,难免吃吃喝喝。在大家吃得热热闹闹的时候,一个美丽的女子出来提醒自己的丈夫"劲酒虽好,可不要贪杯哦",然后是一片爽朗的笑声。广告表现出朋友间浓浓的友情和妻子对丈夫甜蜜的关爱,快乐的气氛洋溢其中,广告切合春节的喜庆气氛,为商品注入了浓烈的情感因素。

8.1.4 商品广告的心理功能

广告的心理功能是指广告对消费者所产生的作用和影响。广告是商品经济的产物，在商品经济条件下，没有不做广告的企业，也没有不依赖广告进行商品销售的商业活动。古人云"酒香不怕巷子深"，但在市场经济发达的今天，酒香难以飘千里，何况酿制好酒的厂家也不止一家。在国外流行着这样一句话：推销商品而不做广告，犹如在黑暗中送秋波。企业要想在激烈的市场竞争中脱颖而出，就必须重视广告的作用，充分发挥其心理功能。广告作为促成企业与消费者之间联系的重要纽带，具有以下心理功能。

1. 认知功能

认知功能是广告最基本的功能，是指企业通过广告向消费者提供有关商品或企业的信息，如商品的商标、品牌、性能、质量、用途、使用和维护方法、价格、购买时间和地点以及服务的内容等信息，使消费者认识并记住该商品或服务，并在头脑中形成记忆，留下印象，这是消费者做出购买决策的前提。广告主能够采取多种渠道和传播方式，可以打破时间、空间的局限，及时准确地将商品或服务的信息传递给不同地区、不同层次的消费者，诱发他们的购买需求。对广告主来说，广告是其传递产品或服务信息的有效手段；而对于消费者来说，广告是其认识商品或服务的重要渠道。

2. 诱导功能

成功的广告可以吸引消费者的注意力，影响他们对商品的态度，激发其潜在的购买欲望。消费者对某一商品的需求往往是一种潜在的需求。而商品广告造成的视觉和情感冲击能有效地引起消费者的注意，激发其对该商品的兴趣，勾起消费者的现实购买欲望。广告以情动人、以理服人，说服消费者，提供购买的理由和依据，增强消费者的购买信心。

3. 教育功能

广告不仅指导消费，而且影响人们的消费观念、文化艺术和社会道德。优秀的广告采用文明、健康的表现形式和内容，对于扩大消费者的认知领域，丰富精神生活，陶冶情操，引导消费者树立正确合理的消费观念，进行美育教育和促进社会公德构建等都有潜移默化的作用。

4. 便利功能

消费者在浩如烟海的商品市场中选购商品往往会无所适从。而广告通过各种媒体，及时、反复地向消费者传递各种商品信息，使消费者能够在短时间内简单、快捷地收集到充分的商品信息，方便他们进行比较选择，做出购买决策，从而替消费者节约购买时间和精力，减少购买风险。

5. 促销功能

促销功能是广告的基本功能。广告通过对商品或服务的宣传，把有关信息传递给目标市场的消费者，达到吸引消费者注意力和产生购买动机的目的，从而导致购买行为的发生，进而实现促销目标。现实消费活动中，像日化用品、药品、食品、保健品、酒类、家电产品等商品的销量与广告的投放量呈正比例关系。广告已成为企业重要的推销手段，因此有人称广告为"潜在的推销员"。

8.2 广告媒体及其心理效应

8.2.1 广告媒体的概念

广告是通过广告媒体进行传播的。所谓广告媒体，也称广告媒介，是广告主与广告接受者之间的中介渠道，是广告宣传必不可少的物质条件。广告媒体的种类很多，主要的广告媒体有电视、报纸、杂志、广播、网络、户外媒体等。广告媒体并非一成不变，而是随着科学技术的进步而发展变化。科技的进步，必然使得广告媒体的表现形式越来越丰富。

8.2.2 广告媒体对消费者的心理效应

广告媒体的种类很多，不同的广告媒体对消费者会产生不同的心理效应。

1. 电视媒体

电视媒体功能全面，集声音、图像、色彩、活动 4 种功能为一体，具有强大的宣传功效。电视媒体渗透力强、影响大、效果好，是广告主和消费者最主要的广告传播方式，是广告宣传的主要媒体。电视媒体有以下心理效应。

① 传播范围广泛，影响力大。电视现在已基本普及，电视广告的覆盖面越来越宽，对消费者的吸引力越来越大，因此电视广告的传播范围非常广泛。

② 重复性高。电视广告能够定期地重复播放，对消费者会产生潜移默化的影响，使之不断强化记忆，形成对广告内容的深刻印象，使消费者产生先入为主的思维定式。

③ 刺激丰富多变。人的心理活动的紧张程度跟外界刺激有着密切的关系。刺激量大，心理活动的紧张程度也大，反之亦然。人们接受外界信息主要通过视觉器官和听觉器官。运用何种感官去感知外界事物则取决于外界刺激形式。声音形式的刺激用耳朵来接受，视觉形式的刺激则用眼睛来感知。电视同时呈现听觉和视觉信息，调动了两种感官的活动，这比起单一的刺激形式更能吸引和维持受众的注意力。

④ 表现力充分。在电视上，物体、事件可以用生动的画面和语言来充分描述，这是

普通平面媒体所无法媲美的。例如，在介绍产品的使用方法时，单纯的语言描述或用语言描述加静态画面都不如动态的画面配合语言描述那么清楚明了。

但电视媒体也有不少弱点：电视的声音、图像转瞬即逝，如果不重复播放，往往不易给消费者留下深刻印象，然而重复过多则会引起消费者的反感；同时，电视媒体还要受到时间、地点、设备和条件的限制，而且费用昂贵。

2. 报纸媒体

报纸是传统和主要的广告媒体形式。据统计，我国报纸约有两千种，其中地方报纸和专业报纸约占 90%。报纸本身按发行范围有全国性和区域性之分；按其内容有综合性和专业性之分；按其出版周期，则可分为日报、晚报、周报和旬报等。在我国，随着物质生活水平的提高，人们对精神生活的关注越来越强烈。报纸作为人们精神食粮的重要组成部分，深刻地影响着消费者的生活。报纸媒体广告心理效应主要有以下几点。

① 消息性。报纸的主要功能就是刊登消息。同时，消息性也体现在广告方面，尤其是新产品研制成功和上市的消息。通过报纸的介绍与宣传可以极大地促进产品销售。从介绍新产品的全面性、时效性来看，报纸广告是推出新产品的捷径，同时由于报纸具有特殊的新闻性和时效性，从而使报纸广告在无形之中增加了可信度。

② 保存性。报纸本身是一种读者的脑外记忆存储器。读者不一定要把所需要的信息牢记在头脑中或摘录下来，而只要把有关信息部分剪下保存起来，以备查阅即可。另外，印刷精细的广告可以把商品和服务的特点逼真地反映出来，对读者具有情感上的影响力。

③ 准确可信性。消息准确可靠，是报纸获得信誉的重要条件。反过来，报纸的信誉也是人们评价消息准确可靠程度的重要因素。读者在长期阅读报纸的过程中，产生了对各种报纸的评价，这种评价往往会直接影响到读者对报纸上所登载的广告的可信性评价。例如，在一些发行量较大的严肃报纸上刊登的广告，就比较容易被读者信任；而在一些地方小报上刊登的广告，其可信性就相对较低。

④ 经济性与广泛性。由于报纸发行量大，传播广，渗透力强，广告制作成本较低，因此其广告费用相对低廉。报纸广告具有经济性与广泛性的特点，并且适合任何阶层的读者。

报纸广告的局限性在于：时效性短；内容繁杂，容易分散广告受众的注意力；受报纸的印刷技术限制，美感不强，缺乏对产品款式、色彩等外观品质的生动表现，表现效果逊于其他媒体；现代社会人们的生活节奏较快，无法对报纸进行细致的阅读，不能直接面对受众。

3. 杂志媒体

我国杂志种类繁多，发行量大，大多数杂志都兼营广告业务，因此也是广告媒体的重要组成部分。杂志广告一般以彩色印刷为主，以精美的图案与色彩来吸引消费者的注意。杂志媒体广告有以下心理效应。

① 读者针对性强。杂志的种类繁多，并且大多数杂志都针对一定范围的读者，即每一种杂志都可能有其独特的读者群。例如，《时装》杂志以年轻女性和服装行业人员为主要读者对象，《大众医学》的主要读者则是家庭妇女和医学工作者。

② 保存期较长。杂志具有比报纸更长的保存期，因而有效时间长，没有阅读时间的限制。杂志的内容丰富多彩，长篇文章较多，读者不仅要仔细阅读，而且常常要分多次阅读，甚至保存收藏。读者的多次翻阅增加了他们与杂志中包含的广告接触的机会，有利于广告在读者的记忆中留下较深的印象。同时，杂志的传阅率也比报纸高。因而，杂志广告的稳定性强，有利于扩大或加深广告宣传的效果。

③ 宣传效果好。杂志广告比报纸印刷精美，色彩鲜艳，形象逼真，具有很好的表现力和吸引力。杂志封面很容易引起人们的注意，常常给人留下深刻的印象。同时，杂志往往采用号页刊登广告，不夹杂其他内容，可以详尽地介绍产品特性，从而有较好的宣传效果。

但杂志媒体也有其局限性：阅读面窄，广告传播范围有限；制作周期固定并且较长，灵活性和时效性不如报纸、电视、广播媒体；制作和印刷费用较高，成本较大；信息反馈迟缓，减少了时间价值，因此不适合做时效性要求较高的广告，比如粽子、月饼等特定节日食品的广告。

4. 广播媒体

广播媒体是以无线电波为载体的大众传播媒介，它利用人们的听觉来传播商品信息。广播广告可以在最短的时间内把广告信息传播给千家万户和广大消费者，便于消费者及时做出反应。广播广告的效果在很大程度上依赖于听众对广告信息的理解程度。因此，广播广告的语言要求清晰易懂、表达准确，还可以利用音乐和音响使广告获得最佳的听觉效果。广播媒体广告有以下心理效应。

① 传播广泛迅速。广播在传递信息的时间和空间上受到的限制很少，因此，在新闻传媒中，广播最及时、最迅速。广播节目制作简单快捷，可迅速传递到四面八方。收听广播节目也很方便，收音机可以随身携带、随时收听，而且不影响其他活动，这是其他媒体无法比拟的。

② 感染力强。广播媒体广告可以充分地运用语言艺术和音响效果，创造出适当的情感气氛，增加广告的感染力，同时给人以娱乐享受。这一点是印刷媒体广告无法比拟的。

③ 针对性强。广播节目的设定是针对特定层次的消费者的，因此，在专题节目时间播送针对特定消费者阶层的广告就更有针对性，能使广告宣传深入某一层次的听众。特别是随着近年来汽车进入普通百姓家庭，越来越多的人在驾驶和乘坐汽车的时候选择收听广播节目。广告主可根据广播节目确定听众的身份及其所关心的事物，从而有针对性地投放广播广告。

④ 具有交流性，而且费用低。现在许多电台在广播中经常采用开通热线、电话答疑的形式与听众进行交流，请专家、顾问答疑解惑，收到互动交流的效果。例如，许多保健品厂商都采取设置专栏，在宣传产品的同时介绍保健知识的方式。与报纸、杂志、电视广告相比，广播广告制作便捷，费用更低。

⑤ 权威性高。广播电台是国家的舆论工具，受主管部门严格监管与控制，因此，广播媒体具有较高的权威性。

但是，广播媒体也有其自身的弱点。一是收听被动性。与印刷媒体的阅读主动性相反，广播的收听是被动的。广播广告信息瞬间即逝，只要稍不留意，听众便不知所云。听众只能依据信息呈现的变化调节收听的节奏。二是广播广告的时效极短，不能留存，很容易消失，听众记忆中的印象比较模糊，因此，很难传达清楚商品的内容，难以给消费者留下深刻的印象。三是比较抽象，广播广告不能直接展示商品形象，更多地需要消费者的联想和思维，不利于对消费者产生具体、深刻的影响。

5. 网络媒体

互联网是 20 世纪 90 年代以后发展起来的与传统媒体存在强烈竞争的大众媒体，互联网兼具报纸、杂志、广播、电视等大众传媒的许多特点，如报纸的阅读主动性、杂志的重复性和视觉表现力强、广播的传播面广和方便性、电视的刺激多变性和娱乐性等特点。但是其最突出的心理效应包括以下几个方面。

① 信息容量大，传播范围广。在互联网上，广告主发布的广告信息的容量是不受限制的。网络广告一经完成就可以全天候不间断地传播到世界各地。据国际电信联盟最新公布的统计结果显示，截至 2010 年底，全球网民数量已达 20.8 亿人，全球总人口目前超过 68 亿人，意味着每 3 人中几乎就有 1 人是网民。因此，网络广告的传播范围是非常广泛的。

② 信息传递的非强制性。网络上，受众要不要阅读广告，想不想了解品牌或产品的信息，在很大程度上取决于自己。当消费者对网站主页或栏目上的某一广告产品发生兴趣时，可以通过点击该广告链接到企业或产品的主页，详细了解产品的信息。有时，受众想要了解某个品牌某种具体产品的情况，可通过搜索网站（如百度、必应等）或一些大型的门户网站（如搜狐、新浪等），搜索发布该品牌或产品信息的网站或网页，然后进入这些网站或网页去了解产品的属性。

③ 互动性。网络广告的互动性是指企业或个人将广告信息内容准备好，放置于网络站点上，所有网络用户都可以通过上网及时查看，获取广告信息，即人—机—人模式。例如，一家公司通过网络广告将公司产品信息传播到世界各地的互联网计算机终端客户，受众之一的个人收到该信息后，对该公司的产品产生了兴趣，开始在互联网上查找该产品，以期获得更多的有关信息。进一步而言，此人可通过电子邮件、网络电话、网络社区、即时通信工具等向该公司询问有关问题，得到相应答复后，可通过在线支付手段实现商品购买。由于信息时代信息传播和查询功能的空前提高，商业企业所拥有的无

形资产不是客户,而是客户和营销人员之间的高度信任。传统的销售渠道中间环节过多,既增加了广告成本,又降低了商品信息传递的速度,难以满足飞速变化的市场需求。而利用网络广告可将产品信息几乎在生产的同时,同步传递给目标用户,等于在同一时间对无数受众做了广告宣传。例如,山东省的许多乡镇企业在互联网上发布自己农、副、土、特加工品的广告后,获得了国外大量订单,开拓了国际市场,而这在过去几乎是天方夜谭。

④ 灵活性和实时性。在传统媒体上发布广告后更改的难度比较大,即使可以改动也需要付出很大代价。例如,电视广告发出后,播出时间就已确定。因为电视是线性播放的,牵一发而动全身,一旦更改播出时间,往往全天的节目安排都要重新制作,代价很高,如果对安排不满意,短期内也很难更改。而对于网络广告而言则容易多了,因为网站使用的是大量的超级链接,在一个地方进行修改对其他地方的影响很小;此外网络广告制作简便、成本低,容易进行修改。当然,随着网络技术的进步和网络带宽的改善,为了追求更好、更震撼的效果,网络广告的制作会越来越复杂,修改也会相应地提升成本。但是从目前来说,修改一个典型网络广告的成本和难度都比传统媒体要小得多,这就是网络广告相对于传统广告的一个很大的优势。

⑤ 持久性和可检索性。比起其他媒体的广告来说,网络广告的一大特点就是持久性。电视或者报纸广告一般能保持几分钟、几天、几个月,最多几年;而网络广告却可以保持更长时间,并且随时可供检索、查阅。

⑥ 网络媒体广告效果的可测评性。运用传统媒体发布广告的营销效果是难以测试、评估的,无法准确测度有多少人接收到所发布的广告信息,更不可能统计出有多少人受广告的影响而做出购买决策。网络广告效果测定虽然不可能完全解决营销效果的准确测度问题,但可以通过受众发回的 E-mail 直接了解到受众的反应,还可以通过设置服务器端的 Log 访问记录软件随时获得本网址访问人数、访问过程、浏览的主要信息等记录,以便随时监测广告投放的有效程度,从而及时调整市场营销策略。

网络广告媒体与传统媒体相比具有很多优点,但网络作为广告媒体也不可避免地存在某些不足或劣势。

首先,受硬件环境的限制。性能优越的计算机及存储设备是使用网络媒体必须具备的硬件条件。网络通信自身的基础建设目前还存在稳定性、安全性、线路宽窄和畅通与否、数据传输过度等问题,这在一定程度上制约了网络广告媒体的发展。另外,要求计算机操作人员具备一定的文化水平、外语水平和基本的网络常识,这在一定程度上也制约了网络广告媒体的发展。

其次,网络广告是一种缺乏主动性的广告方式。网络广告的非强制性是相对于传统媒体广告的一大优势,但是任何事情都应该从两个方面来分析,优势如果处理不好也会变成劣势。网络广告的交互性和非强迫性使广告受众具有极大的主动性,当广告主把广告投放在网站上以后还要等网络用户点击进入特定的网页后才能被欣赏。广告主不要以为只要把广告放在网上就万事大吉了,如果不被点击,那么这个广告一点作用都不起,因为网络用户可以选择看,也可以选择不看。由此可见,对于网络广告来说,广告的质量与艺术性固然是决定广告收看率的重要因素,但这是在广告被观看到的前提下。所以,网络广告的被动性直接影响广告主对网络媒体的选择。

最后,网络法规建设的滞后影响网络广告的规范发展。

6. 户外广告媒体

户外广告媒体是一类综合性的广告媒体,主要是针对街道行人或乘车、骑车、驾驶汽车的消费者而制作的,它几乎成了一个国家或地区经济繁荣的重要标志。户外广告包括户外路牌广告、招贴广告、灯箱广告、交通广告等形式。户外广告媒体主要有以下心理效应。

① 对地区和消费者的选择性强。户外广告一方面可以根据地区的特点选择广告形式,如在公路、商业区、广场、公园、交通工具上选择不同的广告表现形式,而且户外广告也可以根据该地区消费者的共同心理特点、风俗习惯来设置;另一方面,户外广告可为经常在此区域内活动的固定消费者提供反复的宣传,使其印象深刻。

② 有效时间长,便于记忆。户外广告一经设置,往往要经过较长的时间才能更换,因而影响面大,传播信息时间比较长。同时,这类广告艺术感染力强,能吸引消费者的注意;它能将灯光、色彩动感地结合起来,广告文字一般极为简练,易于被消费者记忆。

③ 欣赏性。随着人类对环境美化要求的逐步提高,户外广告也成为美化城市环境的一个重要组成部分。因而在广告制作时,要追求画面的艺术效果和欣赏价值。一些重要建筑物或高大建筑物上的巨幅霓虹灯广告,以及黄金路段的大幅路牌广告,在向消费者传递信息的同时,还可以成为城市或地区的一张张名片。

④ 户外广告内容具有排他性,能避免其他内容及竞争广告的干扰,而且户外广告费用较低。

但是,户外广告媒体也有其不足之处,主要表现在以下几个方面。

首先是覆盖面小,信息容量小。由于大多数户外广告位置固定不动,覆盖面不会很大,宣传区域小,因此设置户外广告时应特别注意地点的选择。例如,广告牌一般设立在人口密度大、流动性强的地方。机场、火车站、轮船码头附近的流动人口多,可以做全国性广告。

其次,效果难以测评。由于户外广告的对象是在户外活动的人,这些人具有流动的性质,因此其接收概率很难估计。而且人们总是在活动中接触到户外广告,因此注视时间非常短,甚至只有几分之一秒,有时人们在同一时间可能接触到许多户外广告,所以要取得广告效果,就要让人们视觉暂留,这非常重要。

7. POP 广告媒体

POP 广告又叫售点广告,20 世纪 30 年代出现于美国。它在广告形式和内容上可分为室外 POP 广告和室内 POP 广告。室外 POP 广告是指购物场所、商店、超级市场门前和周围的一切广告形式，如广告牌、霓虹灯、灯箱、电子显示器、光线广告、招贴画、传单广告、活人广告、商店招牌、门面装饰、橱窗布置、商品陈列等。室内 POP 广告是指商店内部的各种广告，如柜台广告、圆柱广告、空中旋转广告、货架陈列广告、商店四周墙面上的广告、模特儿广告以及各种灯箱和电子广告等。

POP 广告实际上是其他广告媒体的延伸，对潜在购买心理和已有的消费意向能产生非常强烈的诱导功效。美国曾有人调查研究发现，消费者在出门前已确定买什么商品的情况只占全部销售额的 28%，而在销售现场使潜在意识成为购买行为的则占 72%，可见，销售现场广告的作用是巨大的。具体作用有以下两点。

① POP 广告能加深顾客对商品的认识程度，能快速地帮助顾客了解商品的性质、用途、价格及使用方法，能诱发顾客的潜在愿望，形成冲动性购买，它不像其他媒体那样必须给人留下深刻印象和记忆才能产生购买行为。正因如此，这类广告更应在表现形式上考虑如何引起注意。

② 营造销售气氛。利用 POP 广告强烈的色彩、美丽的图案、突出的造型、幽默的动作、准确而生动的广告语言，可以创造强烈的销售气氛，吸引消费者的视线，使其产生购买冲动。

但 POP 广告也有一些不足，如设计要求高，成本费用大；清洁度要求高，要有一定的人力、物力来清洁维护。

8.2.3 商业广告媒体选择的心理因素

选择广告媒体的目的在于追求最大经济效益，所以广告主要选择适当的、具体的广告媒体。广告创意再出色，如果广告媒体选择不当，也可能功亏一篑，即使是在同一媒体刊登或播放，不同时段和不同位置，其广告效果也会大相径庭。比如，在报纸媒体上，头版、第二版广告的效果比其他版面更好。广告媒体众多，面向的受众各异，在选择时应综合考虑多种因素，权衡比较，精心选择，尽可能满足顾客心理需要，取得理想的广告效果。广告主在进行广告媒体选择时，应从以下几个方面考虑。

1. 根据商品的特性选择

不同的消费者需要不同的商品，因而关注不同的商品特性，有的人注意内在质量，有的人则关注商品的外观。不同的消费者接收信息的来源也不同，对不同广告媒体的兴趣程度也不相同。因此，应根据消费者对广告媒体的接收情况、商品的特性，选择最适合目标市场消费者接收习惯的媒体。显然，儿童商品应首选电视广告、招贴广告；工业产品广告适宜选择专业报纸和杂志作为媒体；品种规格繁多的时装、日用品等则宜采用图文并茂、声像并举的电视、网络等媒体广告，直接向消费者展示其产品性能、用途和效果，以求立体、直观、形象。

2. 根据媒体自身的特性选择

广告借助媒体，把消费者因素、产品因素和市场因素有机地结合起来，集中向特定消费者诉求。不同的广告媒体对消费者产生的心理效应是不同的。每一种广告媒体，其传播范围的大小、发行量的多寡直接影响受众的人数。媒体的社会文化地位、是否和消费者文化阶层相适应、媒体的社会威望等，对广告的传播效果、社会影响力和可信度都有着重要的影响。因此，只有了解各种媒体的特点，才能有的放矢地选择适当的媒体。

3. 根据目标市场选择

这是进行媒体选择与确定广告投放方式时需要考虑的重点环节。要根据目标市场的特点将目标消费者分类，以适合各类媒体的传播。例如，化肥农药的消费群体主要集中在广大农村地区，墙体广告或电视广告效果就会较好，而网络广告就不适合；玩具的消费群体主要是少年儿童，适合在电视或电台做广告，而在报纸、杂志上做广告效果就不佳。

4. 根据竞争对手选择

市场竞争在广告领域也广泛存在。广告主（或广告代理）必须充分调查了解竞争对手的广告战略与策略等，以便在选择广告媒体和投放方式时能够出奇制胜。

5. 根据广告主的支付能力选择

广告主投放广告一个最大的制约因素就是广告预算。因此，在选择媒体时，要在广告预算的许可范围内，对广告媒体做出最佳的选择与有效的组合。一般来说，预算费用多、宣传效果要求高的广告项目，可以选择宣传范围广、影响力大的广告媒体；预算费用少、宣传效果及目标要求低的广告项目，应选择一种或少数几种收费低而有效的广告媒体。

> **案例提示**
>
> **肯德基至珍七虾堡的电梯广告营销案例**
>
> 2008年，肯德基委托埃康传媒为其最新快餐产品"至珍七虾堡"进行广告投放策划和执行。通过对广告项目本身的分析研究，埃康传媒总结出了具有针对性的媒体策略：在北京、上海、广州、西安、青岛等15个城市的住宅楼及办公写字楼的楼宇电梯媒体上同时投放肯德基"至珍七虾堡"新品宣传的平面广告。
>
> 选择电梯媒体，而不是传统媒体或者其他户外媒体，这是由项目本身的特点决定的。电梯媒体受众稳定明确，覆盖面广，传播率高，并且成本费用低，性价比高。埃康传媒推荐使用电梯媒体的原因在于以下几个方面。
>
> ① 电梯媒体的受众群体与肯德基新品广告的目标受众群相吻合。肯德基快餐的消费者主要是办公室白领，消费方式主要是办公室订餐和家庭集体消费，这些目标受众

主要出入的地点正是电梯媒体点位主要的分布地点——居民住宅楼和办公写字楼。对于目标受众的精确定位和定向传播有助于保证广告信息的有效传达。据尼尔森的调查研究报告显示，80%以上的人选择在中午11点到下午1点，以及晚上17点到22点期间进行快餐消费，而这两个时间段正好与乘坐电梯的高峰期重合。

② 电梯为安静的封闭空间，受众在看到广告的时候只面对这一个单独的信源，信息不易被干扰，受众关注度高，有足够的时间来消化广告画面，形成品牌记忆，观众看到的是七虾堡，记住的就是七虾堡。

③ 电梯媒体属于受众亲和度比较高的户外媒介，媒体点位被设置在受众的日常生活环境之中，时间一长，甚至已经成为受众熟悉的生活环境中很自然的一部分，这无疑会大大减弱受众对于广告的心理防御，成功地消除他们对于新产品的陌生感。而且，电梯框架媒体不会产生噪声，不会主动拉拢受众观看，因此不会引发受众的抵触情绪。

电梯广告成本低廉，方便大范围进行立体投放，保证广告到达的频次和范围。相对于传统三大媒体和传统户外广告，电梯广告的特点就在于既保证了传播的范围，又保证了传播的针对性。

广告投放效果显示：肯德基至珍七虾堡电梯平面广告覆盖的人群中，总的到达率高达94%。同时，广告日均到达次数约为4次，已经能激发目标人群的购买意向。总的来看，接近七成的被访者喜欢至珍七虾堡的电梯平面广告，并且有45%的人在看了此广告后马上去尝试了这个新产品。从不同城市来看，北京的被访者对此广告的喜爱程度、对新产品的尝试率和购买意向都最高。

8.3 商品广告传播的策略与技巧

8.3.1 商品广告传播的策略

商品广告传播的策略是指企业在广告活动中为取得更好的效果而采取的行动方案与对策。广告策略应用得好，就会使广告成为市场营销活动的重要促销手段。为了在商品广告传播中取得更好效果，能使大多数人在看到、听到广告之后引起注意，启发联想，增进情感，发生兴趣，刺激购买欲望，就必须研究商品广告的传播策略。

1. 引起注意策略

注意是心理活动对一定事物的指向和集中，它反映人的意识对客观事物的警觉性和选择性。广告能否发挥作用，产生预期的效果，首先取决于它能否引起消费者的注意，即引起消费者的注意是广告的首要任务。一般情况下，消费者只有产生了对某一商品的注意，才可能引起一系列的心理反应过程，进而形成购买欲望，最终促使购买行为的发生。因此，有意识地加强广告的吸引力以引起顾客的注意是广告成功的重要基础。广告制作时首先要考虑的是抓住人的无意注意，并将无意注意迅速转化为有意注意，只有这样才能增强广告效果。根据注意引发因素和形式不同，广告可以采取多种策略来吸引消费者的注意。

（1）增加刺激的强度

刺激必须达到一定的强度，才能引起人们的注意，而且在一定的范围内，刺激的强度越大，反应也越大。在广告设计中，可以有意识地加大广告对消费者的感官刺激，使消费者在无意中产生强烈的注意。常用的方法有使用大标题、明亮的色彩、响亮并富于立体感的声音、大屏幕显示等。例如，在有的杂志广告中，采用整版的篇幅，用醒目的字体，只刊登一两句广告词，以达到增加刺激强度的目的。又如，在一个圣诞节前夕，瑞士一家手表公司在东京繁华闹市区一座37层高的大厦上，把一个长达107米的巨型手表模型悬挂在大厦一侧，给人留下了极为深刻的印象。

（2）加大刺激信号的对比

刺激物在强度、形状、大小、颜色和持续时间等方面与其他刺激物存在显著差异时容易引起人们的注意，并且在一定的限度内，这些元素之间的差别越明显突出，越容易引人注意。因此，在商品广告设计策划中，有意识地处理各种刺激信号的对比关系和反差程度，能引起消费者显著的条件反射，如图案大小对比、音响强弱对比、物体远近距离对比、动与静的对比、颜色搭配的对比、音乐节奏快慢的对比、图文疏密对比、对象与背景对比等，都可以使受众产生积极与兴奋的情绪，加深对广告的印象。

（3）利用刺激物的动态变化

变化的事物比固定不变的事物更容易引起人们的注意。通常，人们对动态物体比静态物体的注意力要高很多，正如变化着的霓虹灯更容易吸引人们的目光。试想，一处是呆板的灯光闪烁，一处是不断切换的有意思的图片或形象，相比之下，后者的效果要好得多。所以，在广告设计中，要尽可能选择能够运动的媒体，或在广告表现中力求变化，可以通过图案形状的变化或光线的变化来吸引人的注意。

（4）力求刺激的新奇

在广告设计中，新奇的构思、富于想象的画面、与众不同的表达，都能给人以强烈的刺激，激发消费者对其产生兴趣。这意味着创新对广告的受关注程度具有重要的意义。广告的出奇、出新主要有两个努力方向：一是表述形式上，二是表述内容上。例如，诺基亚手机在中国香港曾推出过一则电视广告——欧式公园的长椅上一名男子正在看报，突然响起了手机铃声，接电话的却不是那位男子，而是左边的雕像！雕像活了过来！"喂"一声之后，左边的雕像竟将电话扔给右边的雕像说："你妈妈找你。"随后显示出"诺基亚"品牌名称和产品的画面。这种出人意料的方式一下子吸引了观众的眼球。

（5）增强广告的感染力

对消费者来说，越是熟悉的东西越能引起他们的注意。例如，熟悉的商品、熟悉的模特、和蔼可亲的声音和表情、熟悉的背景音乐，都能让消费者产生亲切感，从而拉近消费者与广告的距离，更能吸引消费者的兴趣和注意力。中国香港有一家保险公司寄给用户的广告是一则寓言故事：彼得梦见与上帝同行，路面上留下两行脚印，一行是他的，一行是上帝的。正当彼得经历一生中最消沉、悲哀的岁月时，路面上的脚印却只剩下一行。彼得问上帝："主啊！你答应过我，只要我跟随你，你永远扶持我，可是在我最艰苦的时候，你却弃我而去。"上帝答道："孩子，当时我把你抱在怀中，所以只有一行脚印。"广告的最后一句话道出了保险公司的主题："当你走上坎坷的人生之路时，本公司陪伴着你。当你遇到不测时，本公司助你渡过难关。"这则广告引起了很多人的共鸣和好感。

2. 增强记忆策略

商品广告宣传的目的之一就是使顾客能记住商品及有关信息。但是在大多数情况下，消费者接收了广告传递的信息之后，即使对此广告产生了良好印象，一般也不会立即去购买，如果广告组成元素难以使其产生记忆，消费者对这则广告很快就会遗忘，那么也就意味着这则广告的刺激效果不理想。因此在广告设计中，有意识地增强消费者的记忆是非常有必要的。根据记忆规律，可以采取以下心理策略来强化记忆，增强广告效果。

（1）广告用语要简洁易懂

记忆效果与广告材料的多少基本上成反比关系。在相同时间内，材料越少，记忆率越高。因此在设计广告时必须注意广告的简洁性，要易于记忆。例如，脑白金的"送礼就送脑白金"、可口可乐的"要爽由自己"、雀巢咖啡的"味道好极了"，这些广告语简洁精练，通俗易懂，从而提高了消费者对广告的记忆效果。

> **广告语示例**
>
> 1. 海尔：海尔，中国造
> 国产家用电器曾经一度被认为质低价廉，更不用说高举中国制造的牌子对外出口了。海尔在中国家电工业走向成熟的时候，勇敢地打出"中国造"的旗号，极大地增强了民族自豪感。就海尔电器广告语本身而言，妙就妙在一个"造"上，简洁有力，底气十足。
>
> 2. 长虹：以产业报国，以民族昌盛为己任
> 作为民族工业的一面旗帜，长虹在中国彩电产业逐渐走向成熟的时候，引领着民族品牌发展壮大，是何等的勇气和魄力。其经过几次降价，一度重创进口品牌的市场份额。这句广告语就是长虹的精神。
>
> 3. 飞亚达：一旦拥有，别无选择
> 当人们的生活品质达到一定水平后，手表就不再只有看时间这么单一的用途了，飞亚达用高贵典雅的品质，把自己与身份联系起来，使人们戴上飞亚达手表后，具有不凡的气质和唯我独享的尊崇感受。

4. 孔府家酒：孔府家酒，叫人想家

1995 年最引人注目的就是王姬为孔府家酒代言的广告，孔府家酒巧妙地把当时热播的电视剧《北京人在纽约》的火爆嫁接到自己的广告中来，而一剧成名的王姬和"千万次地问"成为最大的记忆点，不过人们也记住了"孔府家酒，叫人想家"这句充满中国人伦理亲情的广告语。

5. 舒肤佳：促进健康为全家

这则宝洁的广告毫不张扬，而是朴实温情，堪称实效广告的典范。舒肤佳第一个提出杀菌的概念，"促进健康为全家"的广告语也很实在。

6. 农夫山泉：农夫山泉有点甜

一句广告语打响一个品牌用在农夫山泉身上绝不过分。没有这句广告语就没有产品的成功，而该品牌的长期积累离不开这句广告语的作用。换一个角度去看瓶装水，换一个思维去理解瓶装水，就会找到差异，而后品牌个性也就不难塑造了。

7. 乐百氏：27 层净化

这也许是当代中国广告里最经典的一个理性诉求广告了，鲜明的 USP（独特的销售主张）、单一的主题令人印象深刻。虽然"27 层净化"并不是一个独特的概念，但乐百氏却是第一个提出来的，并把这个概念发挥到极致，形成品牌概念独享。

（2）适当加以重复

心理学家研究证明，人的感觉记忆只能保持 0.25～2 秒，受到注意的感觉记忆可转化为短时记忆。重复可以使短时记忆转化为长时记忆。所以，广告可以对关键信息进行重复，以达到强化消费者记忆的目的。

（3）用形象直观的方式传递商品信息

一般来说，直观形象具体的事物比抽象的事物更容易给人留下印象。直观形象是人们认识事物的起点，它会使人一目了然，提高记忆效果。例如，枯燥的电话号码很难记忆，但是旧上海强生出租 40000 叫车电话以"四万万同胞拨四万电话"的广告语曾使之妇孺皆知；现在它的 62580000 叫车电话以上海话的谐音"老让我拨四个零"作为顺口溜，可以帮助人们很容易地进行形象化记忆。

（4）运用多种艺术表现形式

通过对广告所宣传的内容进行艺术加工，能够帮助人们加深对商品广告的记忆，如将广告词制作成小品、动画、对联、诗歌等艺术形式，可以使消费者产生浓厚兴趣，进而留下深刻印象。

3. 启发联想策略

在广告宣传中，应充分利用事物间的内在联系，有意识、巧妙地运用联想这种心理活动，使消费者提高记忆效果，拓宽思维空间，增强对商品的情感和对企业的认识，增进购买的欲望。常用的激发消费者联想的方法有以下几种。

(1) 比喻法

比喻法即利用贴切的比喻来宣传商品或服务，使消费者对产品留下更深刻的印象。例如，美国"凯兹"牌童鞋广告的标题为"像母亲的手一样柔软舒适的儿童鞋"，广告还以较大篇幅说明产品的优点，使顾客看了广告后感到十分信服。又如，"德芙"巧克力的广告词"牛奶香浓，丝般感受"，用丝绸的质地来比喻该品牌巧克力的香柔口味。

(2) 形象法

形象法是利用消费者熟悉的某些形象来比喻和提高商品的形象。明星代言广告就是典型的例子。还有的广告使用某些卡通人物、特殊标志作为企业或产品的形象代表，这也是利用形象法来帮助人们记住并喜爱该企业或产品的广告手段。

(3) 暗示法

暗示是不直接表明意图，采用间接手段来达到目的的一种心理方法。它采用含蓄、间接的方式对消费者的心理和行为产生影响，从而使消费者产生顺从性反应，或接受暗示者的观点，或按暗示者提示或示范的方式行事。许多情景广告，都让观众在观看时进入情节中，从而激发出消费者的需求，增强广告效果。例如，某皮鞋广告中出现两个妙龄女子正在赤足涉水，每人手中提着一双皮鞋，字幕与画外音"宁失礼，不失鞋"，暗喻了皮鞋的珍贵，给人以回味的余地。

(4) 反衬法

反衬法即广告商品不直接对准传播对象，而以其他方法来表现广告商品，以此影响真正的传播对象。例如，法国的"克隆堡"啤酒为了打开美国市场，广告商在美国电视剧中安排了这样的广告画面：法国人特别爱喝"克隆堡"啤酒，当这种啤酒被装船运往美国时，法国的男女老少都依依不舍地流下了伤心的眼泪。结果，使该啤酒在美国市场上销路大开。

(5) 讲述法

讲述法即利用文字或画外音，叙述一个传说或典故，以暗示广告商品的名贵和历史悠久。例如，"古井贡酒"的广告就是以爷爷和孙女的对话来讲述一个历史传说，借以说明该酒的传承与珍贵。

(6) 对比法

对比法即利用同类商品的优劣和使用同一商品前后不同效果的对比来宣传商品。例如，"高露洁"牙膏抗酸性腐蚀的对比，"海飞丝"洗发水去屑功能的前后对比等，都是采用了对比法。

4. 增进感情策略

消费者的情感状态直接影响着他们的购买行为。积极的情感体验能增进消费者的购买欲望，促进购买行为；消极的情感体验则会抑制消费者的购买行为。因此，任何商品广告所宣传的内容都必须博得消费者的信任，而在宣传中融入恰当的情感元素，不仅能引起消费者的关注和共鸣，更能加深消费者对该商品的感情，增进信任。一则好的广告应激发消费者以下几方面的情感。

（1）信任感

广告激发消费者信任感的目的不在于自身，而在于其所宣传的商品或服务。信任的基础在于真实可靠。激发消费者信任感的渠道有两种：一是权威人士的科学评价或赞许，二是消费者使用后反馈的现身说法。

（2）好奇感

好奇感即好奇心理。广告宣传如果能诱发消费者的好奇心，使消费者产生尝试和探求的欲望和动力，便会产生某些特殊的心理效果。例如，天津的"狗不理"包子和安徽的"傻子瓜子"的畅销与其特别的名字有关。

（3）安全感

消除消费者对商品的不安全心理，增强安全感是广告宣传的重要目标之一。安全感一般可分为商品使用过程中的安全感和商品使用后的安全感。前者如家用电器，后者如食品、药品和农副产品等。因此，广告宣传不仅要宣传商品本身，而且要介绍该商品的使用效果。例如，某品牌的花生油在瓶子上印有"绝无胆固醇，不含黄曲霉素"的字样，以消除消费者对心血管疾病与癌症的恐惧心理。

（4）美感

爱美是人类的天性。美好的事物会使人赏心悦目。在广告设计中，应巧妙地运用整齐划一、平衡对称、色调和谐、光线对比等美学手段，使消费者对广告产生"一见钟情"的心理感觉，才能使广告成为可供欣赏的艺术佳作。

（5）亲切感

亲切感能使消费者加深记忆，形成"自己人效应"，达到增强信任的目的。如今的广告用语都比较注意给消费者以体贴入微的感觉。

5. 说服消费者的策略

说服就是以某种刺激给予接受者一个理由，使其改变态度或意见，并按照说服者的意图采取行动。广告利用生动的形式和真实的承诺引起消费者的关注和信任，产生情感上的共鸣，并依照广告的引导采取购买行动。因此，广告策划时就应尽力使广告内容、表现形式具备很强的说服力。广告对消费者的说服有诉诸理智和情感两种。

（1）理性诉求

理性诉求即广告侧重于运用说理的方式，直接向广大消费者传递理性的过程。例如，"潘婷"洗发水含维生素原 B_5，令头发健康，加倍亮泽；"康必得"治感冒，中西药结合疗效好。

（2）感性诉求

感性诉求广告主要诉诸消费者的感性思维，以情动人，使他们产生购买产品或服务的欲望和行为。例如，"威力洗衣机，献给妈妈的爱"、"有了小儿清热灵，妈妈们很轻松"。

8.3.2 商品广告传播的技巧

广告活动成功与否，在很大程度上取决于能否正确运用广告的表现形式和方法。广告的表现形式要符合消费者的认知规律，满足其心理需求，激发其购买欲望，这样才能达到理想的宣传效果。

1. 新颖独特，与众不同

创新是广告的生命线，只有新颖独特才能吸引消费者。广告传播只有与众不同才能在激烈的市场竞争中脱颖而出，千篇一律、似曾相识的广告只能让其诉求迅速淹没在茫茫的信息海洋中。"新"就是要避免雷同，使广告个性化。为此，广告策划人员要从新角度去发现独特的问题，从宣传的产品或服务不同于其他产品或服务之处去寻找非同一般的表达重点，给消费者以新颖别致的心理感受。例如，南极绒保暖内衣的"赵本山被劫持"的广告，谁也没有做过类似的广告，所以非常吸引电视观众的注意。创新是广告传播的重要原则，新的创意、新的格调、新的形式将使广告既富有艺术性又有科学性，产生不同凡响的心理影响力量。

2. 逆向思维，出奇制胜

把逆向思维运用到广告技巧中，采取以退为进甚至背道而驰的广告方式，便可打破传统的广告思维定式而出奇制胜。相传以前有两家对门开的酒店，长久以来不相上下。一天，一家老板贴出广告：本店以信誉担保，出售的完全是好酒，绝不掺水。而另一家则贴出广告：敝店素来崇尚诚实，出售的皆是掺水 10%的陈年老酒，如不愿掺水者，请事先说明，但醉倒与本店无关。结果那"不掺水酒店"门可罗雀，而"掺水酒店"却门庭若市。

3. 巧设悬念，攻心为上

打开电视机，翻开报纸、杂志，到处都是铺天盖地的广告，什么样的广告才能吸引观众和读者呢？一些聪明的企业家将心理学的技巧揉进了广告，制造心理悬念，诱导观众和读者深入迷津。

> **案例提示**
>
> **梅兰芳的广告**
>
> 几十年前，京剧大师梅兰芳初次到上海演戏，担心上海人能否接受京派唱腔，但戏剧老板却胸有成竹地签了合同。他把上海一家最有名的报纸的头版整个买了下来，大做广告宣传。第一天，整版上只印出三个字——梅兰芳。大家弄不明白是什么意思，马上引起了兴趣与推测。第二天，报纸上还是这三个字，好奇者纷纷打电话给报馆，询问这是花名、地名还是人名。报馆答曰："明日见分晓。"于是神秘感越来越

> 浓，关心的人越来越多。直到最后，整版广告在"梅兰芳"三个字下面刊出了一行小字：梅兰芳，京剧名旦，×日假座××剧院演出京剧《宇宙锋》、《贵妃醉酒》、《霸王别姬》。此广告激起了上海人的好奇心，大家蜂拥而至。梅兰芳的头台戏得了个满堂彩。

4. 情深意重，温馨迷人

随着市场经济环境的发展和消费心理的变化，社会已逐渐步入"情感消费时代"，消费模式从注重物质消费转向追求精神愉悦和满足。企业广告若能恰当运用情感因素，创造出温馨迷人的广告环境，便能以情感人，取得良好的广告效果。雕牌洗衣粉的广告"下岗篇"就是一个很感人的广告：年轻的妈妈下岗了，为找工作而四处奔波，懂事的小女儿心疼妈妈，帮妈妈洗衣服，以天真可爱的童音说出"妈妈说，'雕牌'洗衣粉只要一点点就能洗好多好多的衣服，可省钱了！"门帘轻动，妈妈空手而归，正想亲吻熟睡中的爱女，看见女儿的留言——"妈妈，我能帮你干活了！"年轻的妈妈眼泪不禁随之滚落。这则广告以其浓厚人情味引起了观众的共鸣。

5. 名人效应

名人一般都具有较高的知名度和美誉度以及特定的人格魅力等，名人参与广告活动特别是直接代言产品，与其他广告形式相比，更具有吸引力、感染力、说服力和可信度，有助于引发受众的注意、兴趣和购买欲，同时体现品牌实力，进一步提升企业和产品的竞争力。

6. 以巧取胜

根据不同的市场目标、不同的消费对象，灵活运用技巧，往往可收到事半功倍的效果，美国派克公司的广告就是抓住时机巧用名人效应的极好例子。因罗斯福总统喜爱派克笔，派克笔的广告用语流露着自豪之情——"总统用的是派克"。1987 年，美国总统里根和前苏联领导人戈尔巴乔夫签订《苏联和美国消除两国中程和中短程导弹条约》，签约时用的就是派克笔，随后派克公司用巨幅照片再现了这一举世瞩目的时刻，并用大号铅字标出醒目的标题——"笔比剑更强"。这样派克笔不仅成为了象征地位、身份的名牌产品，而且与人们心目中渴望和平的愿望联系起来，声名远播。

典型案例分析

农夫山泉：这个广告也"有点甜"

每当提起农夫山泉，消费者脑海中首先闪现的是那句经典的广告语"农夫山泉有点甜"。这句广告语在农夫山泉一则有趣的电视广告中被提到：在一个乡村学校里，当老师往黑板上写字时，调皮的学生忍不住想喝农夫山泉，推拉瓶盖发出的"砰砰"声让老师很生气,说"上课请不要发出这样的声音"。下课后老师一边喝着农夫山泉,一边称赞"农夫山泉有点甜"。于是"农夫山泉有点甜"的广告语广为流传,农夫山泉也借"有点甜"的特点,由名不见经传的小品牌发展到现在饮用水市场三分其天下,实力直逼传统霸主乐百氏、娃哈哈。

为什么农夫山泉广告定位于"有点甜",而不像乐百氏广告那样,诉求重点为"27层净化"呢?这就是农夫山泉广告的精髓所在。首先,农夫山泉对纯净水进行了深入分析,发现纯净水有很大的问题,它完全过滤了人体需要的微量元素,这违反了人类与自然和谐的天性,与消费者的健康需求不符。作为天然水,农夫山泉自然高举起反对纯净水的大旗,而它通过"有点甜"向消费者透露这样的信息:农夫山泉才是天然的、健康的。一瓶既无污染又含微量元素的天然水,如果与纯净水相比,价格相差并不大,可想而知,对于消费者来说,他们会做出何种选择。

但是事实是,农夫山泉在甜味上并没有什么优势可言,因为所有的纯净水、矿泉水,仔细品尝都是有点儿甜味的。农夫山泉首先提出了"有点甜"的概念,在消费者心理上抢占了制高点。其思维敏捷令人叹服。

农夫山泉没有故步自封,它继续高举天然水的大旗,把天然水与纯净水的战争进行到底。1999年6月,农夫山泉在中央电视台播出衬衣篇广告:"受过污染的水,虽然可以提纯净化,但水质已发生根本变化,就如白衬衣弄脏后,再怎么洗也很难恢复原状。"广告一经推出,立即引起轩然大波,同时挑起了天然水与纯净水的争论。2000年4月,农夫山泉隆重宣布"长期饮用纯净水有害健康"的实验报告,并声称从此放弃纯净水生产,只从事天然水生产,俨然成为消费者利益的代言人。农夫山泉对纯净水的挑战,遭到了纯净水厂商的激烈反击,甚至诉诸法律。这一系列事件的发生,引来了媒体和公众的兴趣,形成了轰动效应。而作为众矢之的的农夫山泉却暗自庆幸,因为有更多的人知道了它含有微量元素而不同于纯净水。

农夫山泉乘胜追击。2000年7月养生堂经中国奥委会授权成为2001—2002年中国奥委会合作伙伴,养生堂拥有了中国体育代表团专用标志特许使用权,从此农夫山泉与奥运会挂上了钩,并邀请了孔令辉、刘璇做代言人,农夫山泉品牌形象再一次得以发扬光大。

农夫山泉一环扣一环的广告策略,让人领略了这个品牌的智慧与魅力。

第 9 章 商品营销与谈判的心理策略

9.1 营销人员与消费者心理

9.1.1 营销人员与消费者的心理互动

在商品销售现场，营业员与消费者在接触、交易的过程中，各自会表现出不同的心理态度。这种在营业现场偶然、短暂的接触中所表现出来的态度，可以看做双方对买卖积极程度与情绪水平的结合。这种结合可以归纳为 4 种状态，并且能够通过直角坐标系来说明，如图 9-1 所示。

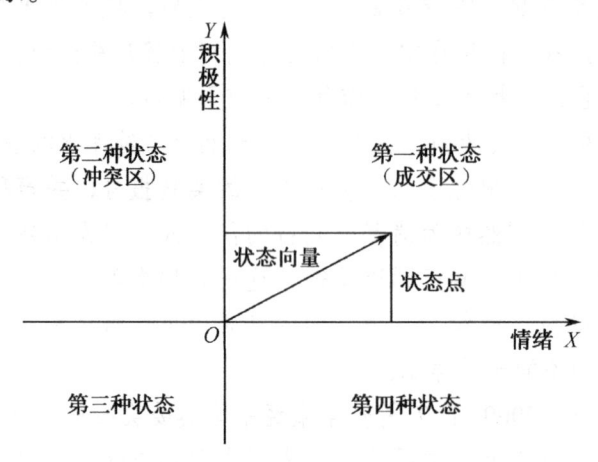

图 9-1 买卖双方情绪与积极性关系图

图 9-1 中的第一种状态是好情绪与积极性高的结合。在这种状态下，人的情绪好，心理活动兴奋，充满活力，工作积极性高，乐于沟通和交往，待人友善。这意味着消费者购买商品的兴致较高，营业员也有良好的服务意识，成交可能性最大。

图 9-1 中的第二种状态是坏情绪与积极性高的结合。在这种状态下，人的一般表现是行为积极而情绪不稳定，好冲动、找茬、挑衅，甚至动辄发怒或苛求于他人。此时，消费者与营业员易因小事而发生摩擦或冲突，缺乏冷静思考与换位思考，对对方的理解往往也不够，交易活动中容易发生矛盾和不快乐的事。

图 9-1 中的第三种状态是坏情绪与积极性低的结合。这种状态下，人显得无精打采，漫不经心，无所事事，甚至冷漠孤僻。显然，这时消费者与营业员都提不起精神，

工作效能低,大多在无所谓地消磨时间。

图 9-1 中的第四种状态是好情绪与积极性低的结合。这种状态下,人显得情绪安闲、温和而精力不足,动作迟缓,行为主动性不强。此时,消费者从容不迫、细心谨慎、耐心宽容;营业员则表现为冷热适中,缺乏沟通和成交的主动性。

一般而言,处于第一种状态,如果情绪和积极性的合向量越大,则买卖成交的可能性越大。处于第二种状态,如果情绪和积极性的合向量越大,则表明买卖成交的希望越渺茫。此时,营业员要首先以自己良好的情绪引导和控制消费者不稳定的情绪,避免发生摩擦而影响成交。处于第三、第四种状态,买卖成交的前景比较暗淡,营业员只有以自己的热情和积极的态度去引导和感染消费者,才有取得成交的可能。

9.1.2 消费者的购买心理与行为过程

1. 消费者购买行为中的 7 个心理阶段

一般来说,消费者初步明确购买目标后,在实际购买行为中会表现出以下 7 个心理活动阶段。

(1)浏览商品,搜寻目标

进入商店的消费者,都有浏览商品、寻找购买目标的心理活动。有时消费者的购买目标非常明确,对所要购买的商品名称、品牌、数量、规格等情况非常明白,浏览过程因目标明确而短暂;有时购买目标比较模糊,是事先未确定或未完全确定的,只明确了所购商品种类,但对具体品牌、价格、规格等情况,要通过现场浏览补充信息后再做决定。即使有些消费者进店时没有明确的目标,只是浏览、闲逛,但内心还是有某种购买的潜意识,否则一般就不会进店了。因此,凡消费者进入商店后,都要不同程度地浏览、搜寻陈列的商品,当目光停留在某一商品上时,说明可能已经寻找到了比较中意或想进一步了解的目标。

(2)神情专注,发生兴趣

消费者在寻找到目标商品后,自然神情专注于目标,这时若消费者进一步接近商品观察细节,或主动向营业员询问有关商品的功效、价格、质量、品牌等具体信息,则表明消费者在心理上已对该商品发生了兴趣。

(3)引起联想,产生欲望

如果消费者在目标商品前,注视的时间比较长,则可能产生了使用这种商品的心理联想活动。例如,女士逗留在首饰柜台前,可能会产生戴上某种首饰后对自我形象的联想。随着消费者心理联想活动的进行,一定的购买欲望被激发出来,这种欲望随着以后心理活动的深入,会转化为明确的购买动机和实际购买行为;有些消费者也会直接由此产生冲动性购物行为。

(4)信息比较,分析评价

多数消费者在决定购买前,会做出必要的理性分析,即把相关商品的性能、质量、价格、外观款式、品牌、包装、售后服务等因素，进行横向比较，对相关商品的优点和不足做出对比分析和评价。

（5）确定目标，决定购买

消费者在分析、评判的基础上，根据需求程度、支付能力和主要购买动机，做出购买决策，确定最适合自己的具体商品。

（6）选验商品，付款提货

消费者在确定购买决策后，一般就会提请营业员帮助挑选指定的商品，进行试用或验收，然后付款、包装、提运商品，完成购买过程。

（7）购后评价，消费体验

付款后得到商品，消费者在心理上会产生一种满足感；如果对所购商品满意，营业员服务态度和水平又好，消费者对整个商店就会产生满意的印象。消费者在使用商品过程中的心理感受主要取决于两方面：一是商品的实际效用价值，二是企业的售后服务态度和水平。良好的消费体验，会坚定消费者的购买决策，从而形成惠顾。

上述7个阶段，只是对消费者在购物现场心理活动过程的简单描述，其实际心理发展是更加复杂且富于变化的。有时某个阶段的心理活动表现得比较突出和明显，而有些心理过程可能短暂而模糊，甚至不易被人察觉，各阶段之间也没有明确的划分界限，关键是营销人员要反复观察、仔细揣摩，多做比较、分析和总结，随着实践经验的日积月累，自然能较好地把握消费者在购买过程中的各种心理活动特点。

2. 营销人员接待消费者的7个步骤

依据上述消费者在购买过程中心理活动7个阶段的特点，营销人员在接待消费者时也要相应地做好7个步骤的工作。

（1）观察消费者，揣摩需要

营业员在工作期间，要随时注意接近柜组的消费者，根据他们的步态、神情、目光、言语和举止等信息，结合有关商品销售的市场动向，揣摩消费者的需求，为商品推介提前做好必要的心理准备。

（2）等待时机，接触搭话

营销人员应当端正、自然地站立在自己的销售岗位上，不要左顾右盼，而要悄悄地观察消费者，等待时机，接触搭话。接触搭话就是以礼相待，接近消费者，巧妙地抓住推销机会；接触搭话的最佳时机是在消费者心理由"发生兴趣"到"引起联想"之间。如果发现消费者在"寻找目标"时出现困难，可以适度询问消费者是否需要帮助。但此时不要过多地介绍具体商品，解说过早会引发消费者的戒备心理，或使消费者因心理准备不足，不好回答而离场。一般来说，接触搭话的机会有：

① 消费者与营业员正好碰面时。

② 消费者主动询问营业员时。

③ 消费者好像在寻找人或物时。

④ 消费者长时间或突然停步凝视某个商品时。
⑤ 消费者在凝视商品后,抬起头若有所思时。
⑥ 消费者喜爱地把玩、触摸商品时。

(3) 展示商品,推介说明

展示商品就是营业员按消费者的意图,拿出商品递给消费者,并根据消费者的认知水平和主导购买动机,有针对性地进行商品操作演示和推介说明。展示商品在消费者"引起联想、产生欲望"这个心理阶段进行比较得当,这能进一步激发消费者的联想,增强购买欲望。展示商品一般要注意以下4点:

① 尽可能让消费者触摸、感知商品,不要过分担心消费者会损坏样品。
② 对商品进行必要的功能、特性演示,指导消费者参与操作。
③ 做好针对性的介绍说明,引导消费者试用商品,增强消费体验感。
④ 系列商品要从低档向高档逐级出示。如果从高档向低档逐级出示商品,会令欲购买低档商品的消费者难堪,因为他可能要多次询问"还有没有更便宜一点的",这是难于出口的话。

(4) 耐心服务,当好参谋

营销人员向消费者演示和介绍商品后,不要急于催促消费者说出决策结果。消费者对营销人员的推介等有关信息,有一个理解、消化的过程,对相关商品要做进一步的比较、分析,经权衡利弊,方能做出购买决策。此时,营销人员要根据不同消费者的个性特点,帮助消费者进一步了解商品特性,做好需求沟通和释疑解惑,耐心做好售中服务,当好决策参谋。

(5) 促进信任,适时交易

促进信任,就是抓住机会促进消费者对欲购商品的信任感,坚定消费者的购买意志,其要点在于方法的使用和机会的把握。促进信任的主要途径有:

① 礼貌、主动、真诚地服务与介绍。
② 对商品的优点不夸大其词,不有意否认、掩饰商品明显的缺陷与不足。
③ 熟悉商品的特性及使用要求,了解该商品的有关情况。
④ 商品售后服务条款比较合乎情理。
⑤ 回答消费者的问题比较清楚、肯定。
⑥ 对成交不显得过于心急。

适时交易是指在取得消费者信任的基础上,抓住成交信号,利用各种成交策略,适时促成交易,提高工作效能。

(6) 收款交货,细心服务

在消费者做出成交决定后,及时完成收款、交货工作。此时,不仅要做好开具发票、收款找零工作,而且要指导消费者验收商品。

(7) 话别送行,留住情感

对即将离柜的消费者,要主动致谢,礼貌送行。消费者因购买商品太多或太重,离开柜台存在困难时，营销人员要为消费者提供力能所及的帮助，用热情和细心的服务，赢得惠顾，不断扩大业绩。

赢得消费者好感的 9 个秘诀

如何赢得消费者的好感始终是一线营销人员探求的问题，《哈佛推销员培训管理学》一书中给出了如下 9 个秘诀。

① 注重第一印象给消费者的心理效应。
② 注意消费者的情绪反映。
③ 给消费者良好的外观形象。
④ 要记住并能经常说出消费者的名字。
⑤ 让消费者有优越感。
⑥ 替消费者解决问题。
⑦ 自己要快乐开朗。
⑧ 利用小赠品赢得准消费者的好感。
⑨ 有第三者在座，避免谈论推销。

9.1.3 心理效应的合理运用对营销工作的影响

心理学研究表明，人们在交往过程中，或多或少都受到一些心理效应的影响。作为企业及其营销人员，必须认识并利用这些心理效应，积极开展好营销工作。

1. 首因效应

首因效应，也称优先效应，是指在接触和认识事物的过程中，最先获得的印象（即第一印象）对人的认知具有强烈的影响，在认知上起先入为主的作用。第一印象一旦形成，便不容易改变，第一印象好的事物，以后看好的方面就偏多；反之，第一印象不好的事物，以后不看好的方面也就偏多。当然，由于第一印象是在初次接触中形成的，具有肤浅性、表面性甚至片面性的特点，往往也是对事物非本质性的认知。尽管如此，第一印象导致认识上的优先效应，在心理上的作用不可小视。

2. 近因效应

近因效应是指最近一次的印象对人的认知具有强烈的影响作用，这是人的记忆心理特征所决定的。消费者完成购买过程最后阶段的感受、离开商店时所得到的信息和印象、距离下次购买行动最近一次行为的结果，都可以产生近因效应。

与首因效应相类似，近因效应也有正向和负向作用之分，对下次购买行为也会产生积极或消极的影响。首因效应与近因效应的不同点是：首因效应是指对陌生对象初次形成的印象，对随后在认知上的心理影响；近因效应是指对熟悉对象最近的认知信息对以后的心理影响。

作为企业及其营销人员，要经常与消费者保持畅通的联系，及时处理好消费者的问题，要始终保持自己在消费者心目中的有利形象。

3．晕轮效应

晕轮效应，也称"光环效应"或"成见效应"，是指人们对认识对象形成某种印象后泛化到其他方面，从而对事物的认识产生偏差。我们通常所说的"一好百好"、"一无是处"、"一俊遮百丑"等，就是晕轮效应的表现。晕轮效应在消费者心理上的表现是，常把经营者某一方面的突出表现作为对其评价的标准。例如，若某商店装潢好给人印象突出，消费者可能认为这个商店的其他方面也都是很好的；若商店某些方面不太令人满意，消费者就会认为该商店的其他方面肯定也不会太好。

正因为如此，企业及营销人员要充分认识和利用这一心理效应的积极作用，通过改善销售现场的环境条件，做好商品选配与陈列；营销人员应注重形象塑造与业务知识提升，以尽可能多的优点，为自己制造美的"光环"，获得消费者的认同和好感。

4．投射效应

投射效应也称"假定相似性效应"，是指将自己的特点归因到其他人身上的心理倾向，即以己度人，认为自己具有某种特性，他人也一定会有与自己相同的特性，把自己的感情、意志、特性投射到他人身上并强加于人的一种认知障碍。比如，一个心地善良的人会以为别人都是善良的，一个经常算计别人的人就会觉得别人也在算计他等。投射效应的表现形式主要有两种。

（1）感情投射

感情投射即认为别人的好恶与自己相同，把他人的特性硬纳入自己既定的框框中，按照自己的思维方式加以理解。比如，自己喜欢某一事物，跟他人谈论的话题总是离不开这个事物，不管别人是否感兴趣、能听进去，这样必然不能引起别人的共鸣，反而会误认为是别人不给面子，或不理解自己。

（2）认知缺乏客观性

比如，有的人对自己喜欢的人或事越来越喜欢，越看优点越多；对自己不喜欢的人或事就越来越讨厌，越看缺点越多。因而表现出过分地赞扬和吹捧自己喜欢的人或事，过分地指责甚至中伤自己所厌恶的人或事。这种心理倾向会导致人际沟通中认知上的失真，因主观臆断而陷入偏见的泥潭。

人与人之间若能找到一些话题引发正面、积极的感受，发现彼此共同的特征和追求，在交往中掺入这些共同特征，则有助于正面投射，进而获得认同。例如，年龄、职业、社会地位、籍贯、文化程度、经历、阅历等都可以成为赢得好感的素材。总之，投射使人们倾向于按照自己是什么样的人来知觉他人，而不是按照被观察者的真实情况进行知觉，是一种严重的认知心理偏差；辩证地、一分为二地对待他人和自己，是克服投射效应的良方。

> **案例提示**
>
> **投射效应对市场营销的影响**
>
> 企业在拓展市场时就会受到投射效应的影响而带来损失，应予以关注。在日本，洋娃娃代表着小女孩希望自己长大后的形象。芭比娃娃在日本刚推出时，在青少年眼中，胸部太大，腿也太长，蓝眼睛一点也不像日本少女，因此销售不佳。之后公司修正了芭比娃娃的胸部和腿，也将眼睛改变成咖啡色。两年内芭比娃娃卖出了近200万件。很多人认为洋娃娃是日本少女的投射，这形成了需求。但我们认为要从另一个角度去研究这个案例，起初公司的失败之处，就在于公司假定了日本市场和美国市场具有相似性，在美国受欢迎的芭比娃娃在日本同样会受到欢迎，结果却大相径庭，这是忽略投射效应的后果。同样，本土化策略越来越受到企业的重视，在产品投入新市场之前要做相关的本土文化等特征的调查，更加正确、详细地了解和掌握消费者需求。

5. 移情效应

心理学中把这种对特定对象的情感迁移到与该对象相关的人或事物上来的现象称为移情效应，其具体表现为以下几种类型。

（1）人情效应

人情效应即以人为情感对象而迁移到相关事物的心理效应。我国古代早就有"爱人者，兼其屋上之乌"之说，意思是说，因为爱一个人而连带地关心与他有关系的人或事物，这就是移情效应的典型表现。

> **移情效应**
>
> 移情效应除了"爱屋及乌"外，还有其他各种表现，如"怨其和尚，恨其袈裟"，封建社会皇帝杀戮叛臣乱贼要"株连九族"，在人际交往中常说"你的朋友就是我的朋友"、"为朋友两肋插刀"等，这就是把对朋友（或敌人）的情感迁移到相关的事上。许多人珍藏去世的亲朋好友的遗物，这是把对去世者的情感迁移到相关的物上。
>
> 心理学研究表明，不仅爱的情感会产生移情效应，恨的情感、嫌恶的情感、嫉妒的情感等也会产生移情效应。

（2）物情效应和事情效应

在我国历史上，"以酒会友"、"以文会友"都是美谈，因为都爱喝酒，都爱舞文弄墨，不相识的人以酒、以文为媒介建立了友谊；有些女同志对抽烟深恶痛绝，因而对一切抽烟的男子都抱有成见，即使从未见某人抽过烟而仅仅是听说，也会对这人的品行妄加评说。

移情效应是一种心理定式，一般不能从道德上来评价它的是与非。但是，在公关活动中，设法把公众对名人的情感迁移到自己的产品上来，或者迁移到自己企业的知名度上来，是常用的手段。公关人员应当"投其所好"，针对公众的兴趣、爱好开展宣传活动，增加"受"者对"投"者的好感，使公众喜欢自己、信任自己、帮助自己。

名人广告与移情效应

在现代广告中，利用名人做广告，就是一种典型的移情效应。当然，运用移情效应促进企业和产品宣传，也要讲究实事求是和商业道德，否则既败坏自己的声誉也败坏名人的声誉，既害己又害人，得不偿失。这种反面的例子在公共关系领域中也是不胜枚举的。

6．经验效应

经验效应是指公众个体在对对象进行认知时，总是凭借自己的经验对对象进行认识、判断、归类的一种心理活动方式。也就是说，人们在认识他人或他物时，常常会自觉不自觉地根据自己的已有经验产生一种心理准备状态，并基于这种准备状态对对象做定式分析。

经验效应产生的心理基础是人们认识的连续性和心理惯性。人们总是基于现有的认识、经验来对外界做出反应，以往的经验、经历是当前思考和行动的基础。在认识一些不太熟悉的人或事时，由于缺乏必要的信息、线索，人们就会根据经验对其进行推理和归类，从而做出判断。例如，初识一个人，人们总认为面相憨厚者可靠，油腔滑调者不可信；人们购物总是选择大商场，认为质量可靠、价格公道、品种齐全；到医院看病总是找行医多年的医生，等等。

诚然，经验是一笔财富；然而很多时候，经验也是一种包袱，尤其是不顾时间、地点套用经验，会导致一些失误。例如，有的人信任大商场，买东西总要到大商场，殊不知个别的大商场也有劣货、次货、假货等，价格也不一定公道；还有，包装好的商品不一定质量就好，等等。因此，既不要迷信经验，也不要一概否认经验。用一种固定的经验千篇一律地看待一切人和事，难免使认识陷入僵化和停滞，甚至闹出许多笑话，例如，过去倡导艰苦朴素，现在鼓励消费；过去提倡存钱保值，现在提倡贷款消费。

经验效应对企业营销工作的影响

经验效应对企业营销工作有一定的影响。若公众对企业有好感，持信任态度，则可充分利用这种消费者先前的认识、经验来巩固自己在公众中的良好形象；若企业给公众的印象不佳，或有某种不良评价，则应设法改变公众的经验模式，用危机公关手段重塑形象，如在公益性公关活动中淡化、隐去商业成分，强调本公关活动与其他组织的公关活动或本企业先前的公关活动的不同之处，突出本企业目前的发展态势和良好信誉。因此，要达到公关活动的预期目的，不仅要有良好的主观愿望，还应该重视分析公众的经验效应。

9.2 商务谈判心理

9.2.1 商务谈判的概念和原则

1. 商务谈判的概念

有人曾说"生活本身就是一系列无休止的谈判",这句话不无道理。现实中,人们为了满足和维护各自的需要和利益,经常要就某一问题进行协商以期解决,这个过程就是谈判。什么是谈判?不同的学者对谈判的具体解释有所不同。例如,美国谈判学会会长杰勒德·I·尼尔伦伯格,在1968年出版的《谈判的艺术》一书中提出,谈判是"人们为了改变相互关系而交换意见,为了取得一致而相互磋商的一种行为";英国著名谈判专家比尔·斯科特则在《贸易谈判技巧》一书中,把谈判简单地解释为"双方面对面会谈的一种形式,旨在通过双方共同努力,寻求互惠互利的最佳结果"。

因此,谈判是双方(或多方)基于一定的目的进行接洽、协商、交流、沟通并希望由此达成结果的过程,是人们解决社会生活中彼此的需要和矛盾纠纷的重要途径之一。

商务谈判是指谈判双方为实现各自的经济利益,期望达成某项商务交易,当事人之间就多种交易条件进行协商的过程。商务谈判是以经济利益和经济问题作为主要内容的谈判,随着商品经济的发展,商务谈判不仅指一般意义上的商品或服务的交易洽谈,还包括合资、合作、联营、承包、资金融通、技术转让和信息服务等方面的交易洽谈。可以这样说,有经济活动的地方,就有商务谈判存在。商务谈判虽然是企业经营管理的一个组成部分,但与企业一般性的生产经营管理又有很大区别,是一项十分复杂而特殊的经营管理活动。商务谈判理论也是一门新兴的边缘学科,它涉及政治、经济、法律、社交、心理、民俗、文秘、技术等诸多学科的知识和理论。

2. 商务谈判的特征

(1)实现或维护经济利益是谈判目的

不同性质的谈判,其目的是不同的。例如,政治谈判是要实现政党、集团的政治利益,外交谈判是要维护国家的尊严或利益,虽然这些谈判都不可避免地涉及经济利益,但其主要目的不一定是经济利益。而商务谈判的目的则十分明确,就是要实现或维护自己的某种经济利益。在商务谈判过程中,尽管各种非经济利益因素会影响谈判结果,但商务谈判的最终目标仍是经济利益的实现。与其他谈判相比,商务谈判更加重视谈判所获得的经济利益,所以人们通常把经济利益作为衡量商务谈判成功与否的重要指标。不讲求经济利益的商务谈判,就失去了其特定的价值与意义。

(2)价格是商务谈判的核心

商务谈判涉及的因素非常广泛,谈判双方的需求和利益表现形式多样,而价格几乎是所有商务谈判的核心内容。因为在商务谈判中，价格是价值的表现形式，最能直接反映出谈判双方的利益追求。谈判双方的各种利益得失，在很多情况下都可以折算为一定的价格，并通过价格调节得到体现。需要指出的是，在商务谈判中，一方面，要以价格为中心，坚持自己的利益；另一方面，不能仅仅局限于价格，应该拓宽思路，设法从其他利益因素上争取应得的利益。因为，有时与其在价格上与对手争执不休，还不如在其他利益因素上使对方在不知不觉中让步，这是商务谈判的一个重要技巧。

（3）签订协议是谈判成功的重要标志

商务谈判的成功是以双方协商一致的履约协议或合同来体现的，合同条款是对双方在商贸中权利和义务的约定，是经济利益得以实现的重要保障。没有签订商务合同的谈判，随时会面临对方违约带来的风险。因此，合同的签订是商务谈判成果的重要体现；与此同时，也必然要求合同条款应严密而准确。有些谈判者在商务谈判中花了很大精力，好不容易为自己争得了较为有利的结果，但在拟订合同条款时，不注意合同条款的严密性、完整性、准确性和合法性，结果不仅使到手的利益丧失殆尽，还可能要为此付出更惨重的代价，这些案例在商务谈判中屡见不鲜。因此，商务谈判以一份合法而严密的合同作为其成功的重要标志。

3. 商务谈判的类别

根据不同的标准，可将商务谈判划分为各种不同类型，简述如下。

按照参加谈判的利益主体构成的不同，可分为双边谈判和多边谈判。

按照参加谈判的人数规模的不同，可分为个体谈判和集体谈判。

按照谈判地点的不同，可分为主场谈判、客场谈判和中立地谈判。

按照谈判各方态度的不同，可分为软型谈判、硬型谈判和价值型谈判。

按照谈判涉及的具体内容的不同，可分为货物买卖谈判、合资合作谈判、工程承揽谈判、劳务合作谈判、技术引进与转让谈判、"三来一补"谈判、租赁业务谈判、资金筹措谈判和外汇业务谈判等多种类型。

4. 商务谈判的原则

在社会主义市场经济条件下，商务谈判活动应遵循以下原则。

（1）平等、互利、协商的原则

谈判是双方自觉自愿的行为，谈判主体或代表人之间在人格、权利与地位上都是平等的。谈判中，应尊重对方的人格与合法权利，允许对方持有不同的意见和看法；要给对方发言的机会，不能把自己的意愿强加于对方。在商务谈判中，还要本着互惠互利的原则进行磋商和沟通，须深入审视他方的利益界限，任何一方无视他人的最低利益和需要，都将导致谈判劳而无功甚至破裂。

在谈判中，无论实施什么样的策略和技巧，都要力求使谈判过程及其结果具有可操作性。怎样使谈判过程及其结果具有可操作性呢？关键是对一些有分歧的问题一要坚持

"求大同存小异"，多找共同点，把分歧和不同观点暂时搁置起来；二要注意阶梯式、渐进式地解决问题，处理问题要先易后难，分段洽谈、分段处理、分段受益；三要讲究迂回策略，在双方僵持不下时，可把问题暂时搁在一边，寻找新的思路或突破点。

（2）人事分开的原则

商务谈判的基点是利益问题，每一位谈判者都应该把利益问题放在谈判的突出位置。谈判中的基本问题不是双方在立场上的冲突，而是双方在利益上的冲突；谈判是人与人的谈判，从人的角度来考虑谈判，可能是一种动力，也可能是一种阻力。谈判者都肩负着双重目标：既想达成一个满足自己实际利益的协议，又想把对方变成自己的长期客户。在立场上讨价还价往往会把谈判者的实质利益与关系利益对立起来，用实质问题上的让步来解决人的问题，这会使对方认为你软弱可欺。应该把关系问题与实质利益问题分开，以一种向前看的眼光，把双方的关系建立在正确的认识、明朗的态度、适当的情绪上；对很多棘手问题的处理，要坚持把人与事分开，采取"对事不对人"或"对人不对事"的处理原则。

（3）追求时效的原则

商务谈判要讲究工作时效，冗长拖沓的谈判不仅会增加无谓的谈判成本，消磨人的精力与斗志，还会使企业失去很多宝贵的发展机遇，令人追悔莫及。商务谈判以实现经济利益为目的，具体的衡量标准就是谈判实际所能带来的经济效益。

5. 商务谈判的作用

（1）有利于加强企业之间的经济联系

商务谈判大多是在企业与企业之间、企业与其他部门之间进行的。市场经济条件下，企业是社会的经济细胞，是市场经济活动中自主运营的独立经济主体，每个企业都要与其他部门或单位进行沟通与联系，才能完成生产经营活动。事实上，经济越发展，社会分工越细，专业化程度越高，企业间的联系与合作越紧密，就越需要各种有效的沟通手段。因此，商务谈判就自然成为企业之间经济联系的桥梁和纽带。企业通过商务谈判，可以实现原材料、劳动力、资金、技术和设备等要素的最佳组合，为彼此的生产经营活动提供相互支持，协商解决经济活动中的各种问题和纠纷，实现在平等互利基础上的密切联系，促进企业发展和社会进步。

（2）有利于企业获取市场信息，为企业正确决策创造条件

了解信息，掌握知识，已成为人们成功进行各种活动的重要保证。信息的最大作用在于减少不确定性，为人们的决策提供指导和依据。随着现代社会生活节奏的不断加快，企业间的竞争更加激烈，市场行情瞬息万变，企业要想在激烈的市场竞争中站稳脚跟、谋求发展，就必须广泛地搜集各方面的信息，以调整企业的方针和策略。在商务谈判前，企业应搜集各种社会环境和谈判对手的信息，以便制订谈判方案；谈判中必须及时、准确地了解与谈判内容有关的市场行情和谈判对手的变化情况，以调整谈判策略，实现谈判目标。这些信息的搜集和整理，为企业的正确决策奠定了基础。

（3）有利于企业增加利润

商务谈判不仅能帮助企业达成一项商贸协议，还能直接帮助企业增加利润。对于一个企业来说，增加利润一般有三种途径：一是增加营业额，二是降低成本，三是谈判获利。前两种方法固然是企业实现利润增长的基本手段，但随着市场竞争的日趋激烈，扩大市场份额、增加营业额或降低成本都是非常艰难的事情。成功的商务谈判是增加利润最有效、最快捷的办法，低价买进，高价卖出，谈判中争取到的每一分钱都是净利润；同样，企业在采购时所节省的每一分钱也都使净利润增加。

9.2.2 商务谈判人员心态与不同人员的性格类型分析

1. 谈判方格理论与谈判心态类型

在商务谈判中，谈判人员最关心的问题有两个：一是实现己方的最终谈判目标，二是与对方谈判人员建立良好的人际关系。把这两个问题放到一个平面直角坐标系的第一象限中来分析，纵坐标表示谈判人员对与对方建立良好人际关系的期望，横坐标表示谈判人员对实际谈判效果的期望。纵坐标越是向上平移，表明与对方建立良好人际关系的期望值越高；横坐标越是向右平移，表明越是关注谈判的最后实效。横坐标和纵坐标的不同取值，构成了若干谈判方格，它反映了谈判人员对这两个问题的关心程度，也显示了谈判人员在谈判活动中的不同心态类型，如图9-2所示。

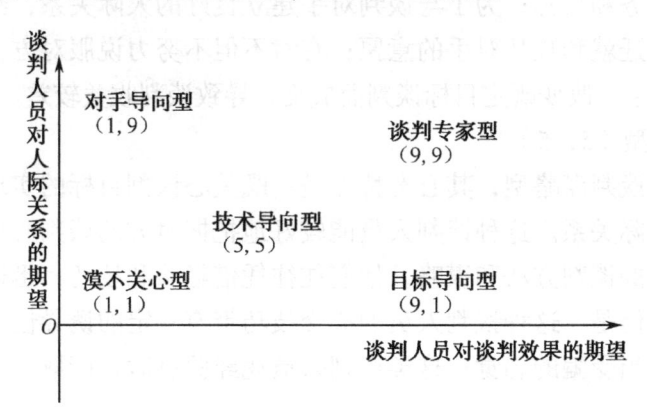

图 9-2 谈判人员在谈判活动中的心态类型

谈判人员的不同心态类型通过谈判方格归纳如下。

（1）漠不关心型（1，1）

这种谈判人员的心态特点是：对谈判过程中与对方的人际关系及谈判结果都抱有无所谓的心理，认为谈判能成就成，与对方关系该怎么样就怎么样，谈判成不成、关系好不好和自己没有多大关系，只要自己在形式上做了或参与就行了。导致这种谈判心态的原因有：

① 企业内部管理制度不健全，缺乏激励机制，做与不做一样，谈判人员工作积极性不高。

② 谈判人员缺乏工作进取心，缺少职业理想和抱负等。

③ 在以往的工作中可能受过较大的挫折或打击，工作心态消极，被动应付。

④ 有其他更重要的事情要做，对谈判一事不太关注。

（2）目标导向型（9，1）

这种类型又称"马基雅维里型"，其心态特点是：为了实现谈判目标，任何手段和方法都可以采用，甚至信奉"必要面前无道德"、"为了达到目的可以不择手段"、"目的证明手段正确"等极端功利主义的谈判观念。

导致这种谈判心态的原因可能有：

① 坚持以追求成功为谈判的唯一导向。

② 急于改变自己不利的业绩状态、身份或环境。

③ 极端功利主义者，只把经济利益作为唯一的追求目标，甚至完全忽略了道德法纪的约束。

④ 对谈判中的问题和障碍缺乏正确的认识。

⑤ 对与谈判对手建立合作伙伴关系及企业长远发展均缺乏正确的认识。

（3）对手导向型（1，9）

这种谈判人员的心态特点是：非常关心与谈判对手建立良好的人际关系，而常常忽略了自己的谈判任务和目标；为了与谈判对手建立良好的人际关系，经常放弃谈判原则和谈判底线，一味迁就和顺从对手的意愿；有时不但不努力说服对方，解决冲突，甚至会站在对方的立场上，改变既定目标谈判而成交，导致谈判收益较差。

（4）技术导向型（5，5）

这种类型又称谈判谋略型，其心态特点是：既关心谈判目标的实现，也关心与谈判对手建立良好的人际关系。这种谈判人员能较好地把握对方的谈判心理，在实践中也总结出一些行之有效的谈判方法和谋略，他们往往凭借经验和技巧，迅速促成对自己比较有利的谈判结果。但是，这种谈判人员的成交技巧带有一定的诱导性，在成交之后，对方往往会有一种上当受骗的感觉；这类谈判人员凭经验有时也能取得不错的业绩，但缺少长远合作的伙伴。

（5）谈判专家型（9，9）

这种谈判人员又被称为"皆大欢喜型"，其心态特点是：对与谈判对手建立良好的人际关系和最后的谈判业绩都非常关心，在谈判中主动热情但又不失原则；对谈判中的问题，能站在对方的角度，真正设身处地替对方考虑；尊重对方的意见，不把自己的主观愿望强加给对方，积极寻求既能让双方同时满意、又能解决问题的有效方法和途径。这类谈判人员属于真正的谈判专家。

2. 谈判人员性格类型分析

不同的谈判心态，导致不同的谈判结果。不同性格类型的谈判者，也会有不同的心理及行为取向。在谈判过程中，必须了解谈判者的不同性格特点，根据谈判对手的个性特征，采取相应对策，要极力避免触犯他们心中的禁忌，否则会造成不必要的心理隔阂，阻碍谈判的进行。做好对谈判人员不同性格类型的分析，有助于我们更好地与各类人员沟通、洽谈，以提高谈判成效。

（1）与权力型对手谈判

权力型谈判对手的特点有：

① 在多数谈判场合中，他们想尽一切办法使自己成为权力中心，我行我素。

② 为实现目标而全力以赴，甚至敢冒风险，不惜一切代价。

③ 喜欢向对方挑战，缺少同情心。

④ 急于建树，求胜心切，拍板果断，决策坚定，不喜欢拖沓、延误。

在谈判中，这类对手是最难对付的一类人，因为如果你顺从他，你的利益必然会被剥夺得一干二净；如果你抵制他，谈判就会陷入僵局，甚至破裂。

他们的弱点也十分明显：易于冲动，一意孤行，没有耐心，不愿陷入琐事；冒险而不顾代价，希望统治和控制他人，不愿担当配角。

与这类人员谈判的禁忌有：

① 试图去支配他、控制他。

② 迫使他做出过多的让步，或提出相当苛刻的成交条件。

③ 自己缺乏耐心和冷静，不能以柔克刚，未做细致思考就急于反驳、反击对方。

（2）与说服型对手谈判

在谈判活动中，最普遍、最有代表性的人是说服型的人。在某种程度上，这种人比权力型的人更难对付。权力型对手容易引起对方的警惕，而说服型对手在温文尔雅的外表下，很可能暗藏雄心，要与你一争高低。

他们的特点有：

① 注意维护良好的人际关系，喜欢帮助别人，从而在和谐融洽的气氛中如鱼得水，发挥自如。

② 处理问题不草率盲从，三思而后行。

③ 注意维护双方的面子，不轻易做伤害感情的事。

④ 若不同意对方的提议，一般也不会直截了当地拒绝，总是设法说服对方或阐述他们不能接受的理由。

与权力型对手不同的是，说服型对手并不认为权力是能力的象征，却认为权力只是一种形式。他们把自己掩藏于外表之下，处事精明、态度随和、工于心计、说话谨慎、不露锋芒、外表和蔼、充满魅力。他们还比较善于发现和迎合对手的兴趣，在不知不觉中把人说服。总之，他们的弱点并不十分明显。

与这类人员进行谈判的禁忌有：

① 对他们的热情态度掉以轻心，与对手交往过于亲密。

② 不主动进攻或反击。

③ 在他们巧妙说服下认为每一个让步都是应该的。

④ 不会分而治之，削弱他们的团体说服能力。

（3）与疑虑型对手谈判

怀疑多虑是疑虑型谈判者的典型特征。他们的特点有：

① 只要是对方提出的意见，即便对自己有好处，他们也首先表现出怀疑、反对，或千方百计地探求其中的原委。

② 对问题考虑慎重，不轻易下结论。

③ 关键时刻犹豫反复，拿不定主意，担心吃亏上当，难于决策，结果往往贻误时机。

④ 对细节问题观察仔细，设想具体，常常提出一些出人意料的问题。

与这类人的谈判禁忌有：

① 提出的方案建议不详细、不具体、不准确，经常使用"大概"、"差不多"等词语。

② 对对方没有耐心，急于催促对方表态。

③ 陈述问题及数据证据不充分，不给对方留有足够的思考时间。

④ 待对方不够诚实、热情，企图欺骗对方（一旦被对方识破，就很难再得到对方信任了）。

其他性格类型对手的心理特点与禁忌

1. 与沉默寡言的对手谈判

这类人的心理特点有：缺乏自信，想逃避现实；行为表情不一致，给人不热情的感觉。与这类人谈判的禁忌有：

① 不善于察言观色。

② 对其有畏惧感。

③ 以寡言对沉默。

④ 强行与其接触。

2. 与性格固执的对手谈判

这类人的心理特点有：非常自信、自满乃至固执，爱控制别人；个性外向，不愿受到拘束。与这类人谈判的禁忌有：

① 缺乏耐心，急于达成交易。

② 企图强制他服从自己的意志。

③ 对相关情况不加详细说明。

④ 太软弱。

3. 与情绪型对手谈判

这类人的心理特征有：容易激动，情绪变化较快；任性而又易见异思迁。与这类人谈判的禁忌有：

① 不善于察言观色，抓不住时机。
② 达不到他的兴趣所在。
③ 打持久战。

4. 与爱啰里啰唆对手谈判

这类人的心理特点有：具有强烈的自我意识，喋喋不休，谈到最后也说不出个所以然；爱刨根问底，好驳倒对方，但心情又较为开朗。与这类人谈判的禁忌有：

① 有问必答，这样会没有尽头。
② 和他辩论是非，即使在道理上能胜过他，买卖也不能成交。
③ 表现出不耐烦。
④ 表现出胆怯、想开溜。

9.3 商务谈判的心理策略

9.3.1 商务谈判心理策略的概念

商务谈判心理策略是谈判人员为达到预期的谈判目标而使用的各种心理策略和谈判技巧的统称。谈判的直接目的是获得各方面都满意的合同或协议。在谈判中，双方既有追求利益最大化的对抗和较量，更有彼此间长远合作的需要。所以在谈判中，要非常注意使用各种心理策略和谈判技巧，尽量避免激烈的冲突，确保双方在友好合作的氛围中实现谈判目标，使谈判呈现"双赢"的结局。

9.3.2 商务谈判中处理利益冲突的原则和解决方案

1. 规定最后期限策略

规定最后期限的谈判策略是指谈判一方提出达成协议的最后期限，超过这一期限，提出者将有权退出谈判。许多谈判基本上都是到了谈判的最后期限或者临近这个期限时，才达成协议的，因为给对方设定最后期限，常常迫使其不得不对谈判结果做出反应，采取行动。最后期限带有明显的胁迫性，每一个交易行为中都包含了时间限制因素，这种无形的力量往往会迫使对方在不知不觉或来不及充分考虑的情况下接受谈判条件。

当谈判中出现以下情况时，可以考虑使用规定最后期限策略。

① 对方急于求成，如亟须采购原料等。
② 对方存在众多竞争者。

③ 我方不存在竞争者。

④ 我方最能满足对方某一交易条件。

⑤ 对方谈判小组成员意见有分歧。

⑥ 发现与对方因交易条件分歧较大，达成协议的可能性不大。

选用规定最后期限的策略，目的是促使对方尽快地达成协议，而不是使谈判破裂。因此运用时必须注意，设定的最后期限及理由应是对方所能理解和接受的，那种蛮横无理、令对方来不及反应的最后期限常会导致该策略的失效。所以规定的最后期限必须是严肃的，尽管该期限将来是可以更改和作废的，但在最后期限到来之前，提出最后期限的一方要表明执行最后期限的态度是坚决的。在运用此心理策略时，可以向对方展开一些心理攻势，做一些小的让步以相互配合，给对方造成机不可失、时不再来的感觉，以此来说服对方。要避免我方规定的最后期限给对方以咄咄逼人的感觉，使双方谈判因此僵化而缺乏灵活性。

规定最后期限策略也是可以破解的。最后期限的规定可能是真的，也可能是假的，一般当时无法做出正确的判断。因此，首先要重视对方所提出的最后期限，无论是真是假，绝不能把这个最后期限看做可有可无的事；其次，遇到对方规定最后期限时，要设法越过对方直接谈判人员，通过其他渠道摸清最后期限的真实性，依据真实性研究对策；最后，要坚定若我方没有达到预定目标，决不可在最后期限的胁迫下仓促达成协议。

2. 不开先例策略

当买方所提的要求使卖方不能接受时，卖方可向买方解释：如果答应了买方，对卖方来说就等于开了一个交易先例，这样就会迫使卖方今后在同其他客户发生交易行为时，也至少必须提供同样的优惠，而这是卖方客观上承担不起的。

当谈判中有以下情况时，卖方可以选择运用不开先例策略。

① 谈判内容属保密性交易活动，如高级生产技术的转让、特殊商品的出口等。

② 交易商品属于垄断经营，买方急于达成交易。

③ 产品供不应求。

使用不开先例谈判策略时，卖方所提出的不开先例的事实与理由要能使买方相信；否则提出不开先例，则是蛮横无理，不利于达成协议。对于买方来讲，破解"不开先例"的关键是要设法弄清楚卖方所说的"不开先例"是否属实。因为，通常情况下，买方无法知道卖方以前对其他客户是否提供过类似优惠。

3. 先苦后甜策略

这一策略在商务谈判中也常常被采用。比如，买卖双方就某一商品进行谈判，卖方先开价100元，经几番讨价还价后，最终以65元成交。买方会因谈判砍价少付35元而很开心，对65元成交价格比较满意。但就这一商品，如果卖方最先开价就是68元，最终以60元成交，虽然成交价还降低了5元，但买方因成交价和开价差不多，对成交价是勉强接受，心里并不乐意，甚至认为卖方很吝啬。不过，如同其他谈判策略的运用一样，先苦后甜策略的有效性也有一定的限度，具体运用先苦后甜策略时要注意以下几点。

① 向对方所提的要求，不能过于苛刻、漫无边际，不能与通行惯例和做法相距太远，否则对方可能因失望而灰心，或认为我方缺乏诚意，放弃谈判。

② 谈判组成员可巧妙分工、搞好配合。可先由一个人提出苛刻的要求和条件，并且表现出立场坚定、毫不妥协的态度，扮演一个"鹰派"的角色，并观察对方的反应；随着谈判的深入，当"鹰派"代表与对方相持不下，争得不可开交时，谈判组的另一人便可扮演温和的"鸽派"角色而出场，用举止谦恭、和颜悦色、善解人意的气质，做出事先设定好的让步来协调矛盾，给人以一个和事佬的好形象。

③ 要明确角色任务，抓住成交机遇。"鹰派"角色主要是迫使对方一步一步地后退，使己方获得最大利益空间；"鸽派"角色是调和矛盾，防止谈判破裂，始终把对方"温柔"地拉在谈判桌上，并在做出让步后随时抓住机遇，促成交易。对方往往会因获得难得的让步，加之"鸽派"的诚意而接受成交。

④ 当只有一人参与谈判时，"鹰派"的角色可用公司的"规定"、"惯例"、"我的权限有限"等借口来代替，经过一番讨价还价后，自己再扮演"鸽派"角色，以较小的让步促成交易。

4．设置价格陷阱策略

许多商品的市场价格都是因时因地不断变化的，当价格预期看涨时，则增加卖方谈判实力；反之，价格预期下跌时，则增加买方的谈判实力。因此，很多有经验的谈判者，会牢牢把握商品价格变动这一重要影响因素，利用价格波动这一极为有利的时机，诱使对方上钩，而无须按部就班、逐条逐项地去谈合同。

例如，某原料销售商对其买主说："贵公司是我们的老客户了，因此我们对贵公司理应给予特殊照顾。现在我们已获悉，今年年底前，我方经营的原料市价要上涨，为使贵方在价格上免遭不必要的损失，我方建议：假如贵方打算一次性订购全年的货，就可以趁目前价格尚未上涨，在订货合同上将价格条款按现价确定，这份合同就具有了价格保值的作用，不知贵方意下如何？"若今后价格确有上涨可能，这个建议自然会产生很强的诱惑力。

这里的价格"陷阱"就是"预期价格要上涨"，使对方相信这种陷阱存在，是该策略使用的关键。一般来说，要使对方信之，必须做到：一要有听起来非常有道理的理由；二要有一定的事实现象予以配合，如目前商品价格止跌企稳或稳中略升，或有其他客户也在大量订购（有可能是假的）；三是不要催促对方，而要欲擒故纵，在洽谈时可适度冷淡对方，忙别的事，显得有很多紧迫的业务要处理。

该策略的运用看来似乎照顾了对方的利益，其实不然。第一，在上述情况下，买方因注意力过于集中在价格问题上，往往没有对包括价格在内的各项条款从头到尾仔细进行谈判，原来想通过谈判争取的各项优惠条件，也就很难写入卖方所提供的合同之中。

第二,由于合同签订仓促,很多问题都会被忽视。比如,对其他辅助产品及配套元件价格、技术服务、提货付款方式、维修条件等问题容易忽略,导致意外损失累计过大。第三,买方谈判人员签订这种价格保值合同,为抓住时机,常常顾不得请示上司或征得董事会的同意而"果断"拍板,由于合同的执行要等好久以后,它所包含的一些潜在问题不会立即暴露出来,因而往往不能引起买方上司的注意,而一旦在日后暴露出来,已是无力换回了。

不难看出,"价格陷阱"策略其实质就在于利用商品价格可能的变化把谈判对手注意力吸引到价格问题上来,使其忽略对其他重要合同条款的讨价还价,而这些方面恰恰包含着更为重要或更多的实际利益。

破解"价格陷阱"策略,必须做到:首先,谈判目标计划和具体步骤一经确定,就要毫不动摇地坚定执行,决不要轻易受外界尤其是某种"既得利益"的干扰而改变计划或决策,无论是"价格保值合同"还是其他合同,都要就合同每一条款进行仔细研读和谈判,不能随意迁就;其次,不要被对方在价格上的蝇头小利所诱惑,而要对该项交易活动进行总核算来决定合同条款并签约,因为通常"天上不会掉馅饼",有"馅饼"就必有"陷阱"。

5. 休会策略

休会策略也是谈判人员经常使用的一种基本谈判方法。这种策略的特点是,在谈判过程进行到一定阶段或遇到某种障碍时,谈判双方或一方提出休会一段时间,使谈判双方有机会恢复体力和调整对策,以推动谈判的顺利进行。休会策略主要适合于以下几种情况。

① 当谈判出现低潮或僵局时。商务谈判中,出现意见分歧是正常的,但若双方各持己见,互不妥协,那么会谈难免会陷入僵局,如果仍继续会谈,双方可能谈判破裂甚至不欢而散,不仅徒劳无益,使以前的成果也付诸东流,甚至适得其反。此时最明智的做法就是休会,制造机会使双方都冷静下来,可以暂时抛开问题,总结阶段性的成果,正确地分析形势,调整策略,展望下一阶段可能取得的谈判前景;或转换话题,调节气氛,为再次会谈做准备,使谈判仍能友好继续。

② 当谈判时间过长,谈判人员精力不济时,可休会养精蓄锐,以利再战。例如,会谈进行得拖拖拉拉,效率很低时,其中一方可以提出休会,既能使人消除疲劳,恢复精力,也能使沉闷的气氛有所改观。

休会的请求一般由一方提出,只有经过对方同意,这种策略才会发挥作用。提出的一方不能我行我素,擅自离开谈判桌。首先,要清楚、委婉地说明休会的原因。一般来讲,参加谈判的各种人员都是比较有涵养、知情达理的,只要一方提出的休会理由得当,对方很少予以拒绝。其次,要把握好提出休会的时机,在对方认为暂无重要问题讨论时,在给对方一个满意回答时,在对方也呈现出疲态时,都可以适时提出休会请求。

提出休会建议时,谈判人员还要注意以下几个问题:首先,要明确无误地让对方知道你有这方面的要求;其次,要讲清楚休会的时间,休会时间的长短要视双方冲突的程度、人员疲惫状况、有关问题解决的复杂性来确定,并征求对方意见以示尊重;再次,休会期间,最好避免谈过多的新问题或对方非常敏感的问题,可转换一些令人感觉轻松愉快的话题,或分开思考各自的问题。例如,谈判到目前取得了哪些进展?还有哪些问题有待深谈?双方关键的分歧在哪里?对方主要的谈判目标是什么?是否有必要调整既定对策?是否要向上级或本部报告?双方只有在休会期间进行充分准备,下轮会谈才会有成果。

6. 私下接触策略

在谈判过程中,各方谈判人员一般都有充裕的业余时间进行休整。在这段时间里谈判人员可以充分地休息、娱乐、养精蓄锐,当然也可以运筹下一步谈判的各项内容。除此之外,谈判人员还可以有意识地同对手私下接触,一起去娱乐、休闲、游玩,以增进了解和友谊,以期促进谈判顺利发展,我们称之为"私下接触"策略,这种策略尤其适用于各方的首席代表。双方代表在业余时间里一起说说笑笑、玩玩闹闹,这很容易消除双方的隔阂,增强合作精神,建立起真挚的个人友谊,为下一步谈判创造积极气氛。可以选择哪些活动呢?一般说来,凡是健康、时尚、有地方特色的文化活动、健身娱乐、风味品尝都可选择,当然如能根据对方的特殊爱好来安排,效果更佳。各地、各国商人偏好有所不同,如日本人喜欢在澡堂一起洗澡闲谈,芬兰人乐于在蒸汽浴室一起消磨时间,而英国人则倾向于一起去俱乐部坐坐,我国的广东人喜欢在茶楼聊天。

7. 开诚布公策略

开诚布公策略是近年来许多谈判专家日渐重视的一种策略。其基本含义是:谈判人员在谈判过程中应坚持开诚布公的态度,向对方袒露自己的真实思想,这样往往会促使双方在诚恳、坦率的气氛中有效地完成各自的使命。过去人们对这种策略常常嗤之以鼻,认为这不过是书生的空想和天真。其实,人们在生活中都希望别人相信自己,希望自己的建议、意见能被别人采纳。人们既然喜欢取得别人的信任,那么就应当先有取信于人的表现。试想,如果大家都心怀叵测,又怎能指望对方以诚相待?又如何达成互惠互利的谈判协议呢?因此各方谈判人员都应开诚布公,力促谈判在诚挚、友好的气氛中取得令人满意的进展。

当然,在谈判活动中也有少数人只考虑自己,不顾他人,甚至有见利忘义之徒。在这种情况下,开诚布公策略不仅会失灵,而且会导致相反的效果。那么,怎样使用好这一策略呢?一般应在谈判开局阶段将要结束之时做出是否使用这一策略的决定。因为此时,对方谈判的立场态度、目的原则、风格策略等方面的情况已初露端倪,我方可将己方有关情况以比对方更坦诚的姿态透露给对方,让对方比较明确整个交易的轮廓,这就称得上是胸怀坦荡、开诚布公了,实际上百分之百的"开放"是不存在的,也是不可能或难以做到的。

8. 情感润滑策略

谈判人员在相互交往过程中经常会馈赠一些礼品，以表示友好和联络感情，西方学者幽默地称之为"润滑策略"。由于文化习俗的差异，各国谈判人员对这种策略的评价很不一致。西方信奉基督教的人认为，谈判送礼有悖于基督精神，对这种策略很不以为然；而日本人则有相互赠送礼品的习惯，认为这是友好的表示。在一些国家，送礼则是谈判中一项重要的准备工作，没有这项内容，谈判就不会顺利进行，生意也就无从谈起。我国是礼仪之邦，在对外交往活动中适当地馈赠一些礼品，有利于增进双方的友谊；但在国内商务活动中，要视情况决定，若要馈赠礼品，一般应选择具有纪念意义的普通小礼物，要体现"礼轻情谊重"的特点，不能馈赠价值贵重的礼品，否则有贿赂、腐败之嫌。另外，在外事活动中，我方人员接受外国友好团体或人士赠送的礼物，要按照规定上交有关部门。馈赠礼品是一门敏感性较强的艺术，搞不好会适得其反，因此，我们应该慎重对待。

使用情感润滑策略应当注意的事项

一般而言，使用情感润滑策略应当注意以下几点。

① 弄清对方的习俗与爱好。各国、各地区谈判人员的文化背景与生活习惯不同，送礼中有所忌讳。例如，日本人不喜欢饰有狐狸图案的礼品，因为他们认为狐狸是贪婪的象征；法国人讨厌别人送菊花，因为在法国只有葬礼上才用菊花；在阿拉伯国家，酒类不能当礼品，更不能送礼给当事人的妻子；在英国，受礼人不喜欢有送礼人公司标记的礼品。所以在馈赠礼品时要避开这些忌讳，并尽可能投其所好，让对方觉得很喜爱、很难得。

② 礼品价值不宜过重。我们送礼给人家是为了表明我们的友好情谊，不是要贿赂人家。俗语说："千里送鹅毛，礼轻情义重。"实际上许多国家都坚持这个原则，在西欧、美国、阿拉伯地区，礼物过重会被认为是贿赂，对此除了贪心者外，正直的商人大多也不肯接受。有时即使接受了，也疑窦丛生，送礼者反而达不到预期的目的。

③ 送礼的场合要恰当。在什么场合送礼也有讲究，如送礼给英国人，最好在请其用完晚餐或者看完戏后进行；送礼给法国人，则在下次重逢时为宜。不过许多地区有一点是基本相同的，即在初次见面时就以礼相赠有失妥当，甚至会引起贿赂之嫌。

---

9. 假设条件策略

这一策略旨在通过别具一格的谈判方式，试探出对方让步的界限。比如，买方问："如果我增加订货量，价格能再便宜一点吗？"买方的问话目的是试探卖方的价格究竟还能不能做出一些让步，未必是真的要增加订货量。在谈判开局或摸底阶段，这种假设提问法不失为一种积极策略，它有助于双方为了共同的利益而选择最佳的成交条件与方式。然而，如果谈判已十分深入，再运用这个策略只能引起分歧，打乱正常的谈判程序，甚至使以前议定的条款发生变化。因此,假设条件策略适合在谈判开始的摸底阶段运用。

10. 设立专门小组策略

谈判是一种错综复杂的业务活动,往往涉及很多不同部门和领域的各种专门问题。例如,我们在洽谈出口业务时,通常涉及商品的数量、质量、包装、价格、运输、保险、支付、检验、理赔等各项内容。这些内容又都包括了许多细节问题,任何一个问题上出了故障,往往都要为此付出艰苦的努力,处理起来也相当复杂,需要专门人员认真解决,其他人员也很难插上手。如果出现这种情况,则应该成立专门的研究小组,专心致志地解决存在的问题,其他人可以适时休会,也可以继续洽谈其他问题。采取这种策略的好处很多。

① 小组成员可按各自的需要解决问题,寻找对方相应的人员洽谈,以提高谈判效益,节约他人时间。

② 可以促成问题圆满解决,因为成立专门小组后,从事这项工作的都是熟悉情况的专业人员,他们是处理这方面问题的专家,解决问题时轻车熟路,游刃有余,考虑问题一般也比较现实、细致,提出解决问题的办法周密、稳妥,易于被对方接受。

③ 还可以调动专门人才的积极性,发挥他们的特长,增强他们解决问题的使命感和自豪感。

总之,应对复杂问题的谈判,成立专门小组是行之有效的策略,有百益而无一害,尤其适用于大型谈判。

其他心理策略

1. 刚柔相济策略

在谈判过程中,谈判者的态度既不可过分强硬,也不可过于软弱,前者容易刺伤对方,导致双方关系破裂,后者则容易受制于人,而采取"刚柔相济"的策略比较奏效。谈判中有人充当"红脸"角色,持强硬态度;有人扮演"白脸"角色,持温和态度。"红脸"是狮子大开口,大刀阔斧地直捅对方敏感部位,不留情面,争得面红耳赤也不让步。"白脸"则是态度和蔼,语言温和,处处留有余地,一旦出现僵局,便于从中斡旋挽回,这也叫做红白脸策略。

2. 拖延回旋策略

在贸易谈判中,有时会遇到一种态度强硬、咄咄逼人的对手,他们以各种方式表现其居高临下的地位。对于这类谈判者,采取拖延交战、缓慢周旋的策略往往十分有效,即通过多回合的拉锯战,使趾高气扬的谈判者感到疲劳生厌,逐渐丧失锐气,同时使自己的谈判地位从被动中扭转过来,等对手精疲力竭时再转守为攻。

3. 留有余地策略

在谈判中,如果对方向你提出某项要求,即使你能全部满足,也不必马上和盘托出你的答复,而是先答应其大部分要求,留有余地,以备讨价还价之用。

4. 以退为进策略

让对方先开口说话，表明所有的要求，我方耐心听完后，抓住其破绽，再发起进攻，迫其就范。有时在局部问题或小问题上可先让步、多让步，以换取在原则性问题或重要问题上的不让步或少让步，既体现了诚意，又保障了己方利益最大化。

9.3.3 商务谈判中解决利益冲突的机制

由于谈判中双方都想获得自身利益的最大化，尽管我们可以在一定程度上避免谈判陷入僵局甚至最终破裂，但有时利益冲突是在所难免的。此时，只有采取有效措施加以解决，才能使谈判顺利完成，取得成功。

1. 处理利益冲突的基本原则——将人的问题与实质利益相区分

谈判的利益冲突往往不在于客观事实，而在于人们的想法不同。在商务谈判中，当双方各执己见时，往往双方都是按照自己的思维定式考虑问题，这时谈判往往因意见不一致而出现僵局，此时可尝试以下几种处理问题的方法。

① 不妨站在对方的立场上考虑问题。
② 不要以自己为中心推论对方的意图。
③ 相互讨论彼此的见解和看法。
④ 打破思维定式，寻找化解冲突和矛盾的其他策略。
⑤ 一定要让对方感觉参与了谈判的整个过程，协议是双方想法的反映。
⑥ 在协议达成时，一定要给对方留面子，尊重对方人格。

换个角度考虑问题，是利益冲突发生后谈判中最重要的技巧之一。不同的人看问题的角度不一样，人们往往用既定的观点来看待事实，对与自己相悖的观点往往加以排斥。彼此交流不同的见解和看法，站在对方的立场上考虑问题，并不是要让一方遵循对方的思路解决问题，而是这种思维方式可以帮助找到问题的症结所在，最终解决问题。

2. 寻求双赢

处理谈判中利益冲突的关键在于寻求双赢的解决方案。很多人在小时候都做过这样一道智力测验题：有一块饼干，让你和妹妹分，怎么样才能分得公平呢？答案就是自己先把它分成两部分，分的标准是自己觉得得到其中哪部分都不吃亏，然后让妹妹来选。这是一个典型的双赢方案。解决利益冲突的关键在于找到一个双赢的方案。

谈判的结果并不只是"你赢我输"或"你输我赢"，谈判各方首先要树立双赢的谈判意识。一场好的谈判的结局应该使谈判各方都有"赢"的感觉，谈判结局对各方都有利，这是商务谈判的实质追求。因此，面对谈判双方的利益冲突，谈判者应重视并设法找出双方实质利益所在，在此基础上应用一些双方都认可的方法来实现利益最大化。

典型案例分析

为消费者送上生日鲜花

著名的汽车推销员乔·吉拉德,以12年来推销13000辆小汽车的惊人业绩,被吉尼斯世界纪录大全收录,并荣获"世界上最伟大的推销员"的称号。

有一天,一位中年妇女从对面的福特汽车销售商行出来,走进了吉拉德的汽车展销室。她说自己很想买一辆白色的福特车,就像她表姐开的那辆一样,但是福特车行的经销商让她过一个小时之后再去,所以先过这儿来看一看。

"夫人,欢迎您来看我的车。"吉拉德微笑着说。妇女兴奋地告诉他:"今天是我55岁的生日,想买一辆白色的福特车送给自己作为生日的礼物。""夫人,祝您生日快乐!"吉拉德热情地祝贺道。随后,他轻声地向身边的助手交待了几句话。

吉拉德领着这位夫人从一辆辆新车面前慢慢走过,边看边介绍。在来到一辆雪弗莱轿车前时,他说:"夫人,你对白色情有独钟,瞧这辆双门式轿车,也是白色的。"就在这时,助手走了过来,把一束鲜花交给了吉拉德。他把这束漂亮的鲜花送给了这位夫人,再次对她的生日表示祝贺。

那位夫人感动得热泪盈眶,非常激动地说:"先生,太感谢您了,已经很久没有人给我送过礼物了。刚才那位福特车的推销员看到我开一辆旧车,一定以为我买不起新车,所以在我提出要看一看车时,他就推辞说需要出去收一笔钱,我只好上您这儿来等他。现在想一想,也不一定非要买福特车不可。"就这样,这位妇女就在吉拉德这儿买了一辆白色的雪弗莱轿车。

参考文献

[1] 肖兴政. 营销心理学[M]. 重庆：重庆大学出版社，2003.
[2] 朱惠文. 现代消费心理学[M]. 杭州：浙江大学出版社，2004.
[3] 杨大筌. 消费心理学理论与实务[M]. 北京：北京大学出版社，2009.
[4] 江波. 广告与消费心理学[M]. 广州：暨南大学出版社，2010.
[5] 谢忠辉. 消费心理学与实务[M]. 北京：机械工业出版社，2010.
[6] 李秀英，王旭. 消费心理学[M]. 北京：机械工业出版社，2013.

读者意见反馈表

书名：消费心理学及实务　　　　主编：陶　敏　王澄宇　　　　责任编辑：杨宏利

> 感谢您购买本书。为了能为您提供更优秀的教材，请您抽出宝贵的时间，将您的意见以下表的方式（可发 E-mail :yhl@phei.com.cn 索取本反馈表的电子版文件）及时告知我们，以改进我们的服务。对采用您的意见进行修订的教材，我们将在该书的前言中进行说明并赠送您样书。

个人资料

姓名_____电话_____手机_____E-mail_____

学校_____专业_____职称或职务_____

通信地址_____邮编_____

所讲授课程_____所使用教材_____课时_____

影响您选定教材的因素（可复选）

□内容　□作者　□装帧设计　□篇幅　□价格　□出版社　□是否获奖　□上级要求

□广告　□其他_____

您希望本书在哪些方面加以改进？（请详细填写，您的意见对我们十分重要）

_____

_____

_____

_____

_____

您希望随本书配套提供哪些相关内容？

□教学大纲　□电子教案　□习题答案　□无所谓　□其他_____

您还希望得到哪些专业方向教材的出版信息？

_____

您是否有教材著作计划？如有可联系：010-88254587

_____

您学校开设课程的情况

本校是否开设相关专业的课程　□否　□是

如有相关课程的开设，本书是否适用贵校的实际教学_____

贵校所使用教材_____出版单位_____

本书可否作为你们的教材　□否　□是，会用于_____课程教学

谢谢您的配合，请将该反馈表寄到下面地址，或发 E-mail :yhl@phei.com.cn 索取电子版文件填写。

通信地址：北京市万寿路 173 信箱　　杨宏利　收　　电话：010-88254587　　邮编：100036

反侵权盗版声明

电子工业出版社依法对本作品享有专有出版权。任何未经权利人书面许可，复制、销售或通过信息网络传播本作品的行为，歪曲、篡改、剽窃本作品的行为，均违反《中华人民共和国著作权法》，其行为人应承担相应的民事责任和行政责任，构成犯罪的，将被依法追究刑事责任。

为了维护市场秩序，保护权利人的合法权益，我社将依法查处和打击侵权盗版的单位和个人。欢迎社会各界人士积极举报侵权盗版行为，本社将奖励举报有功人员，并保证举报人的信息不被泄露。

举报电话：（010）88254396；（010）88258888
传　　真：（010）88254397
E-mail：　dbqq@phei.com.cn
通信地址：北京市万寿路 173 信箱
　　　　　电子工业出版社总编办公室
邮　　编：100036